U0908673

方兴传

——湖北长阳籍辛亥革命功臣纪实

魏祖培　覃　干　编著

九州出版社
JIUZHOUPRESS

图书在版编目（CIP）数据

方兴传 / 魏祖培，覃干编著. -- 北京 : 九州出版社，2018.6
ISBN 978-7-5108-7230-3

Ⅰ. ①方… Ⅱ. ①魏… ②覃… Ⅲ. ①方兴—传记 Ⅳ. ①K825.2

中国版本图书馆CIP数据核字(2018)第127232号

方兴传

作　　者	魏祖培　覃　干　编著
出版发行	九州出版社
地　　址	北京市西城区阜外大街甲35号（100037）
发行电话	（010）68992190/3/5/6
网　　址	www.jiuzhoupress.com
电子信箱	jiuzhou@jiuzhoupress.com
印　　刷	郑州创维彩印制作有限公司
开　　本	787毫米×1092毫米　16开
印　　张	16
字　　数	227千字
版　　次	2018年6月第1版
印　　次	2018年6月第1次印刷
书　　号	ISBN 978-7-5108-7230-3
定　　价	38.00元

前　言

1982年9月，湖北人民出版社出版《武昌起义档案资料选编》中卷。该书在其扉页上印有“湖北革命实录馆”“武昌起义档案资料选编”两则标题，表明该书选编的资料来自湖北革命实录馆，各篇资料作者应以湖北革命实录馆原始记录为准。我们根据1983年4月，湖北人民出版社出版《武昌起义档案资料选编》下卷604页《湖北革命实录馆始末》中，1913年《湖北革命实录馆登录簿》中记载：“号次：292，标目：方兴，报送人姓名：熊子贞”。认定《方兴革命事略》作者是熊子贞，不是方兴。方兴没有为自己书写革命事略。

1911年10月10日，熊子贞在黄冈没有亲历武昌起义。10月13日，熊子贞参与黄冈光复革命，旋赴武昌任都督府参谋。熊子贞本人与武昌起义功过是非无争，系无门户之学者。1912年6月后，熊子贞应邀为方兴、李国桢、田智谅、李载煦、邹燮斌、李文岳、上官发生、黄自强和杨永章九位在世之人立传。《武昌起义档案资料选编》可查阅方兴、李国桢、田智谅、邹燮斌、李文岳和杨永章六人传记史料，六篇生人传记以《方兴革命事略》篇幅最长。

1912年5月4日，方兴远离武汉赴北京就任陆军部高等顾问官，《方兴革命事略》不属于方兴口述资料，所记之事不是方兴自诩之言。1912年，熊子贞撰写的《方兴革命事略》真实可信。

《方兴革命事略》开篇阐明长阳大地抚育方兴成长；长阳人文历史造就方兴勇担责任精神；长阳学校教师讲释天下为主，君为客革命思想启迪方兴革命心迹，激励方兴投身革命。《方兴革命事略》记载八月十九日（10月10日），革命处于危难之际，方兴勇担责任假孙武之令组织发动武昌起义史实。《方兴革命事略》翔实地记录方兴倡建和率领敢死队投入阳夏战役与清军展开四十多天顽强战斗史事。《方兴革命事略》讴歌方兴为推翻帝制创建亚洲第一个共和政体立下丰功伟绩，颂扬方兴不为自己彰功显绩的高尚情操。

《方兴革命事略》记载：武昌起义前后，方兴先后带领三个团队为推翻帝制创建共和立下不可磨灭的功绩。武昌起义前，方兴在工程第八营左队和湖北陆军测绘学堂里致力宣传革命思想，创建革命团队。1911年10月10日，方兴带领湖北陆军测绘学堂革命团队到各营传达孙武命令发动武昌起义。武昌起义成功后，方兴率领第一支敢死队投入刘家庙争夺战保卫汉口，三战三捷打出革命军军威。方兴率领敢死队英雄业绩广为传颂，各地义军亦相继组建敢死队投入战斗，英勇之势震慑清王朝，终于迎来中华民国成立。

1929年，曹亚伯于昆山追索史料著《武昌革命真史》，该书正编《辛亥八月十九日武昌起义》一章中，指名道姓地记载：1911年10月10日晚，在工程八营掷响炸弹是方兴。1914年，方兴于北京去世。1929年，曹亚伯著《武昌革命真史》时，方兴已去世15年，不是方兴欺世盗名说假话。曹亚伯更不会为方兴编造史实而毁坏自己名声。

曹亚伯写作《武昌革命真史》以敏锐的观察力，冷静、客观、全面地总结出：武昌革命成功，首先“是时民气之盛，为古今所未有”；其次是“当时军政府一般纯洁爱国同志竭力维持”；还有“各省响应，派兵援助”，否则“仅湖北一省之力，满清孽数，当不知何日能终也”。曹亚伯不因袭传统所蔽，不为自己成见所蔽，采取审慎客观态度撰写武昌革命史。

曹亚伯对革命党人包括投机革命者和革命后迅即蜕变者，尤其是一些品质恶劣、居功要挟的人批评较多。如多次说孙武、蒋翊武、张振武等“专以膨胀势力为主”，以至几度造成“党内交哄”“同室操戈”；又说张振武携巨款赴日本购买枪弹，结果购回陈旧过时乃至不适用之物，且将公款在上海挥霍浪费而无法交代。这些批评并非蹈空之言。曹亚伯告诫有功之士、手握兵权的人:“满清之亡,非徒亡于湖北军队,实亡于中国总民意也。”这些话或许有贬低武昌起义革命军人作用之嫌。

吴醒汉时为国民党党史编纂委员会编纂。曾担任湖北革命实录馆义务调查员，参与调查和核实武昌起义史实。吴醒汉看过《武昌革命真史》后，力主禁印毁版。1929年，《武昌革命真史》交中华书局付印，1930年，该书甫出即遭部分武昌起义者非议，且被国民党当局封禁。

吴醒汉撰写《武昌起义三日记》对《武昌革命真史》进行了批评或指责。该文刊载于《建国月刊》第四卷第一期中。吴醒汉在这篇文字材料中，不仅没有对曹亚伯所著《武昌革命真史》中记载方兴掷响炸弹引爆武昌首义的史实提出异议，还在《武昌起义三日记》一文开头第一段明确提出工程第八营革命活动以方兴为主干的论断：“当辛亥广州三月二十九日失败后，谭石屏于五月下旬到汉，与各位同志会商，决定以武汉为发难地。各同志即积极进行，新军中各有组织，二十九、三十两标同志，组织一将校团及下士班，专为运动下级干部及兵士，成效最著。其主干人为蔡济民、吴醒漠、张廷辅、王宪章、王文锦、徐达明等，其他各方面，工程营熊秉坤、方兴等，炮队孟华丞、徐万年等，辎重营胡祖舜等，各分组小团体甚多。因时势紧迫，由查光佛、刘尧澄等为之斡旋，并合为一。”[1]

从1912年6月，直至1960年代初，有不少武昌起义亲历者在回忆录中写出方兴史事。湖北陆军测绘学堂辛亥元勋喻育之、甘绩熙和朱树烈等老人们侃侃而谈当年方兴率领湖北陆军测绘学堂革命学生发动武昌起义事实。武昌起义英雄们所写所述与方兴相关的史事，为探究方兴发动武昌起义之史迹提供了史实支撑。

我们在中国社会科学院近代史研究所近代史资料编辑部所编辑的《近代史资料》总72期中,查阅到英国传教士计约翰所著《辛亥革命日记》。（本篇资料译文由余绳龄、杜志圭、杨红译，李雪云校，并将《辛亥革命日记》更名为《辛亥武昌战守闻见录》，这一资料由上海市档案馆与上海市徐汇区档案馆供稿。）这一史料体例属于日记之列，故本文仍以《辛亥革命日记》称之。

1. 见《辛亥革命》（五）78页。

1911年10月9日至12月22日，计约翰在《辛亥革命日记》中记载了阳夏战役各战场当日所见所闻之事，所记史事大多当日发生当日记载，少有延迟，从未间断，较为客观。计约翰毕竟是英国人，日记中尚有说不明，道不清之事。文中采用黑衣军、叛军、革命军等称谓，笔者将这一杂乱的称呼统一改为革命军。对清军的称谓亦有灰衣军、北军、清军等表述，亦依原文所指将其改为清军。日记中所记之事较多，我们依据本书主题，引用有删节，所引用之文字未加改动。

1912年5月，郭孝成编《中国革命纪事本末》商务印书馆2011年出版发行。1913年，天嘏著《南北春秋》载于《辛亥革命史资料新编》第一册以及1929年曹亚伯著《革命真史》中国长安出版社2011年出版（我们将1982年上海书店出版发行竖行繁体字《武昌革命真史》原本与《革命真史》逐一核对，未发现文字表述有相异之处。）

这三本书关于武昌起义、阳夏战役以及各省光复情况都采用逐日记载文体。这三本书所写之事可与《辛亥革命日记》相互佐证或各有补充，既弥补计约翰在《辛亥革命日记》中所记不足，又为厘清敢死队战斗史迹提供史实依据。

厘清阳夏战役战场旧貌，采用交战双方史料十分必要，既可相互佐证又可以相互补充，再现交战双方战争本相。相传《武汉战纪》有两本，一本由武昌起义后，随冯国璋赴阳夏前线，任第一军司令部机要参谋官熊炳琦所著；另一本由民国《清史稿》四总纂之一王树枏所著。因熊炳琦所著日记类的《武汉战纪》一书至今无着。1919年，王树枏著《武汉战纪》，该著载于中国近代史资料丛刊《辛亥革命》（五）中。就该著所记清军攻防史事为参照再现阳夏战役史迹。

上述史书记载阳夏战役中水上兵舰、陆上步队、空中炮弹协同作战之战况，凸现阳夏战役恢弘且惨烈的战争场面，展示中华民国第一支敢死队在阳夏战役中英勇奋战史迹；这些书还记载了阳夏战役期间各省、府、州、县独立或光复战事以及派兵援鄂之史事，显现阳夏战争磅礴于中华大地，揭示革命军与清军达成停战议和的历史本相。

《武昌起义档案资料选编》中，收录二十八位敢死队队员亲历战斗所写细节资料，这些资料虽不能反映阳夏战役全貌，但可以佐证敢死队阳夏战役相关战斗的细节史迹。然而，在冯天瑜所著《辛亥首义史》中，方兴发动武昌起义、倡建敢死队及其率领敢死队投入阳夏战役的史迹被人为地扭曲。为厘清方兴辛亥革命史迹，本书对冯天瑜所著《辛亥首义史》相关记述予以考证辨析，厘清历史本相，以正视听。

十年来，我们在探究武昌起义本相过程中，发现认知的主体与认知的客体之间有一层难以逾越的障碍。毕竟，我们不是这段历史的当事人，也不是见证者。100 多年后，原原本本地再现这一伟大事件本相的确太难。历史本相并非一眼可见，一索可得之事，只有四处搜寻可能获取的资料，缜密地辨别，去虚存实，方可比较清晰地再现历史本相。我们的探索和研究虽说不能十分准确地再现武昌起义历史本相，但可以坦然地告诉读者，透过本书历史的片段和零缣使之信而有证，你可以反对我们的观点，但推翻不了我们的史实。

本书以《方兴革命事略》为底本，选取亲历亲见者第一手史料，查阅并缜密地考证相关文献资料，尽力搜集方兴及其团队的细节史料，寻求佐证构成史实，依史实为据编著《方兴传》一书，借此供读者品鉴。本书论人衡事，尚有不足乃至谬误在所难免，恳请读者不吝赐教，以备日后订正补充。

魏祖培

2018 年 3 月 18 日

外国人在日本领事馆屋顶观战

目　录

方兴革命事略

熊子贞

方兴字绳修，湖北长阳县人。少有文武志，好诗书，喜剑马。初肄业于其县小学，以才名。文史多王船山、黄梨洲旨趣，能言人所不敢言。一日见胥吏追呼急，兴曰："吾得志，当先诛汝辈！"父兄戒以毋妄，亦不听。未几至武昌，目击政府恶劣，阴与豪杰结交，畅谈天下事，知挽回时局，非武力不可，遂入工程营。

庚戌冬，考升测绘学校。其后累与田智谅、黄天骥、雷震声等至黄斌家集议，鼓吹民族主义进行方法。辛亥春，孙武、邓玉麟组织共进会于巡道岭，为暗设机关。孙武知兴义侠，约入会，充测绘学校代表。测绘学校及工程营入共进会者多兴介绍也。辛亥八月十八日，约举义，未及期，事泄。政府捕党人，网罗四张。三烈士逮捕时，兴亦在旁，以神色自若，警兵不之疑，乃免。十九日，捕益急，兵士人人自危，势将瓦解。兴以为不于此时乘机以图大事，过此以往益难，遂假传孙武之命令云："十九日晚十点钟，准备起义。"号召各营，是晚略定武昌，兴与有力焉。先是传命令于工程营，某上官疑而衔之，将致兴狱。兴匿伏水沟，俟枪声起，始出，联合步队、炮队，攻督署。二十日，瑞澂、张彪遁，火督署，武、汉肃清。时孙武以制炸弹，伤头部，就诊汉口医院。兴往言，曰："昨假传公命令，兴之罪也！"孙武曰："子不闻将在外，君命有所不受乎！相时而动，子之功也，何罪之有！宜速返建设。"兴至武昌，工程营公举兴为管带。兴固辞，旋召集义士中之勇悍者二百余人，编敢死队。军务部壮之，令兴为正队长，徐兆宾副之，黄斌为军需官。二十八日，领队渡江，据三道桥，与敌对垒，剧战两昼夜。徐兆宾战死，以金兆龙为副队长。九月初二日，督战于歆生路一带。我军猛烈异常，敌累战累却，乃多方设间，诱我总指挥张景良，遂纳款于敌，命军械官罗家炎押子弹，暗济敌。张景良益指挥前进，敌忽枪炮齐击，毙者不计其数，我军遂溃，二队队长马融死之。众军知为张景良所误，执而诛之。兴遂命黄天骥、吴宗汉、罗维等缚罗家炎，磔之武昌。

初六日，退守张美之巷，敌烧汉口。时黄兴为总指挥，知汉口不可守，调敢死队驻扎汉阳。二十六日，我军由琴断口搭浮桥渡襄河，恢复汉口，分左右翼进攻。兴领敢死队属右翼，湘军属左翼。湘军王统领所带皆训练兵士，奋勇异常；甘统领带招募新兵，故开枪声辄自相蹂躏。湘军溃，兴顾谓队员曰："我辈经营多年，始有今日。汉阳不守，武昌必不支，大局何堪设想！宜战死，以挫敌锋。"时敌已四面围攻，弹如雨下，众寡卒不敌。及退汉阳，则敢死队已死伤过半也。总指挥黄兴慰劳有加，择敢死队之尤奋勇者，编成敢死军。兴言于黄兴曰："敌趋重上游，下游防守必疏，宜一路由琴断口进攻，一路由青山潜袭，出敌不觉，首尾夹攻，必可破也。"兴由是带领敢死军，于十月初二日夜半，至青山，渡江半，敌觉之，弹锋阻，不能进，转至汉阳。虽无功，黄兴颇壮之。

初四日，敌由仙女山、琴断口攻我，夺我仙女、美粮、锅底诸山。兴遂偕黄天骥等至汤家山，与金兆龙、黄斌等规复仙女、美粮、锅底诸山，终以军心不固，敌进我退而败。时吴兆麟为战时总司令部，驻洪山，令兴纠合敢死队队员，编成战地稽查，监视各处炮台及战地火线。寻属于军务部。

和议成，改调查科，兴充科长。副总统以兴军事学优，授参谋部军咨官。大总统懋功行赏，知兴绩，电调入京，授陆军部高等顾问官。辞不就，哈汉章谓曰："爵非宠也，惟有才能者居之。"兴乃就职。兴往时，尝语胡襄曰："异日功成，吾辈当如绵上介推，耕钓自适。其淡于名利，盖素志然也。"

作者熊子贞即熊十力老龄照片

注：湖北省社会科学院张硕先生在《特立独行的哲学大师熊十力》一文中评介熊十力：做人与处世如果能够达到“禅的机趣、道的自然与儒的真性”三者合一的完满境界，那他就是仙风道骨的高尚智者，特立独行的哲学大师熊十力先生当之无愧。

对于自己一生的意兴豪放，熊十力曾自辩说：“人谓我孤冷，吾以为人不孤冷到极度，不堪与世谐和”“凡有志于根本学术者，当有孤往精神”。这两句话，或许也是对熊十力自己一生最好的概括。在熊十力逝世 40 周年纪念会上，著名学者许纪霖感慨：“一代大师已远去，世间再无熊十力。”诚哉斯言！

方兴辛亥革命活动述略

方兴生于1891年，殁于1914年。方兴原名欣文，字绳修，宜昌市长阳土家族自治县龙舟坪镇人。龙舟坪位于清江侧畔，八百里清江横贯长阳西东，养育着土家儿女。明朝嘉靖年间，土家族男儿奔赴东南沿海抗击倭寇，保卫疆土，荣立战功。三四百年来，土家人每逢春节来临提前一天过“赶年”，代代相传沿袭久远。过“赶年”传承了土家男儿为国分忧的爱国之情、为民除害的侠义之气以及勇于担当之精神。方兴在长阳山水和人文历史熏陶之下，追随孙中山倡导的驱除鞑虏，恢复中华，创立合众政府的革命理念，投身辛亥革命。方兴以独有的军事才干发动武昌起义，以不怕牺牲之精神保卫辛亥革命策源地武昌，为推翻皇权专制政体，为亚洲第一个共和制政府诞生立下了不可磨灭的功绩，在中国近代革命史上留下了光辉的一页。

方兴自幼孤贫，由婶母刘太孺人抚育成人。儿时在方氏族学受启蒙教育。1906年，方兴考入长阳官立高等小学堂读书。长阳县为筹办官立高等小学堂，先后派出古文光、张耀芬和邓宗模三位教习到日本留学。是时，孙中山在日本成立中国同盟会，宣传“驱除鞑虏，恢复中华，创立民国，平均地权”革命纲领。古文光、张耀芬和邓宗模从日本回到长阳，在课堂上讲授《法制学绪论》引领学生思考专制与法制的区别，引导方兴为创建法制政府而投身革命。

1908年春，方兴于长阳官立高等小学堂甲班毕业，学业成绩优秀，正值科举制度废除，小学毕业后，无业可就，无书可读，读了书也无用，身心不安。方兴经历一番苦闷、惆怅、无奈之后，决心就武从军。在婶娘刘太孺人的资助下，搭乘装运川盐的柏木船到武昌身履戎行。方兴原名方欣文，离开故乡长阳，将父亲方大明按方氏派序所赐之名方欣文，改名为方兴，以铭为国兴利之志。

清朝时，宜昌府辖东湖县（东湖县系宜昌县旧称，宜昌县治所今宜昌城区）、归州（今秭归县）、长阳县（今长阳土家族自治县）、兴山县、巴东县、鹤峰州和长乐县（今五峰土家族自治县）。那时，身处异乡，凡属宜昌府五县二州者均以宜昌同乡相称，乡党情谊甚浓。废除科举后，宜昌学子纷纷到武昌就业、求学工艺、入伍当兵。因乡里之谊常常聚集相互照应。

1909年春，方兴只身来到武昌后，受到宜昌同乡热情地款待和帮助。长阳人田智谅到武昌从军数年后与方兴相逢，乡情更浓，照顾更周。田智谅力荐方兴考入工程第八营左队当兵。入伍后，田智谅邀约方兴到两湖师范教师湖南人胡襄居室谈论革命理论。结识胡襄以后与湖南志士相识至相知，随后加入群治学社。

1910年4月13日，湖南长沙发生抢米风潮，湖北共进会会员黄申芗联络群治学社响应，商定4月24日发动起义策应湖南革命。为此，方兴动员同棚袁树楠加入群治学社参与起义，袁树楠立即在工程第八营组织37人投入革命参加起义。群治学社领导人发现湖南革命军占领长沙的消息不确实，立即停止起义行动，群治学社安然无恙。湖北共进会会员黄申芗因发动起义机密泄露远逃他乡。

是年7月，群治学社改名为振武学社，推举四十一标一营左队兵士杨王鹏改写章程。1910年9月18日（中秋节），在武昌黄土坡开一天酒楼召开振武学社成立大会。方兴以群治学社社员身份出席会议，并被选为振武学社工程第八营标代表，成为振武学社十人核心成员之一。

1910年冬，方兴考取湖北陆军测绘学堂，军籍被取消。方兴仍任振武学社工程第八营标代表。方兴以湖北陆军测绘学堂同班同学黄斌之家，作为革命党人集会场所，指导工程第八营革命党人宣传革命思想、组织革命团队。经方兴指点，雷震声在工程第八营宣传革命，组建革命队伍卓有成效。在方兴指导下马荣积极稳妥地发展会员，宣传革命思想，集合会议，操练杀敌本领。马荣成为文学社工程第八营营代表，接受方兴指挥，一旦有命，听令即行。

1911 年春，方兴每逢星期天要和宜昌同乡聚会于同兴酒楼。聚会之中倾听徐万年演义刘公在日本东京组建共进会总部，在国内分别组建湖北共进会、湖南共进会、江西共进会和四川共进会，以及国内共进会在长江沿线联络会党发动起义事迹。在刘公不畏艰难险阻，矢志不移坚持革命之精神激励之下，方兴志愿加入湖北共进会。

同期，方兴在同兴酒楼结识宜昌人邓玉麟。经邓玉麟引荐，孙武于巡道岭湖北共进会秘密机关处约请方兴加入湖北共进会，任命方兴为湖北共进会湖北陆军测绘学堂代表。辛亥年四月，方兴介绍工程第八营左队兵士任振刚加入湖北共进会，举荐任振刚为左队代表，任振刚在工程第八营介绍 39 名兵士加入湖北共进会。湖北陆军测绘学堂和工程第八营加入湖北共进会者，多由方兴介绍。

1911 年 5 月 9 日，清政府作出铁路干路收归国有决定，强行接管广东、四川、湖南、湖北四省的商办铁路公司。

1911 年 5 月 28 日（宣统三年五月初一），方兴出席湖北共进会干部会议，会议在长善里九十一号机关召开。会议针对清政府将铁路干路收归国有后，引发广东、四川、湖南、湖北四省动荡不安之形势，经过讨论决定 1911 年保定秋操后发动武装起义。会议还通过发动武装起义后推举黎元洪为都督的决定。

1911 年 6 月 28 日，居住湖北宜昌的川汉铁路股东们，相约来到四川省商办川汉铁路有限公司宜昌公司找宜昌总理李稷勋退还股款。由口角引发群乱，驻防营派兵弹压，愤怒群众当场打死清军士兵 20 余人。四川股民由于遭遇不公平补偿办法刺激，绅商联合起来，反对清政府铁路国有政策，终于酿成一股无法收拾的滔天狂飙。清政府为平息川汉铁路之乱，先后征调武昌新军整标整营向西开拔。

湘、鄂两地共进会领导人共同认定发动起义良机已到，若等保定秋操之后发动武装起义将会错失良机，于是相约八月十五中秋节发动起义。

1911 年 9 月 24 日（辛亥年八月初三），由孙武主持在胭脂巷机关召开讨论中秋节起义动员计划会议。孙武通知方兴出席军事会议。会议由上午十时开始至下午一时结束，与会人员一致通过发动中秋节武装起义战略八条。会议还决定，大会结束后，在武昌小朝街文学社总机关部成立湖北革命军总指挥部，总指挥部下设军事筹备处。

军事会议后，方兴与彭楚藩、蔡济民、高尚志、钱芸生、胡祖舜、黄元吉、马骥云、赵士龙等人担任军事筹备处军事代表，共同筹划中秋节起义战术方案。

文学社与湖北共进会虽已联合，各组织山头仍在。唯有方兴在两组织中左右逢源，人际广泛且活络。在文学社骨干成员中，因方兴考入湖北陆军测绘学堂军籍取消，成为学生，方兴加入湖北共进会属于自然流转，并非骑墙两边倒，文学社社友们对方兴加入湖北共进会毫无芥蒂。方兴肩负文学社工程第八营标代表之责尚未卸职，又挑起湖北共进会湖北陆军测绘学堂代表之重担。方兴与文学社旧友革命情谊依然如故；在筹划起义战术方案中结识了更多革命志士，与湖北共进会新朋结成同志关系共同奋斗。八月十五日起义因故改期，此后方兴仍旧参与起义筹划工作。

10 月 9 日（八月十八日）凌晨三时半，孙武在汉口制造炸弹失误，机密泄露，党人被捕。孙武受伤住院医治，刘公因伤留住汉口。这一天，蒋翊武刚从岳州回到武昌聚会于襄阳学社机关部，闻听汉口事破，几经商议，下午五时许，蒋翊武发布命令：定于今晚十二时以炮声为号，城内外发动起义。委派文学社工程第八营标代表方兴前往工程第八营传达命令。方兴即刻前往工程第八营传达起义命令，湖北共进会工程第八营左队代表任振刚受命后，即时部署武装起义战前准备，革命党人处于临战状态，一旦炮响立即发难。

与此同时，方兴指挥湖北陆军测绘学堂革命党人即时参加武装起义。甘绩熙、李华谟、朱次璋等人受命后，枕戈待命。

晚九时诸事已毕，方兴、刘复基、陈洪浩、彭楚藩、蒋翊武、牟鸿勋、龚霞初七人在机关部待机。因叛徒告密“政府捕党人，网罗四张。三烈士逮捕时，兴亦在旁，以神色自若，警兵不之疑，乃免”。[1]蒋翊武乘间脱逃，第二天遁至武汉新沟。

方兴躲过抓捕，携有炸弹和数十排子弹潜伏至工程第八营左队三棚，报告各机关均遭破坏捕去不少同志，为救出同志，为同胞雪耻，我辈今晚急宜发动起义。是晚十时，有人秘报代理营长阮荣发，阮荣发下令黄坤荣抓捕方兴。方兴抛一炸弹击退黄坤荣，得以脱身。当晚十二时，枪炮无声，起义之事未予实施。

1911 年 10 月 10 日（辛亥八月十九日）这一天，同盟会的领袖们或在国外或在上海、香港等地，同盟会中部负责人居正在上海未归。孙武在汉口疗伤，蒋翊武到新沟避难，刘公在汉口难觅踪影。彭楚藩、刘尧澂、杨洪胜三人于 10 月 10 日清晨就义，三十二位革命党人关押狱中。城门悬挂通缉邓玉麟照片，邓玉麟不能进城，城内城外通信联络中断。

武昌城内谣传孙中山派革命党数千人至武汉，枪弹、炸弹和手枪甚多。瑞澂闻之胆寒，下令武昌城实行戒严，武昌城门半闭，守城者防之更严，盘查甚紧。瑞澂、张彪和铁英下令各标营亦实施戒严不准出入。并令各营、队收缴子弹，士兵不准往来，不准接见来宾，有违反者一律扣押，恐怖之状前所未有。武昌革命党人人人自危，处处紧张。

瑞澂等却小觑湖北陆军测绘学堂革命党人，仅派詹桂珊一人担任学堂监督。詹桂珊“昼则到督署告密，夜晚到堂稽查行动”。[2]给湖北陆军测绘学堂革命党人留下自由行的时间和空间。在危难之际，方兴自感位卑言轻，发布命令无人响应，只有以孙武的名义发布起义命令，才能一呼百应。“兴以为不于此时乘机以图大事，过此以往益难，遂假传孙武之命令云：‘十九日晚十点钟，准备起义。’号召各营，是晚略定武昌，兴与有力焉。”[3]文中所指“兴”即方兴。

10 月 10 日上午，方兴邀约甘绩熙、李华模、李南星和朱次璋等在向讦谟寝室商议，请李华模、朱次璋往张振武处取得联系，李、朱二人返回

1. 见《武昌起义档案资料选编》中卷 207 页。
2. 见《辛亥革命与沔阳》57 页，仙桃市政协文史委编，仙桃市新华印刷厂印。
3. 见《武昌起义档案资料选编》中卷 207 页。

后向方兴报告，张振武说：今夜必动。能白昼动更佳。此说，坚定了方兴发动起义的决心。办完请假看病手续后，脱下青呢子制服，穿上长袍马褂，取下大盖帽，一条长辫拖在脑后，直奔黄土坡往工程第八营传达命令。途至黄土坡与三十一标革命党人黄元吉不期而遇。因三十一标整标开赴四川，黄元吉留守营房行动相对自由。黄元吉告诉方兴，今日吹下操号时，各营同志即持枪起义。方兴立即到工程第八营传达吹下操号即刻发难的命令，营外哨兵是革命党人，命令迅速传达到工程第八营。

讵料，各协停操，没有吹号。方兴与黄元吉再次磋商今夜要动，一定要按孙武制订的中秋节起义战略计划纵火为号发动起义。

黄元吉回三十一标准备点火事。方兴赶回湖北陆军测绘学堂与王仲烈、朱树烈、向讦谟等七八人商议，决定立即分头到城外步、辎、工、炮仿效苏秦游说之法，假传孙武“今晚必动”“以火为号”之命令。武昌城外工程营，辎重营和炮队收到命令后，是日晚八时，辎重营罗全玉首发号枪，辎重营立即点燃马草燃烧马房。工程营黄恢亚听见枪声立即点燃一排一棚兵舍。炮队蔡鹏来闻声后，倾倒煤油燃烧卧具。与此同时三十一标留守营房革命党人点燃三处大火。是晚八时，武昌城内外火光冲天。

自 1911 年 9 月 24 日军事会议以后，方兴参与筹划武装起义战术方案历时半月之久，对武装起义全局战略成竹在胸，对战局成败关键所在了如指掌。各兵营子弹被收缴，炮、炮栓和炮弹被分散严管，子弹和炮弹系发动武装起义必备之物，有枪无子弹，有炮无炮弹何为武装起义？方兴准确地预见楚望台军械库之战是武昌起义胜负的关键所在。

10 月 10 日这一天，工程第八营左队轮值驻防楚望台军械库。工程第八营左队文学社、湖北共进会的革命代表均系方兴介绍。方兴在工程第八营左队当兵时多次值守楚望台，对该地各要害节点了如指掌。是日晚八时，方兴指示马荣组织左队兵士把守要害，一旦坛角火起，立即抢占军械库。马荣按方兴策划方案分兵把守楚望台要害之地。

是晚八时半，工程第八营左队兵士发现坛角火起，马荣立即按方兴所嘱组织兵士，在左队队官吴兆麟协同之下，没放一枪，没投一弹成功地占领了楚望台战略要地，构建起革命大本营营地。各路起义兵士到达楚望台，工程第八营左队兵士立即打开库门为各路义军供给大量枪支、弹药、山炮和炮弹，稳定了军心；枪炮之声四起，震慑了敌人。工程第八营左队兵士率先抢占楚望台军械库，推倒了覆灭清王朝的第一张多米诺骨牌。

10月10日晚九时，方兴再次来到工程第八营组织起义，险被抓捕。方兴脱身后隐藏在工程第八营营外水沟待机，听见坛角枪声，看见坛角信号火起，机不可失，时不我待，方兴立即向营房投掷一颗炸弹，轰然一声炸响，营房玻璃多被击碎。代理营长阮荣发闻声赶到营房鸣枪弹压，湖北共进会工程第八营前队代表徐兆斌居于营房楼下，举枪击毙阮荣发，带领前队冲出营门与工程第八营左队会师于楚望台。武昌起义爆发！

方兴在楚望台取得两把指挥刀火速返回湖北陆军测绘学堂，一把刀交给李翊东，一把刀自用。方兴与李翊东一起大呼集合站队。时值晚自习中，同学闻声蜂拥而出。也有一二胆小的躲在课桌下面，叱之而出。于是方兴手持指挥刀领队在前，李西屏断后，直奔楚望台。

全体同学精神振奋，着装整齐，青呢制服，新皮鞋，白袖章，气势雄壮走出校门。路人见了都说；这是孙文派来的革命党！队伍经过右旗西营门口到中和门楚望台军械库，每人领得步枪一支、子弹数十发。工程第八营率先抵达楚望台，二十九标一部第二，湖北陆军测绘学堂第三批到达楚望台。三批约有三百多名起义兵士汇聚楚望台待命。

方兴指挥湖北陆军测绘学堂学生打开中和门、通湘门和大东门城门，迎请城外炮、马、步、辎队入城，并负责守卫中和门至通湘门一线各门，掩护蛇山炮兵阵地，以防敌人袭击以固阵地。

湖北陆军测绘学堂学生值守通湘门时，和旗兵曾发生两次遭遇战。方兴手持指挥刀冲锋在前指挥战斗，湖北陆军测绘学堂学生军奋勇杀敌，杀声震天，旗兵四处逃散。

俟后，方兴分派湖北陆军测绘学堂学生督率尚未发动的标营响应起义。未动之标营闻讯后立马行动，奔赴楚望台集合，投入进攻督署战斗。一时间，督署四面火起，红光烛天。蛇山上、楚望台以及各高地的大炮齐轰督署。下半夜，攻下督署。革命党人四处搜寻瑞澂，哪知瑞澂早已逃逸。

10月11日（八月二十日），湖北军政府重组革命军，将工程第八营改组为革命军工程第一营，由原工程第八营兵士们民主公选管带（营长）。兵士们一致公举湖北陆军测绘学堂学生方兴为革命军工程第一营营长。方兴力辞营长之职，发出组建敢死队的倡议。届时，工程第八营二百多革命志士报名投效敢死队。

10 月 14 日（九月二十三日）湖北军政府军务部将工程第八营、步队二十九标志愿报名加入敢死队者，以及其他各标营兵士和学生兵投效敢死队者正式组建敢死队。任命方兴为敢死队队长，徐兆宾为副队长，黄斌为军需官，陈龙为司务长。

10 月 19 日（八月二十八日），敢死队投入汉口保卫战大获全胜。革命军缴获火药六车、快枪千余支、子弹数十箱、白米二千余包及一切军用器物不可胜计。方兴率领敢死队列队进入汉口城，汉口商团举枪致敬，军乐队作乐欢迎，老百姓以箪食壶浆迎之。

至 10 月 21 日（八月三十日），敢死队英勇善战夺取保卫汉口之战三战三捷。清军败走滠口。

10 月 23 日（九月初二日），方兴奉军政府之命，率敢死队全体队员出征，支援汉口炮队前沿阵地，协助革命军工程第一营修筑防御工事。敢死队赴三道桥江岸一带协助炮营安置大炮。军政府给各炮都配有测量镜，有了测量镜犹如给大炮装上千里眼，精准地打击清军大炮阵地。

下午一时开始，革命军与清军在汉口地域展开一场猛烈的炮战。是日下午二时左右，革命军两地大炮一高一低，连环向清军汉口炮兵阵地射击。凤凰山炮台居高临下，射击距离测量准确，势如破竹，炮炮命中。凤凰炮台炮声一息，三道桥江岸要塞炮马上响起，不给清军留下喘息时机。清军山炮窝于洼地，兵士虽能隐蔽防身，山炮炮筒短小射程难及目标，弹弹虚发。

两军炮战往复不久，清军山炮突然哑然无声。方兴探知清军山炮弹药用尽，于是，一面发出信号令革命军停止炮击，一面亲率六百名敢死队员手持枪械，背伏弹药，从三道桥炮兵阵地出发，突击清军山炮阵地。清军炮兵有炮无枪，闻风而逃。清军步队四标三营立马出兵救援。下午五时许，敢死队与清军步队四标三营展开一个多小时枪战，赶跑清军援军。

敢死队队员们，拖着山炮，高唱敢死队军歌“今夕、今夕、今夕、今今夕，黄沙万里一片战斗声，一二三四，一二三四！”凯旋。

10月27日（九月初六日）午前七时开始，方兴率领敢死队与清军再战刘家庙。是役也，为革命军与清军开战以来所未有之大战也。

连日来，清军累战累败，于是用金钱引诱总指挥张景良，张景良接纳敌款后，命军械官罗家炎押送子弹暗送清军。方兴查明罗家炎通敌事实，为革命阵营铲除了内奸。

10月31日（九月初十日），方兴率领敢死队与湖南友军在歆生路协同作战，发现济生堂庙内藏有清军。方兴率敢死队正面攻击济生堂庙，湖南友军从庙后包抄。方兴领200名敢死队员装满子弹上好刺刀穿插进庙，一举击毙敌军。战斗只持续了很短时间，溃逃清军遭湖南友军击毙，战场上留下清军200具尸体。

11月1日（九月十一日），革命军汉口失守。休战十天。

一时间，方兴率领敢死队英勇杀敌战绩广为传诵，南方各省义军也纷纷组建敢死队投入战斗。

11月3日（九月十三日），上海敢死队攻克沪淞。

11月4日（九月十四日），浙江革命军之编制皆以敢死队为先锋，蒋介石任敢死队指挥官。

11月11日（九月二十一日），镜清轮帮带陈复及学生刘樾、刘勋名、杨砥中、常光球等三十余人组织敢死队宣布起义。

11月13日（九月二十三日），湖南军务部挑选精锐新军，编成敢死队一营，军容极整，赴鄂参战。

11月16日（九月二十六日）七时，黄总司令派敢死队队长方兴率兵一队，各带手枪，由租界登岸潜至汉口，于本晚到达大智门车站附近，扰害汉口清军后方阵线，策应九月二十七日革命军大部队正面进攻汉口，形成前后夹击之势收复汉口。

11月16日（九月二十六日）晚，方兴率领敢死队一队，人手一把手枪，备足子弹，短打行装，搭乘浮桥由日租界上岸，由日本人指导前进，经华景街附近到达预定地域大智门前沿等待战机。以期与大部队联合作战。

11月17日（九月二十七日）三时，革命军向汉口发起攻击；与此同时，方兴率手枪敢死队在大智门敌后展开袭击。清军腹背受敌，四处寻找火车准备撤离汉口。

是日午后二时，黄兴下令开饭。新兵太多，疲饿之余，一闻食饭，群相争食，以数协之众，战线过宽，一部动摇，则他部自然牵动，以致进攻阵线顷刻瓦解，清军反守为攻，革命军只得向汉阳退却。方兴率手枪敢死队在大智门附近孤军奋战一昼夜，激战之中手枪敢死队牺牲二十余人。

革命军反攻汉口告败。

11月17日（九月二十七日）晚，方兴率手枪敢死队冒着枪林弹雨返回汉阳。

方兴集合敢死队队伍，清点人数发现在琴断口反攻汉口的战斗中敢死队队员已死伤过半，方兴悲痛不已。黄兴慰劳有加。令其将舰船、炮队以及步队各路敢死队组建成敢死军，方兴任敢死军指挥官。

11月18日（九月二十八日）晚，方兴任敢死军指挥官，指挥水陆两军敢死队协同作战。在汉阳江边将四艘渡船系以缆绳，依序一艘又一艘地向下游循环放流至汉口招商局江面。浑黑之夜，清军不知虚实，只见江面上有渡船而至，唯恐革命军夜袭汉口，急调驻硚口之兵沿河列阵，一时间，机关炮、野战炮纷纷向渡船乱射。渡船时隐时现出没于江面，清军枪炮之声彻夜不停。敢死军炮队在汉阳炮台瞄准汉口江岸清军大炮火光，瞄准一处放一炮，犹如趁夜攻击汉口。清军炮兵死伤甚众。清军歆生路炮台应急出战，炮弹发之甚急。至清晨四时，敢死军收回渡船。清晨，方兴趁势指挥潜伏硚口的敢死军步队趁敌人疲乏之时，一举围剿。清军连夜枪击渡船子弹用尽，失去抵抗能力四处逃窜。

11月21日（十月初一日）方兴指挥敢死军保卫汉阳。

11月22日（十月初二日）夜半，方兴指挥海容号和海筹号两艘敢死军舰船，装载敢死军队员由青山渡口过江偷袭汉口下游谌家矶口岸。敢死军舰船行至江中，被敌人发觉。敌军炮队弹如雨下，敢死军舰船不敢前行，驶退阳逻。

11月28日（十月初八日），汉阳失守，黄兴离鄂赴沪。

方兴奉总司令吴兆麟之命，率黄斌、黄天骥等三十六位敢死队队员组建战地稽查队，方兴任战地稽查长。停战议和期间，方兴率领战地稽查队冒着枪林弹雨在凤凰山、黄鹤楼等处炮台，以及自金口至葛店沿江一带火线奋战历时四月有余。

民国元年 3 月，任湖北军政府参谋部军咨官。

民国元年春，方兴回长阳龙舟坪省亲祭祖，长阳县地方官员、晋绅贤达、学堂员生齐集东门外夹道迎候。方兴下马步行，拱手致谢和蔼可亲。方兴在家住二十余日。

民国元年 5 月 4 日，方兴携妻覃氏，带弟方荣文赴北京就任陆军部高等顾问官。

一、革命思想启蒙

长阳龙舟坪

湖北省宜昌市长阳土家族自治县龙舟坪镇是方兴的故乡。长阳地处鄂西南山区，东邻宜都，西接巴东，南屏五峰，北交秭归和点军区。境内群山绵亘，沟壑纵横。山脉分南北两支，主脉为南支属武陵山支脉，北支系巫山山脉余脉，两山山脉自西向东峰耸岭横坐落有序。八百里清江入境长阳，绕峰转岭，蜿蜒穿越长阳西东，经宜都，汇入长江。

长阳历史脉络清晰不断。有 13 万年前旧石器时代鲶鱼山遗址，9 至 12 万年间旧石器时期桅杆坪遗址，1 万年左右氏族公社新石器时代香炉石、西寺坪、南岸坪遗址。春秋战国时期，长阳属于巴国和楚国争战之地，以巴山为界，西属于巴，东属于楚。秦并天下长阳属黔中郡。

自隋朝县名屡次变更，县治设于龙舟坪从未迁移。龙舟坪滨清江地域形似龙舟故名龙舟坪。龙舟坪后有东峰、凤凰诸山，壁立环绕，四面阻塞，倚山为城，临江为池，群山竞秀，一江横流，登临之美，毓秀钟灵，天然城堑也。宋元时期在龙舟坪筑土城，清朝嘉庆九年，筑石城。

龙舟坪镇西南，清江边巴山峡口分水溪有一硝洞，洞深达 3000 多米，洞高达 80 米，可并排开行五辆大卡车。洞里有远古时期遗留下来 2000 多口硝缸、土灶。洞壁全部被烟尘熏黑，烟尘厚达半寸，有的已开始石化。硝缸呈圆形，大小各异，堆立洞中，既像窑洞又像炮楼，最高约丈余，最小者约1米。均系茅草、竹枝和泥土糊成，四壁光滑如冰，堂内硝土堆积如山。有死灵牌数以百尊，碰之便灰化倒地，年代久远无以细考。

古时长阳人在岩洞炼硝，有了硝再配上硫黄粉和木炭粉即便成为火药。一束火星点燃火药，即刻发生爆炸。长阳人自制铳枪填装火药和弹子，架好铳枪，点燃引信，无须精细瞄准，弹子飞出杀伤面宽，十拿九稳置猎物于死地。长阳人以火铳为武器，狩猎谋生存，捍卫家园图发展。[1]

在久远的历史长河中，长阳、五峰、鹤峰三县及巴东大部地域同属容美土司辖区。辖区内居民为土家族。为了守卫土家族大地，容美土司募集操练土兵，实行兵农合一。平时为民，土家男儿以勇猛为荣，攀悬岩、钻幽洞、下天坑、漂江滩成为土家男儿展示本领好去处。在狩猎之中个个枪法精准不畏野兽凶狠，随时养成拼搏精神。战时为兵，土兵编队以旗为基础，以部落为单位，父子兄弟同上阵，前仆后继，格外强悍。征战时，家庭领俸米三斗六升。土兵受奖，家庭也受奖；土兵受罚，家庭也受罚。土家族先祖操练出长阳人百折不挠的坚强毅力和为正义征战必胜的勇敢精神。

元朝后期开始，倭寇（日本海盗集团）与沿海流民、走私商人混在一起骚扰我国东南沿海。年复一年不断地在东南沿海袭扰驻军，屠杀人民，烧毁房屋，掠夺财产。明朝嘉靖年间，朝政腐败多次派遣大军抗击总是惨败而归。每战每败之际，将领虚报战功忽悠朝廷，杀本地乡民冒功领赏。危难之际，南京兵部尚书张经请旨征调湘西、鄂西土家族土兵，自带火药和铳枪，往东南沿海剿灭倭寇。嘉靖三十三年（1554年）腊月，土家男儿在春节将至之时接到圣命：令土家兵立即奔赴东南沿海抗击倭寇，保卫疆土，重振国防。

土家地区的志书称："于十二月二十九日大犒将士，除夕，候不备，遂大捷。后人沿之，遂成家风。"这段史实记载：土家人时逢春节来临，为送亲人奔赴战场，提前过年。亲人出征大获全胜。从此，土家人过年的时间，有三十，为二十九；无三十，为二十八，这一岁时习俗土家

1. 参阅《神秘的长阳》编委会编著《神秘的长阳》第22页。

人称为过赶年。三四百年来，传袭久远，过赶年彰显土家人抗倭卫国的功绩。

过赶年之前，家家户户都要在磨子、石碓、犁、锄等生产和生活用具上贴上压岁纸钱，希望男人出征后，这些生产、生活用具能够有神灵保佑，运作如常，年年五谷丰登；往猪圈、牛栏、羊栏、鸡舍里喂饭，以祈求年年依旧，六畜兴旺。

赶年节当天，禁杀牲畜，特别是鸡。一则，杀牲提前过年的准备工作必须事先做好，以免事临仓促，手慌脚乱，影响年三十的战事；二则，牲畜的尖叫声，会暴露大年三十杀敌的意图；三则，年三十上阵杀敌要早起，杀了鸡怕没了鸡报晓误了时间。

赶年节晚上禁点油灯，只能点蜡烛通宵不熄。蜡烛暗，油灯明，大战前夜点油灯，恐倭寇窥见军营里行动秘密，有灯火管制之意；蜡烛通夜不熄，主要是为了睡前战事准备和起床行动快捷。

土家人平日用鼎罐做饭，过赶年年饭则是蒸甑子饭，切坨子肉，斟大碗酒。将肉切成大块，加上佐料和苞谷面、南瓜、萝卜等，合蒸一锅；或者十碗八扣，过桥肉、大坨肉，一块一砣一二两，解得馋，下肚快，行动迅速。年饭做好后，焚香燃烛烧钱化纸，三跪九叩祭祀祖先，怀念先祖功德，祈求祖先护佑，旗开得胜捷报传。

吃完赶年团年饭后，合家大小老少头戴面具，身背衣物、被子，手持刀、枪、棍、棒，只要是能做武器用的顺手捡来，火钳、吹火筒也行。出得大门一阵呼哄喊叫，到屋前屋后巡视一遍名为巡山杀倭。这是赶年的最后一环，也是最核心的仪式。

年三十清晨，由男子做早饭。饭做好，祭祀祖先完毕再喊女人、孩子起床吃饭。因为军营里都是男儿，杀敌前的这餐早饭当然也要按军营里的方式办。

当年，土家兵出征一举平息倭寇，受到朝廷嘉奖。从此，土家兵担负起驻守东南海疆防务。每年正月初一，是轮值换岗日子。土家人为让亲人按时到岗接班，过赶年蔚为成风。土家男儿为国分忧，征战倭寇，保卫疆土立下战功。过赶年是土家人战胜倭寇历史再现，是土家人的骄傲。

三四百年来，土家人每逢春节来临总要提前一天过“赶年”，过赶年传承土家男儿为国分忧使命感，为民除害责任心，为正义而战勇于牺牲之精神。[1]

早年龙舟坪影像资料图片

方氏家族在长阳

据《长阳县志》“卷二民族人口”“姓氏录”中“县城居民姓氏”记载:“从明朝开始，方氏族人定居县城龙舟坪。”方氏祠堂坐落于龙舟坪东南方，方姓氏族落籍长阳龙舟坪至今六百多年。

为探究方兴家事，笔者在长阳县档案局和长阳民族文化研究会支持下，找到了方兴侄孙女方秉珍。方秉珍年近八旬，言谈有序精神爽朗。方秉珍告诉笔者:“方兴是我的四爷爷，我爷爷方喜文是方兴二哥。”说话间，方秉珍拿出《湖北省长阳县方氏家谱》刻印本，让笔者阅读。笔者就《湖北省长阳县方氏家谱》所提供资料多次咨询方秉珍老人核实事实。

据《湖北省长阳县方氏家谱》记载:

方氏族人散居于长阳县后峰溪、方家湾、沿头溪、马家溪、白氏溪、龙舟坪、磨市、峰山、花桥、板桥铺等地，以方家湾和马家溪为多。长阳方氏先祖为使方氏族人长幼有序，克振家声，自第九世开始依派序词

1. 参阅《宜昌民俗大观》29 页《土家奇俗过赶年》。

命名。

第一联派序词：

逢懋士国世，可开大文宗，秉正自光明，有志必会祖，从学一少仙，节高浩气存。

第二联派序词：

传家敦诗礼，永首作典章，鸿献宜继续，善多照庆长，积厚发祥远，定起万代昌。

方兴所属方氏宗支，祖居龙舟坪东十里马家溪。顺治十七年（公元1660年），方氏这一宗支始迁祖方逢会将族人由马家溪迁至永和坪（即现今龙舟坪镇永和坪村），在永和坪置田种水稻和小麦，生息繁衍九十年。乾隆十五年（公元1750年）这一宗支高祖方国爱和方国悦兄弟二人，将家由永和坪迁徙至县城龙舟坪后街东门内关帝庙斜对面定居，世代相传至今二百三十多年。

方国悦字兆豫，娶李氏为妻，生育方世拔、方世超二子。

方世拔娶张氏为妻生育方可语、方可唔、方可梧、方可悟四子。方世拔享年八十五岁。

方可语是方兴曾祖父。方氏族人称方可语为十四世祖。嘉庆五年（公元1800年），方可语生于县城龙舟坪。方可语是长阳县名儒，知书识礼，教谕乡里门人，弟子甚众。晚年以灌园育木为乐，素食身健益寿延年。光绪十六年（公元1890年）寿终正寝享年90岁。

方兴曾祖母姓郑，后人称她为郑太孺人。郑太孺人生二子，长子方开经，次子方开纶，女儿方三姑。郑太孺人贤德仁慈，勤俭持家亦享年90岁。

方兴祖父方开经，字九峰。娶林氏为妻，生子方大明。（《湖北省长阳县方氏家谱》中，关于方开经出生年月，人生经历，去世原因，语焉不详）。

方兴父亲方大明，娶林氏为妻生育五男一女，（《湖北省长阳县方氏家谱》中，关于方大明出生年月，人生经历，去世原因，语焉不详）。

方兴长兄方德文，大嫂刘氏，大侄子方宗盛，二侄子方宗成。

方兴二哥方喜文，二嫂林氏，大侄女方宗杏，二侄女方宗桃，侄儿方宗霖。

方兴三哥方乐文，三嫂邓氏，侄女方宗秀，侄儿方宗泉。

方兴弟方荣文，弟媳邓朝懿，二哥之子方宗霖过继为嗣。

方兴六妹方六妹，妹夫罗光喜。

方兴大哥方德文次子方宗成，字丹九，生于公元1903年。方宗成幼读经史，善于文墨，十八岁任职县政。1940年5月，日寇入侵长阳，方宗成任城关区政府区员兼秘书，负责筹集抗战物资颇有业绩。抗战胜利后方宗成任职县政府教育科，因办学有功，教育界景仰之。1960年病逝。享年57岁。

方宗成长子方秉良，儿媳向隆玉；

孙子方正石，孙媳向远淑，曾孙子方自强，曾孙女方自立，方自琴；

孙子方正明，孙媳张新兰，曾孙女方玲、方静；

孙子方正四，孙媳代胜兰，曾孙女方代会；

孙女方正清，孙婿邓国强，外曾孙邓勇、邓红；

孙女方正惠，孙婿任荣朋，外曾孙任政、任远。

方宗成次子方秉才赴恩施工作。

女儿方秉淑，婿郑方适。

《十七世祖荣文公传》

方兴之弟，方荣文，字级修，方开经之孙，方大明之五子。方荣文生于清光绪十九年（公元1893年），幼孤贫依婶母刘太孺人抚养成人。方荣文幼读经史颇有才智。民国元年随四兄方欣文（方兴）赴北京游览名山大川，结识政界名流，次年授江陵知县，在仕一年有余，因不求宦达而辞官回乡。方荣文喜爱文学艺曲，交友甚众，崇礼尚义，德高望重为宗族推崇为族长。

民国二十九年五月（公元1940年5月）日寇入侵长阳，方荣文率全家逃难至罗家坪妹婿罗光喜家住留三月。日寇退离后，回县城后街原宅。公元1943年5月，日寇再次入侵时，家人仓皇逃出，方荣文卧病在床未及随行。寇军进入室内掳公而去迫使带路，方荣文以民族气节为重，临危不惧，断然拒绝带路，日寇用皮带抽打。方荣文遍体鳞伤，口吐鲜血倒伏于地，寇军疑其已死而弃之。经乡众救起抬回家中医治无效而逝。享年四十九岁。由子宗霖扶丧安葬于东门外柳林坝祖坟之西侧。

方荣文为地方贤达，崇礼尚义，满怀爱国热忱和救国之志。荣文公民族气节高尚，不畏强敌断然拒绝给寇军带路，被寇军毒打致伤而逝。方荣文忠臣昭日月，名节留守千古，乃鲁仲连不帝秦之遗风。

荣文公妻子邓朝懿，继子方宗霖，儿媳覃念桂，孙女方秉珍；儿媳覃氏早亡。续弦儿媳李惠贞，孙子方秉汉、方秉强。1938 年，儿媳李惠贞先逝，儿子方宗霖远在宜都，邓夫人与诸孙相依为命。夫君方荣林去世后，邓夫人率子、孙种菜维生，勤俭治家，受人尊敬。1951 年 5 月，邓夫人不幸溺逝于清江，痛矣！

方兴叔祖父方开纶，字一峰。生于道光二十年（公元 1840 年），精通经史星文。同治五年拔贡，赐戴花翎，任云阳知县。告老还乡后，常为长阳地方咨询议政，兴利除弊，积福乡里。方开纶名扬州、府、县，衙门官员及晋绅贤达登门者甚众。方开纶尊长爱幼和睦全族亲如一家，族人推崇任族长多年。方开纶修建方氏祠堂，俟后，宜都、白洋、董市各地族人常来长阳会族续谱祭祀祖先，扬正家风，承先启后。

方开纶原配林氏早逝，续配张氏为妻，同治三年（公元 1864 年）生子方大月。

方大月娶刘家坪名门之女刘氏为妻，光绪二十一年（公元 1895 年）方开纶得长孙，取名方绳文，光绪二十六年（公元 1900 年）次孙方述文出世。

光绪二十七年（公元 1901 年）冬，方开纶儿子方大月去世。此时方开纶年逾六十，方开纶虽有晚年丧子之痛，但儿媳刘氏受托孤重任，守节自持，养翁姑，抚育幼嗣，肩负重任呕心沥血，节义贤孝侍奉方开纶晚年生活颐养天年。方开纶享有四世同堂天伦之乐，耳聪目明，声音洪亮。民国十三年二月（公元 1924 年 2 月）方开纶寿终正寝，享年八十四岁。

方兴婶娘刘太孺人，方兴叔父方大月之妻。刘太孺人生于同治五年（公元 1866 年）九月，其娘家为刘家坪名门望族。光绪二十七年（公元 1901 年）

刘氏年方25岁，夫君方大月因病去世。长子方绳文年甫五岁，次子方述文年甫周岁。

刘太孺人教子有方，方绳文、方述文幼年在家时深受刘太孺人喜爱，常讲述先世宏伟业绩和家史，勉励二子勤奋求学，为祖先争光。方绳文、方述文均博学有才，崇礼尚义。

民国二十九年五月（公元1940年5月），日寇入侵长阳。刘太孺人随长子方绳文全家逃难至七丘，年底闻知长孙女方宗书病逝痛哭不已。1941年3月迁都镇湾。1943年5月，日寇再次入侵长阳，长孙方宗亢之妻胡道秀被炸死，太孺人垂泪不已，全家再次逃难至七丘，十月，敌机日夜轰炸，家人纷纷逃至室外，太孺人夜跌伤于山坡小路上。次日，扶回家中医治无效而逝。享年七十六岁。

方兴堂侄子方宗亢，侄媳刘氏知书达礼。1960年移居磨市柳家垸。

方宗亢儿子方秉军儿媳李名英，孙子方正涛；

方宗亢长女方秉静婿龚光南，外孙子龚道福、龚道寿，外孙女龚道琼、龚玉平、龚爱平；

方宗亢次女方秉金婿郑桂方，外孙子郑诗清、郑诗国。

方兴堂侄子方宗亮，黄埔军校毕业，任陆军少校。赴台湾后任职教育界。

方宗亮妻子黄行兰，儿子方秉龙儿媳钟士淑，孙子方幼龙孙媳李春梅；孙子方正洲，孙女方淑敏；女儿方秉济女婿李山品。

方宗亮旅居台湾妻子张月女，儿子方秉政、方秉治、方秉钧。

方兴堂侄子方宗豪，中南冶金工业大学冶金系毕业，任高级冶金工程师。

方宗豪妻子郭一清，儿子方秉华儿媳包玉倩；女儿方秉惠女婿吴金元。

方兴堂侄子方宗杰，习中医药草与农业技艺很有成就。

方宗杰妻子彭道娥，女儿方秉玉、方德春、方德秀、方德莹。

明末清初，方氏家族业已成为长阳龙舟坪镇一大家族。方氏家族族人相互扶植蔚成风气。方兴年少时，父亲年迈，母亲早逝，得益于兄长方德文抚养长大成人。方兴爱与憎、是与非情感变化，全凭婶娘刘氏慈母般的关怀和调教。为让方氏后代接受学校教育，为更多长阳学子能入学读书，方氏长者致力办学名播青史。

方兴侄孙女方秉珍老人

开创学堂教育

《长阳县志》记载："据乾隆《长阳县志》记述：'乡馆村塾随处皆有，竹篱茅舍间，吟诵之声与山水风回相答，令闻者有筱然尘外想。'彭秋潭在《长阳竹枝词》中写道：'生儿莫道在村庄，也要经书念几行，挽个木箱提篓饭，山神庙里是学堂。''一堂学子要功夫，怪得先生讲究粗，知道明春当县考，两三相伴读冬书。'直到晚清，县内各地村寨私学仍久盛不衰"。[1]

长阳地域虽山峦起伏道路险阻但一汪江水把长阳和大千世界连在一起，大千世界给长阳人予以灵性和奋进精神。自古以来，长阳乡馆村塾久盛不衰。乡馆村塾分为义学、私塾、家学和族学等。义学为私人捐建，学子免费入学，如龙舟坪东门义学教馆；教书先生自设学馆即为私塾，学生在馆读书，每位学生每年交米一斗，肉、油、盐各一斤，钱四串；富户人家请先生在家中教子读书，称之为家学；为培养本族人才，由宗族祠堂祠稞和族人捐资创办教馆称为族学。如资丘覃氏族学和田氏族学、厚浪沱李氏族学、西街刘氏族学，族学名声各重一方。

1. 见《长阳县志》537 页，长阳县方志办编，中国城市出版社出版。

义学、私塾、家学和族学所教内容根据学生水平或家长意愿，按学童家中所存读本而定，各选不一。一般采用《三字经》《小学》《增广贤文》《四书》《五经》《幼学故事琼林》《唐宋八大家文选》和《古文观止》等。每逢端午节家长或族长与塾师面议报酬，或钱或物，品种数量无定则。长阳大山里的学子奋发读书，力争县试夺头名，走出大山，赴京领衔，异乡为官。

1835年前，长阳学子参与县试没有正式考棚。考生携卷袋、自带坐凳，团坐在县衙大堂檐宇之下。天阴雨，官署厅堂、书吏房舍，拥挤无隙地。道光丙戌（1826年），为让考生有参考之地，知县白荣西始议修考棚，草创未毕，去任。甲午（1834年），知县范炳监率县绅刘文源、杨文佩、方可儒、李植达等，捐资买地，在县署书院之东建东西文场，各置号凳六十条，长二丈余。棚前适中地设立点名堂。堂前为仪门，门六扇，以备扃锁。棚后为大堂，堂前左右分建小房，为书差巡查值宿之所。后室三楹，为试官寝息进食之区。置庖厨以供炊事。外筑围墙杜窥伺。公堂山耸，栋宇鸿开。

知县范炳监在《书院考棚序》写道：“窃谓，书院废则无以振人文，考棚颓则无以容多士。时方岁稔，爰与广文喻君，少尹楼君，集邑绅士，建议重修。方生可儒司出纳，各量力输资，分治其事，而无一毫苟且之私，皆不易得。”[1]当年，该文铭录石碑，以示纪念。该碑曾立于如今龙舟坪镇龙门小区处，如今却不复存在，铭文收录在民国二十五年纂修的《长阳史志》中。

《长阳县志》乡贤传记载：“方可儒，号席珍，清太学生。以廉洁称，与监生刘文源同修书院、学宫、建考棚，无一毫苟且之私，卓著勤劳。”[2]

按方氏派序词推算，方可儒属于方兴曾祖父一辈，方兴应称方可儒为太爷爷。

光绪十四年（1888年），清政府批准设置算学科取士，首次将自然科学纳入考试内容。光绪二十三年（1897年），上海成立算学会，发行《算

1. 见《长阳县志》（民国二十五年纂修）本103页，长阳方志办整理，方志出版社出版。
2. 见《长阳县志》（民国二十五年纂修）本222页。

学报》。光绪二十四年（1898 年）七月二十四日，总理衙门颁布《振兴工艺给奖章程》。增设经济特科，荐举经时济变之才。光绪二十八年（1902 年），朝廷通令各省选派学生出国讲求专门学业。

长阳县依《奏定学堂章程》筹建学堂。“首士方荣林、邓锟等将九峰书院、青云馆、宾兴馆三项经费并作学款，另设经理所管理。

“光绪三十年（1904 年），规划将考棚、书院改建学堂。筹备进行，为了解决新学堂缺少师资（时称教习）的困扰，抽提公费选派古文光和张耀芬赴日本学习师范实业。

“光绪三十年（1904 年）冬，在九峰书院处设立“简易师范讲习所”，聘请游历长阳的日本渡边泰氏为教员，召集塾师三十余人学习教授法，为开办乡学培训师资。是为长阳兴学堂造就师范之始。

“光绪三十一年（1905 年），复提公费，派邓宗模续赴日本，学习师范。首士方荣林邀约黄登庸、张耀贞、晏宗杰督建学堂，创造规模，颇合学堂之用。是年冬，大致告成，命名为‘长阳官立高等小学堂’。省学务公所委邓宗模任长阳官立高等小学堂堂长。并委定教员监学。”[1]

据《清光绪朝中日交涉史料》记载：留日学生数，1904 年一月增至一千三百余人；1905 年初增至三千余人。“凡留学生一到日本，急于寻求的大抵是新知识。除学习日文，准备进专门学校之外，就是赴会馆，跑书店，往集会，听演讲。”[2]在日本这个异国的特定环境里，他们有着国内得不到的言论和行动的自由。这些满怀爱国热忱的青年学生来到日本后，在强烈的反差之中，愈加感觉到要免除祖国沦亡，唯有学习西方共和之道。

从 1900 年发刊的专以编译欧美政法名著为宗旨的《译书汇编》开始，到 1905 年 11 月，五六年间，在日本出版发行的书刊有：《国民报》《湖北学生界》《浙江潮》《醒狮》等，还有由留日学生自己撰写的《新湖南》《革命军》《猛回头》《警世钟》等书出版，大力促进留日学生革命化。孙中山追溯当年的情景说：“赴东求学之士，类多头脑新洁，志气不凡，对于革命理想，感受极速，转瞬成为风气。故其时东京留学界之思想言论，

---

1. 见《长阳县志》（民国二十五年纂修）本 154 页。
2. 见《鲁迅全集》第六卷第 556—557 页，1982 年 2 月，人民文学出版社出版。

皆集中于革命。”[1]

光绪三十一年（1905 年），省学务公所委邓宗模任长阳官立高等小学堂堂长。

光绪三十二年（1906 年）二月，长阳官立高等小学堂招收高等甲班学生六十人。开学授课，每人年缴膳费十串。学制三年，每周上课六天，每天上课八节次。

根据《奏定学堂章程》所拟定学堂培养目标：“以培养国民之善性，扩充国民之知识，强壮国民之气体为宗旨；以童年皆知做人之正理，皆有谋生之计虑为成效。”长阳官立高等小学堂为达到上述目标，“开设读经、讲经、温经、习字、算术、国文、修身、历史、地理、体操、图画为必修课，随意课增设商业、农业和手工三门。教学方法搬用日本教育方法，破传统个别讲授法，实行班级教学。”[2]

新学堂新教程，课怎么上，学生怎样学，私塾先生眼前一片空白，墨者黑也。三位留日学成回国的教师成为长阳高等小学堂教学权威，留日教师给学堂带来了新思维新教法，推行解文析字新教法，逐步摒弃照本宣科，摇头晃脑死记硬背老一套。留日教师教剑术、演马技深受师生喜爱；传播革命思想引发师生共鸣。

长阳官立高等小学堂历史教师结合清朝腐败无能之现实，揭露君主把天下当作私产，成为“天下之大害”事实。讲述明末清初思想家提出“民为贵，君为轻”君应“以天下万民为事”的民本思想。以及黄宗羲、王夫之等思想家提出“天下为主，君为客”主张，清朝末年这一主张在全国各地广泛传播，成为反抗君主专制的理论依据。

王船山史迹启蒙革命思想

《方兴革命事略》记载：方兴“初肄业于其县小学，以才名。文史多王船山、黄梨洲旨趣，能言人所不敢言。”表明方兴在长阳官立高等小

1. 见《孙中山选集》上卷第 175 页，人民出版社出版。
2. 见《长阳县志》第 537 页。

学堂读书时，学堂历史教习在课堂上讲评王船山、黄梨洲史迹，激励方兴投身民权革命之事客观存在。学生时代方兴崇拜王船山和黄梨洲，通览了二人的政治旨趣。当年长阳官立高等小学堂历史教习讲评王船山、黄梨洲课堂教学实况无法复制，但王船山的史迹和黄梨洲的主张却能再现。

王船山本名王夫之，因晚年隐居衡阳县曲兰乡石船山，自号船山老人、船山病叟；后人尊称为船山先生。王夫之1619年生于湖南衡阳，4岁时，随长兄王介之入塾问学。王夫之自幼天资聪明，对古文化的兴趣令人不敢置信，7岁时就初步通读了十三经，10岁时，学了五经经义，14岁考中秀才。越二年，王夫之开始致力于诗文，在短短两年间阅读了《离骚》、汉魏《乐府》历代诗人佳作名篇约10万余首。崇祯壬午（1642年），王夫之与兄王介之参加科举考试，同榜中举。

王夫之20岁时在乡学读书，与同乡人文之勇（字小勇）、郭凤跹（字季林）、管嗣裘（字冶仲）等人效仿东林朋党人士讽议朝政、评论官吏，要求廉正奉公，开放言路，革除朝野积弊，反对权贵贪赃枉法的主张。成立了一个旨在抨击时弊，评论朝政，议论改革的团体，叫作“匡社”，意在匡国济民。匡社主张“政事归于六部，公论付之言官”，使天下“欣欣望治”；反对科举舞弊行为，主张取士不分等级贵贱，按照个人才智，予以破格录用；加强在辽东的军事力量，积极防御满洲贵族进攻。

王夫之为了不与明朝农民起义领袖张献忠合作不惜挥刀自残。崇祯十六年（1643年）张献忠攻陷衡阳后四处物色人才，王夫之是读书人中的佼佼者，自然被注意到。“八大王”张献忠抓住了王夫之的父亲作为人质，逼迫王夫之出山为其效力。王夫之倒也干脆“自引刀遍刺肢体”，一身血淋淋地去见张献忠。张献忠一看，人差不多就要报废了，带上王夫之还得倒贴医药费，于是放了王夫之和他的老父亲一马。

清军入关后，他上书明朝湖北巡抚，力主联合农民军共同抵抗清军。顺治四年（1647年），清军攻陷衡阳，王夫之的二兄、叔父、父亲均于仓皇逃难中蒙难。南明永历二年（1648）秋，王夫之招集一支义军在衡阳起义。义军领导是缺乏行伍生活的书生，战士是未经训练的农民，缺乏给养，孤立无援，苦撑数月，被清军打败。最后一次抗清斗争失败后，王夫之决心归隐山林，在孤独中做学问。从此他出门时，手擎雨伞，脚踏木屐，表示自已“头不顶清朝的天，脚不踏清朝的地”不屈服的民族气节。

南明永历五年（1651年）孙可望（张献忠义子），为谋求秦王王位，击杀南明学士三十人。顺治八至十一年（1651—1654年），王夫之为避孙可望之害，隐居祁、邵、衡三县之界耶姜山，历时三年。

顺治十一年八月（1654年），因清军搜捕，王夫之流亡于零陵、郴州、耒阳、常宁一带。曾变姓名为瑶人，寄居荒山破庙中，后移居常宁西南乡西庄源开始授徒著书。

直到57岁，才定居南岳衡山下石船山草堂。为草堂题写了一副对联“芷香沅水三闾国，芜绿湘西一草堂”。从此，在草堂著书立说，故世人称其为“船山先生”。

王夫之不为利禄所诱，不受权势所压，就是历尽千辛万苦也矢志不渝。康熙十七年（1678年）三月初一，吴三桂在衡阳打起反清复明之旗号设坛称帝。派幕人请王船山写《劝进表》，王夫之称吴三桂1644年剃发称臣，引清兵入关为国之仇。王夫之严词拒绝，“以其入国之仇也，不以私恩释愤”。

晚年身体不好，生活贫困，连纸笔都要靠朋友周济。每日著述，以致腕不胜磨墨，指不胜握笔。在71岁时，清政府官员来拜访这位大学者，想赠送些吃穿用品。王夫之虽在病中，但认为自己是明朝遗臣，拒不接见清政府官员，也不接受礼物，并写了一副对联，以表自己的情操：清风有意难留我，明月无心自照人。

康熙三十一年1692年正月初二，王夫之病逝，享年74岁，葬于曲兰乡船山村虎形山麓。

王夫之一生著书320卷，录于《四库》的有《周易稗疏》《考异》《尚书稗疏》《诗稗疏》《春秋稗疏》等。

王夫之提出“以天下论者，必循天下之公。天下非夷狄盗逆之所可私，抑非一姓之私也”“不以一人疑天下，不以天下私一人”“以天下之禄位，公天下之贤者”的政治主张。谭嗣同称王夫之为“五百年来，真通天下之故者，船山一人而已”。

王船山矢志不移反清复明，恢复中华，史话广为传诵。长阳官立高等小学堂老师讲释王船山“不以一人疑天下，不以天下私一人”“以天下之禄位，公天下之贤者”，王船山天下为公之主张，启迪方兴的心智，引领方兴投身革命。

本文参考文献：

湖南省社会科学界联合会主办《船山学刊》杂志。

黄梨洲思想启迪革命心扉

黄梨洲即黄宗羲，字太冲，号梨洲，世称梨洲先生。黄宗羲著《明夷待访录》一书，共分《原君》《原臣》《原法》《置相》《学校》等十三章共二十一篇。中批判旧儒学“君权神授”的思想，继承先秦儒家的民本思想，提出旨在反对君主专制的“天下为主，君为客”新理念。黄梨洲发展了孟子“民为贵，社稷次之，君为轻”和荀子“君者，舟也；庶人，水也。水则载舟，水则覆舟”的民本观点；确立了“民”“君”两者之间主要与次要的关系；构筑起治理天下要以天下百姓是否快乐为标准的新儒学思想体系。

黄宗羲在《原君》一章中讲述道：“此无他，古者以天下为主，君为客，凡君之所毕世而经营者，为天下也。”提出了“天下为主，君为客”的主张颠覆了“君权神授”传统观念，确立了“君权民给”的新理念。黄宗羲首先通过对“民”“君”二者间“主”“客”关系的界定，确立了“民”与“君”是矛盾两个方面，两者既相互依存，也有利益对立；其次，“天下为主”强调了主的利益为先，“天下”是矛盾主要方面，因其数额巨大无法同时行使其权力，需要有一个能代表其利益的执行者，这一执行者即为君，君的权力是人民给予，“君”则处于矛盾次要地位。

“天下为主”居于主动地位，其利益是不可侵犯的；君是在保障民的利益这个前提下产生。君权被不当使用以致侵夺了天下之民的利益，致使民、君之间本末倒置。根据君“客”、民“主”的理念，“天下之主”有权依据自己利益去更换“君”，让其更好地代表自己利益；既然君为“客”，君要围绕天下之主这个“主”而展开，君是为天下之主的利益服务。“凡君之毕世而经营者，为天下也”，官员应当“为天下，非为君也；为万民，非为一姓也”。

黄宗羲在《明夷待访录》《学校》一章中，主张“天子之所是未必是，天子之所非未必非，天子亦遂不敢自为是非，而公属是非于学校”。“必使治天下之具皆出于学校”“公其非是于学校”，学校要析讲时事时政，要明是非之理，学校应广开言路，成为舆论场所，要对政府行为有所监督。学校的“学官”要有较大的权力，学校议政，参与是非判断，这一民主观点在当时非常新颖。黄宗羲这一主张得到各地学堂教师赞许，许多教师公开在讲台上评论清朝时政。[1]

康熙帝曾接连两次征召黄宗羲赴京应博学鸿儒试，均遭黄拒绝。康熙帝于是下令地方官员尽录黄宗羲著作。康熙帝欲修《明史》，再次想起黄宗羲，曾邀黄宗羲赴京主持史局。全祖望撰《梨洲先生神道碑文》中写道：“宗羲不入史局，而史局大事必咨之，其所辩论，史局常依之资笔削焉。”

黄宗羲晚年并未拒绝与清政府官员的私人交往，不干涉子弟门人参与科举考试，在文章里采用了康熙、顺治等年号，对于康熙也偶有赞美之辞。他的妥协使得其作品得以流传后世。

黄宗羲学识渊博，大凡天文、历算、音律、经史百家，释道、农工等无不深究。黄宗羲近代民主思想，在民权理论上超越了欧洲卢梭。西方学者称黄宗羲为“中国自由主义先驱”。

方兴在长阳县高等小学堂就读，正逢革命思想迅速传播之时。学堂教习结合清朝时政，翔实地介绍王夫之和黄宗羲的生平事迹，讲评黄宗羲“天下为主，君为客”新观念，评议清朝时政。方兴在老师的传授之下初步形成革命理念，为日后投身辛亥革命奠定思想理论基础。

在校读书期间，方兴看见县衙师爷一边吆喝一边追打老农。方兴见

1. 见《明夷待访录》公共版权授权。

到此情此景忿忿不平地指着师爷说："吾得志，当先诛汝辈！"方兴父亲和兄长劝诫方兴不要妄言，方兴向父兄讲起黄梨洲"天下为主，君为客"的新观念，父兄为方兴所言心悦诚服。

法制教学开启心智

据《长阳县志》（民国二十五年纂修）主纂古文光在《长阳县志》民政考六教育卷卷首语有以下文字记述:"科举既废，教育改良。开通民智，乃兴学堂。法制明备，组织周详。学校社会，逐渐发扬。"[1]古文光系公费留日学习师范回长阳任教的教师，由卷首语中：法制明备，组织周详。学校社会，逐渐发扬。之记述，可鉴当年长阳官立高等小学堂首开法制教育课，对学堂学生进行法制教育事实。

在长阳县档案局档案资料库里，珍藏着长阳官立高等小学堂教师用毛笔在十行纸上书写的《法制学绪论》教案，该教案共五页。教案中有圈有点和修正之处，可知这份教案系教师凭所学之笔记或记忆编辑而成。

1904年开始，长阳县两年内先后派出古文光、张耀芬和邓宗模三位教师到日本进修。日本是孙中山开展革命活动的主要场所。1905年，孙中山在日本成立中国同盟会，提出"驱除鞑虏，恢复中华，创立民国，平均地权"的宗旨，在广大留学日本学生中产生影响。日本从明治维新后，西方民主与法制思想在日本广为传播。赴日教师接受西方法制宣教，产生崇尚法制抵御专制理念。赴日留学教师从日本回到长阳尽心尽力将自己所学新内容传授给学生。

长阳县官立高等小学堂首开法制教育先河，介绍西方法制常识，"法制出于人类共存之必要"，"立法度，设官制。以明官府之职，司定官民之范围，示人人生活之规矩，谓之立法"。以浅显法制理念，引领学生思考专制与法制的区别，诱导学生为创建法制共和国而投身革命。

长阳官立高等小学堂教师书写《法制学绪论》教案全文如下：（原教案有五页该文只刊载首页）

1. 见《长阳县志》（民国二十五年纂修）本154页。

凡事物自然之理，皆有秩序，不容紊乱。秩序即原因结果之关系，因因果果相生而丝毫不紊，称之曰：法。故广解之，有道德之法、有物理之法、有宗教之法、有国家之法制，则法之为物也甚多。道德之法何？保全良心之谓也。闲邪存诚，不使陷乎罪戾，生诸种苦恼。物理之法，有一定不易者，如人持物手中，不放则物终不坠。又如太阳光线射入三棱玻璃，透出之影，必曲折不平，所谓影随形变化者是也。

宗教之法，则与道德物理不同。道德物理，专指现世界而言，其所关虽涉过去现在将来之事实，要不外于现世界之事。宗教阐发未来世界之理。穷其究竟，该括甚广。由是观之，法有广狭二义。从其广义，则包含物质界之法，及人类界之法。物质界之法何也？义例甚广，然皆有定则，不可移易。若夏葛冬裘，饥思食，渴思饮之类其易知者。物理、化学、动物、植物、矿物、地理、天文等，皆有法。

人类界之法何也？心理、伦理、算术、道德、宗教、习惯等是也。人之行为不一，有由道德而进者，有由宗教而进者，有由利害习惯而进者，性格既各不同，不可不设法以劝惩之，使之迁善如鹜，疾恶如仇，而为完全之人格也。

法制者，人类最要之法也。法律、法规、法令、刑名等之语，用之既久，然不过与法制异名同义也。法制出于人类共存之必要人类愈繁，竞争愈剧。芸芸众生，禀赋各殊，非如日光之热，水性之冷，不必加以法制，而自然不变者。若无条约章程，束缚众志，则必横决放宕，弱肉强食，而人类或几乎息。此法制所以为人类共存之必要也。

法制者人定之法要之国家必有主权，而统辖国土人民，无主权则无国家。惟主权之所在，国各有其制，或归于一人，或归于数人，或归于人民。日本主权在于皇室，与美之立宪政体异。英之主权在于贵族院、王室、庶民院。俄国主权在于皇帝。美国以全国之民为主权之所在，大统领摄行之。法国同美。德帝国成于王国、公国、自由国，即主权存于德国皇帝及帝国联合会议。国有主权，或曰统治权，或曰国权，其义则一也。寻其语源，始于英国法家之书。主权之临土地人民也，自古及今，有诸般变迁，然要不外于三种作用。

一、立法度，设官制。以明官府之职，司定官民之范围，示人人生活之规矩，谓之立法。自国权之发动，号曰立法权。

二、国家有一团之人民，与国家终始相结而不离，服国家主权，且防守国家。

三、国家有最大无限之力，即主权也。或曰统治权、或曰国权，不受压制于人，卓然独立，临民护国，以对抗于外国。主权所在，凡一国之土地人民，及其他附庸之国，皆统属于其下。附庸之国不能独立，受上国节制、不得有主权。

文中异体字笔者有所改动，有关段落依照原意进行了调整。

光绪三十二年（1906 年），方兴考入长阳官立高等小学堂。在学堂读书三年间，接受革命思想与法制意识教育。宣统元年（1909 年）二月，方兴时年 18 岁，系长阳官立高等小学堂首届毕业生。时值，中国革命同盟会及各社团在神州大地掀起反对皇权专制风潮，吸引方兴投入推翻皇权专制斗争。

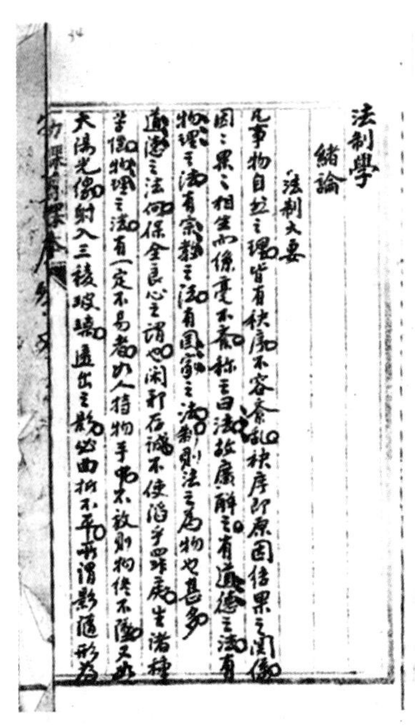

长阳县档案馆馆藏长阳高等小学堂教师用毛笔在十行纸上书写的《法制学绪论》首页。(该教案共五页)

革命大潮风起云涌

长阳县档案馆珍藏着一份清朝《毕业凭照》，现称之为毕业证书。这份毕业凭照系宣统元年十二月初四（1910 年元月 14 日），荆宜道荆州府颁发给长阳学士方际熙的湖北荆南初级师范学堂优等毕业凭照。该凭照长 96 厘米，宽 58 厘米，如同一张对开《人民日报》大小。

该凭照分为上下两版，上版文头边框套印双龙戏珠图案十分耀眼，其间刊印一幅时任直隶总督杨士骧手书小楷上谕全文，所谓上谕，皇帝的命令或指示。这份上谕凭地里增添几分神秘，让人不解当今皇上对学堂教育有何指示。

上谕始言，“光绪三十三年十一月二十一日内阁奉上谕朕钦奉慈禧端佑康颐昭豫庄诚寿恭钦献崇熙皇太后懿旨”。由此可知这一上谕系光绪三十三年即 1907 年，由慈禧所签发。

谕文列举了近几年来，学生中违背章程的表现：“乃比年以来，士习颇见浇漓。每每不能专心力学勉造通儒动思逾越范围。干预外事或侮辱官师或抗违教令、背离圣教、擅改课程、变易衣冠、武断乡里”。

1907 年前后，全国各地反清反帝斗争风起云涌。

1903 年 4 月，沙俄拒不履行 1902 年《交收东三省条约》中分期撤兵的约定。反而进一步提出在东三省及内蒙古一带享有路政税权及其领土主权的“七条”要求，强迫清政府接受。清政府被逼无奈，欲与沙皇俄国缔结《中俄密约》。

岂料《中俄密约》尚未签署，沙俄妄图霸占我国东北详细内容即通过新闻媒体被暴露在光天化日之下。激起全国人民愤慨，以学生为先锋群起抗议。是年 4 月 30 日，北京京师大学堂学生“鸣钟上堂”“登台议论”；武昌高等学堂相继罢课；东京留学生抱头痛哭尤为愤怒，独子少年竞相报名，参加拒俄义勇军请缨抗俄。

是年五月，黄兴从日本回国，经上海，到武昌，应邀在武昌两湖书院讲演。黄兴痛斥清政府卖国求荣丑恶行径，宣传建立共和政体主张。

湖北当局闻知此事，立即下令驱除黄兴离开湖北。黄兴离开武昌前，向当地学生团体和士兵散发了不少《革命军》及其他宣传资料。

许多社团纷纷成立。

1902年11月21日，中国教育会成立爱国学社。1903年11月4日，黄兴在长沙保甲局巷彭希明住宅创建华兴会，黄兴任会长。1904年6月，武昌科学补习所成立。1904年11月，光复会在上海成立，蔡元培为会长。1905年8月20日，孙中山在日本东京赤阪区把兴中会、华兴会、光复会等带有地方性的组织联合起来，成为一个全国性组织全称为中国革命同盟会，本部设在日本东京。国内有东、西、南、北、中五个支部，按省设立分部。国外有四个支部。1906年2月，日知会在武昌成立。1907年，共进会在日本东京清风亭成立。1908年冬，湖北新军在武昌成立群治学社。1909年4月，湖北共进会总部设于汉口。这些团体都把推翻皇权专制作为革命目标，拥护孙中山的三民主义，各个团体选择推翻皇权专制途径和方法保持相对独立。

1911年前十年，出版的刊物有《醒狮》《新民丛报》《民报》《复报》《汉帜》《云南》《四川》《外交报》《东方杂志》《国粹学报》《新世纪》《关陇》《女报》《中国新报》《国风报》《河南》《夏声》《江西》《越报》《女子世界》《鹃声》《民心》等，在全国各地发行。

1902年2月梁启超创办《新民丛报》宣传“国也者，人民之公产也”，所谓“国”“有土地，有人民，以居于其土地之人民，而治其所居土地之事，自制法律而自守之。有主权，有服从，人人皆主权者，人人皆服从者。夫如是，斯谓之完全成立之国”“自由者，天下之公理”，国民应该为争取“政治上之自由”“宗教上之自由”“民族上之自由”“生计上之自由”而奋斗。“欧洲近世医国之国手，不下数十家，吾视其方最适合于今日之中国者，其惟鲁索先生之《民约论》乎！”梁启超这些言论适应了时代的要求，在青年学生中产生了广泛而深刻的影响。

全国各地农民抗捐、抗税、抗粮、抢米风潮汹涌澎湃。1906年，江西萍乡、湖南浏阳、醴陵举行武装起义《革命军洪示》：“同居中华，失祚有年，大清政体，颠倒难言。下民受屈，怨气升腾，军兴革命，挽回在天。

复我汉祚，势所必然，凡属居民，自可保全。”是年六月，江西瑞昌县民众反抗苛税抢毁税卡，官兵拿获姜姓三人，引发姜、何、周姓数百人攻打官军。

江苏掀起了抢米风潮；浙江杭州发生抢米事件；河南汝州农民抗粮；江西省吉安府数千农民暴动；奉天营口农民抗捐；辽河农民抗粮；1907年，陕西抗捐斗争；广东钦州“万人会”抗捐；新疆哈密维吾尔族人民反差役暴动；奉天辽阳满、汉两族人民反抗牛马捐；1908年，吉林延边朝鲜族人民反对苛捐杂税；1909年，直隶迁安县数万农民抗捐暴动，江西袁州数千农民抗捐。

光绪三十三年五月二十六日（1907年7月6日），安庆警察会办徐锡麟在巡警学校毕业典礼会上拔出手枪打倒了安徽巡抚恩铭。光绪三十四年十月二十六日（1908年11月19日），安徽炮兵营队官（连长）熊成基率领马炮营新军一千多人起义，进攻安庆，转战桐城、合肥、庐州等地。1910年，发生了数十年未遇的严重灾荒，人民反抗与暴动遍及全国，它动摇着清朝统治基础，预示着清王朝末日即将来临。

新思想在学校传播。1903年，日本留学生陈天华写了两本通俗小册子，《猛回头》和《警世钟》号召全国人民一致起来，“必须死死苦战，才能救中国”。1903年，邹容在《革命军》一书中喊出革命的口号：“我中国今日欲脱满洲人之羁缚，不可不革命。我中国欲独立，不可不革命。我中国欲与世界列强并雄，不可不革命。我中国欲长存于二十世纪新世界上，不可不革命。我中国欲为地球上名国，地球上主人翁，不可不革命。革命哉！革命哉！我同胞中老年、中年、壮年、少年、幼年、无量男女，其有言革命而实行革命者乎？我同胞其欲相存、相养、相生活于革命也。吾今大声疾呼，以宣布革命之旨于天下。”“革命之前，须有教育；革命之后，须有教育”。通过教育使人们真正懂得：“中国者，中国人之中国也”；“人人当知自由平等之大义”；“当有政治法律之观念”。

在几年时间里《革命军》发行百万册以上。《革命军》“不翼不胫”，“飞走海内外”，读了没有不“拔剑起舞，发冲眉竖”者。邹容《革命军》令清政府惶恐不安，以邹容图谋不轨，通过上海巡捕房逮捕邹容。堂堂清政府居然以原告身份在租界法堂上起诉被告中国人邹容，洋人毫无法理地宣判邹容两年徒刑。邹容在狱中被迫害致死。邹容死后，成千上万青年学生苦读《革命军》，燃起革命烈火。

上谕认为，“欲挽颓风，非大加整治不可”。于是“着学部通行京外有关学务各衙门，将学堂管理禁令定章广为刊布严切申明”。学生应该“以圣教为宗，以艺能为辅，以理法为范围，以明伦爱国为实效。若其始敢为离经叛道之，论其究必终为犯上作乱之人。盖艺能不优，可以补习；智识不广，可以观摩。惟此根本一差则无从挽救”。

要求学部“随时选派视学官，分往各处认真考察。如有废弃读经讲经功课，荒弃国文不习而教员不问者，品行不端不安本分而管理员不加惩革者，不惟学生立即屏斥惩罚，其教员、管理员一并重处决不姑宽侻。该府尹、督抚、提学使等仍敢漫不经心，视学务士习为缓图，一味徇情畏事，以致育才之举转为酿祸之阶。除查明该学堂教员、管理员严惩外，恐该府尹、督抚、提学使及管学之将军都统等均不能当此重咎也”。

为使上谕让众人知晓，“管学各衙门暨大小各学堂一体恭录一通，悬挂堂上。凡各学堂毕业文凭均将此谕旨刊录于前，俾昭法守”。杨士骧根据朝廷要求，于光绪三十三年，重新抄录一幅上谕刊发各地。此上谕虽发布于光绪三十三年，时至宣统时期仍应遵承奉守。

多年来，朝廷昭谕天下严防学生闹事。无论朝臣怎样奉守上谕，防范学生革命行动。始料不及，1911 年 10 月 10 日晚，湖北陆军测绘学堂学生在湖北共进会代表方兴带领下奔赴各营假传孙武命令，点燃武昌首义之火，清王朝在烈火中倾倒，皇权专制在烈火中覆灭。

本文参考文献：

《辛亥革命前十年间时论选集》张丹、王忍之主编，生活·读书·新知三联书店，1977 年版。

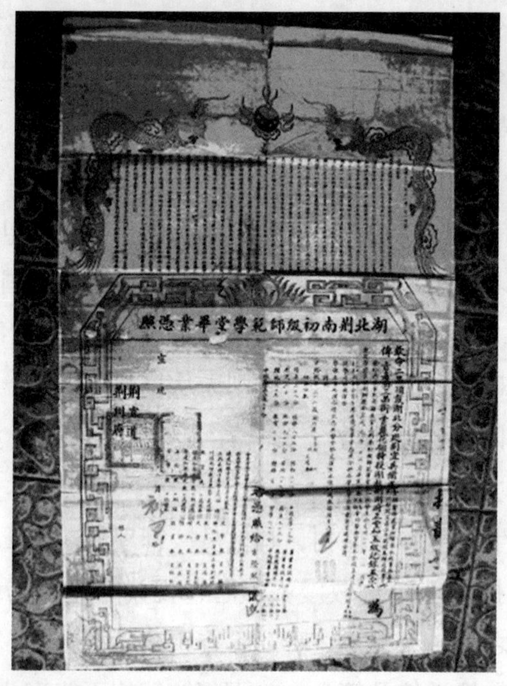
湖北荊南初級師範學堂畢業憑照

长阳县档案馆馆藏宣统元年十二月初四（1910 年元月 14 日），荆宜道荆州府颁发给长阳学士方际熙的湖北官立荆南初级师范学堂优等毕业凭照。

铭志兴国　改名为兴

清末时期，朝政当局对业已实行一千三百多年的科举考试制度实行大变革。1901 年 8 月 29 日开始，朝廷下诏施行变科举，兴学堂；废八股，考策论；废武科，考算术。

宜昌府志记载：“以子午卯酉年乡举，辰戌丑未年会试。自是终有明之世弗易。其乡举外，又有岁贡、选贡，遇恩则有恩贡。”[1]

长阳县依据朝政由知县担任县试主考考秀才，三年考二次。每次考试当年二月开考，共考三场，每场一天。考中秀才虽没有俸禄，秀才者属于长阳县知名人士，颇受知县尊重，知县按时组织全县秀才参加府试。

乡举时，逢子、午、卯、酉年四月开考。考场设在宜昌府东湖县县城东南方，即如今宜昌市西陵区学院街宜昌市司法局地域。乡举成绩最好

1. 见《宜昌府志》372 页，宜昌市档案局宜昌市方志办整理。

者录取为廪生，因廪生名额有限，不可随意增减，得等待正式廪生考中拔贡或死亡之后，廪生名额出现空缺，获得补廪生，才能领取每年廪禄二两八钱银子。长阳县秀才取得廪生功名后，成为“公务员”，也系长阳县荣光。

光绪二十九年十一月二十六日（1903年1月13日），《奏定学堂章程》经光绪核定公布执行，读书人入仕做官通道尚存。长阳县根据朝廷变科举、兴学堂的要求，立马兴建学堂，培训师资，为长阳读书人构筑入仕做官平台。1905年，长阳县官立高等小学堂大工告竣。是年冬，拟定招生开学授课。

1905年9月2日，朝廷下诏废除科举考试。从公元605年开始，朝廷通过考试赋予读书人相应功名，读书人则通过科举获取功名，居乡为绅，出仕为官的科举制度运行一千四百多年。科举考试成为维系朝廷与天下读书人之纽带，科举制度可以立废，千百年来，所形成的观念不可能一下子转变。科举时代“读书做官”“万般皆下品，惟有读书高”“将相本无种，男儿当自强”“十年寒窗无人识，一举成名天下知”以及“朝为田舍郎，暮登天子堂”的现实，为世人树立了读书做官的样板，其影响根深蒂固。废除科举考试以后，堵死了读书人荣身之途。从此开始，读书人与朝廷开始离心离德。

宣统元年（1909年）二月，方兴年已十八岁，于长阳官立高等小学堂甲班毕业，学业成绩优秀。按科举考试常规，方兴可以沿着秀才—廪生—廪贡生—举人—进士—状元的科举之途逐步深造入仕为官。可是，方兴小学毕业后被抛向了社会，无业可就，无书可读，读了书也无用。

废除科举后，最富有或有最好夤缘关系的读书人，可以出洋深造；方兴想到日本去，没有公费支撑只得望洋兴叹。到省城武昌就读实业学堂，学会一技之长以此谋生，只凭考试成绩不能正式入校，还须缴纳足够的钱方可注册入学，方兴家境虽不贫寒但也不富有，支付这笔学费处于艰难之中，只能望而却步。

方兴身心不安，思考如何改变个人前途和民族命运，毅然走出大山到武昌去身覆戎行。方兴原名方欣文，离开故乡长阳，到武昌投笔从戎，便依“兴天下同利，除天下同害，天下归之。”之义，将父亲方大明按方氏派序所赐之名方欣文，改名为方兴，以铭为国兴利之志。

二、革命思想确立

目睹招生黑幕

清朝时，宜昌府辖东湖县（东湖县系宜昌县旧称，宜昌县治所今宜昌城区）、归州（今秭归县）、长阳县（今长阳土家族自治县）、兴山县、巴东县、鹤峰州和长乐县（今五峰土家族自治县）。清朝时，乡党情谊甚浓，凡属宜昌府五县二州者均以宜昌同乡相称。

1909 年春，方兴只身来到武昌后，受到宜昌同乡热情地款待和帮助。是年春，正值湖北陆军小学堂招收新生入学发榜之日，宜昌学子有多人报考湖北陆军小学堂。方兴随同宜昌同乡聚集发榜之地，关注宜昌考生录取情况。宜昌府兴山县学子孙绍箕系宜昌考生中佼佼者，尤其受到宜昌同乡追捧。

孙绍箕报考湖北陆军小学堂落榜之后，几经周折被湖北陆军小学堂重新录取前后事表明《方兴革命事略》中，记载方兴“未几至武昌，目击政府恶劣”之史事有根有据。

据《兴山县志》记载：“光绪三十一年（1905 年）兴山县将秭城书院改办高等小学堂，学制三年。”

1908 年，孙绍箕于兴山县高等小学堂毕业，虽身处偏僻山区，但他喜购览各种新闻书报，“乃知种族之凌夷，国势之阽危，已达极点。慨然曰：岂区区腐儒，能救今日之急乎？”[1]

1. 见《武昌起义档案资料选编》中卷 301 页《孙绍箕事略》。

于是遂起投笔从戎之念。是年，湖北陆军小学堂招生信息传到兴山，孙绍箕跋涉到武昌。时距考期尚远，有文普通、存古、实业各校招生，劝其报考。孙绍箕投笔从戎决心已定，回绝了各校应试邀请，专等湖北陆军小学堂招生考试。

湖北陆军小学堂在考试前，要检查身体测量身高，孙绍箕身体合格，继试文字。1909年春发榜之日，孙绍箕看完榜后知其名落孙山，自叹湖北能人荟萃，文不如人落榜在所难免，自解自慰转身离去。

方兴随同宜昌同乡在榜示上下左右专注地搜寻，没有找到宜昌学子被录取名字。宜昌同乡为此抱不平，有人大声说：宜昌考生一个都没有录取！太不公平！

孙绍箕被这一声呼喊所警醒，连忙拿出考试文稿请众人评阅，大家看后都说：身体既合格，文章又挑不出毛病，足见不公。宜昌同乡说：他人未可与争，非你孙绍箕要为宜昌人争口气不可！孙绍箕在宜昌同乡鼓动之下，慨然自愤，拿着文稿到招考办公室，声言面见总办。总办黄邦俊遇事做不了主，听凭铁忠使唤。满人铁忠时为督署军事参议，系鲁莽灭裂之人，独断专权。铁忠闻知，询问缘由。孙绍箕据理申诉。铁忠说：这是阅卷人之错，你可以复试，带笔砚没有？孙绍箕取出笔墨，按题写文，提笔成章，即被重新录取。

孙绍箕入堂后，见堂内员生半属满人，时见恶态横生。孙绍箕暗中查访得知：铁忠为招收驻防荆州满人子弟入学，只认满人，不看文章，满人中有不甚识字者亦被招录入堂。对其他府、州、县考生肆意开缺。方兴与宜昌同乡目击孙绍箕揭穿招生舞弊黑幕，知晓铁忠招生弄虚作假之详情，恶心铁忠跋扈，革命思想油然而生。[1]

孙绍箕在《孙绍箕事略》中写道："因堂规所范，不能时出运动，与同学孙君华佛结为密友，入革命秘密机关部，代表同学预为声援。时邓玉麟设同兴酒楼于黄土坡，继又设同兴学舍于巡道岭，同乡若高君尚志、方君兴、费君築、赵君学魁昆仲及他同志等常聚于此，逢星期日多有密会焉。"[2]

1. 参阅《武昌起义档案资料选编》中卷301页《孙绍箕事略》。

2. 见《武昌起义档案资料选编》中卷301至302页。

革命之师胡襄

《方兴革命事略》中记述方兴“阴与豪杰结交，畅谈天下事，知挽回时局，非武力不可，遂入工程营”一事。文中只称方兴秘密与豪杰畅谈天下事，方兴结交豪杰究竟是何人？有待凭据史料深入探究。

熊子贞撰写《杨永章革命事略》中记述：

“杨永章字尚华，湖南宜章人……永章以文才，由县选送长沙陆军学校。时学校倡办伊始，科学多不完全，永章叹曰：是非造就人才之地也。时胡襄肄业于武昌两湖师范，永章以同邑知其名，遂束装渡鄂，竭胡襄，执弟子礼，求学甚殷。久之，世界学理，颇知大略，并与闻前清入关陵弱，绝愤痛。胡襄谓曰：‘有文事必有武备，曷从戎！’遂投炮八标一营。寻肄业讲武堂，未几，提升测绘。

“辛亥，胡襄常至炮队，与杨洪胜、李国桢、张郎如、赵清华、欧学校等，筹商革命事而不及永章。永章知之，谓李国祯、赵清华日：‘何故遗我？’乃由李国祯介绍入共进会。”[1]

上述文字表达了如下几层意识：胡襄系武昌两湖师范毕业生，学识渊博在湖南宜章颇有名气。杨永章为学得更多知识专程从湖南到湖北拜胡襄为师。胡襄指点杨永章投笔从戎。杨永章按胡襄指点投入炮八标一营当兵。胡襄与革命志士结交甚广，善于指点迷津。

熊子贞撰写《田智谅小传》中记述：“田智谅，字竹青，一字煊臣，湖北长阳县人也。少失怙恃，颖慧异常。读书数岁不悦，遂弃去。长喜任侠，游鄂垣，与黄斌、胡襄交善。胡襄尝说项羽故事，智谅喜曰：‘是亦人杰也，能如是，豪矣！’由是益好兵。投工程营，娴工兵；投马队，娴马兵；投步队年数最久，操法尤精，以知兵闻名。”[2]

熊子贞在《田智谅小传》中，肯认胡襄博古通今，讲述项羽横空出世、立志图秦、破釜沉舟等英雄故事，启迪田智谅从军志向，胡襄指引田智

1. 见《武昌起义档案资料选编》中卷 428 页。

2. 见《武昌起义档案资料选编》中卷 290 页。

谅投笔从戎，田智谅从军后操法尤精，以知兵闻名。

《胡襄革命事略》有如下记述：“一时豪俊，多与之游，田智谅、方兴、黄斌、李文岳最知己。”[1]

《胡襄革命事略》文中，表明方兴亦与胡襄结成最知己的朋友，方兴结识侠义之士胡襄，于史有据。

依此确认熊子贞在《方兴革命事略》中所称方兴“阴与豪杰结交”，胡襄应系方兴所结交的豪杰之一，亦应为方兴革命之师。

胡襄，字芸辛，湖南宜章县人。清光绪四年正月十五日（1878 年 2 月 16 日）生于湖南宜章县白沙团麻田松柏村（今属麻田镇）。少有大志，读书数岁能文。胡襄年长方兴十三岁，博学多才。

光绪十八年（1892 年），胡襄赴长沙求学。光绪二十四年（1898 年），谭嗣同、唐才常在长沙组织“南学会”，胡襄受其影响，与学友们一起上街宣传“改良朝纲、变法图强、救国救民”的主张。这年，慈禧太后发动“戊戌政变”，百日维新彻底失败。使胡襄清醒地认识到改良不如革命之现实，随即著《伤时盲集》论述清朝吏治之坏，深恶痛切，寄怀明志。

胡襄肄业湖北两湖师范学堂，洞悉中外学理。一时间，田智谅、卢雅卿、马化龙等以胡襄为师，虔诚求教。田智谅常与孙武说：“胡襄伟人，可以共大事。”方兴常与田智谅、黄斌、李文岳、黄天骥等在胡襄居室谈论时局，对清朝吏治的腐败痛斥不已。鼓吹湖南反清历史人物王夫之和黄梨洲“天下为主，君为客”旨趣，热议只有革除清君，中华民族才可复兴。争论要改变时局振兴中华非武力不可是与非，方兴坚信武力推翻清王朝的革命理念。[2]

胡襄鼓吹革命益力，时往来军营，兵士执贽为门生者甚多。胡襄引荐方兴结识湖南革命党人。随后，方兴加入湖南平江人李六如组织的群治学社。

张难先 1945 年著《湖北革命知之录》记载，1910 年 7 月，李抱良（即李六如）、祝制六、杨王鹏、章裕昆等，在四十一标一营左队队部开会。

---

1. 见《武昌起义档案资料选编》中卷 541 页。
2. 参阅《胡襄革命事略》。

决议将群治学社改组为振武学社。是年中秋节，在黄土坡开一天酒馆举行成立大会，公推杨王鹏为社长。与会社员名录中有“方兴原名绳修长阳”的记载。[1]

这一史料表明群治学社改为振武学社时，方兴以群治学社成员，获得参加振武学社成立大会资格。佐证方兴加入群治学社史实。

“武昌举义后，人心惶惶，胡襄遂与牟鸿勋、任素、张越组织《民国公报》馆，发表文章，安定民心。写作檄文至湖南、山西、陕西等省，声讨清政府的腐败统治。不久，雷洪邀襄入外交部，旋改总务科属于军务部，编写秘密报告。

“时，清军南进，适逢方兴敢死队成立，胡襄着军服至其营。胡襄曰：武汉光复数日，江西、湖南密尔毗连，若不赞同革命，早已兵临城下，望大胆进行。惟武汉地处要冲，四通八达，自古难守。武胜关未扼其冲，恐战事非朝夕可已。敌如退出武胜关，则武汉可高枕无忧。三道桥为汉口之门户，今注重莫过于此。襄不武，愿随君一战！襄遂负枪弹随队进攻三道桥，时，二十八日也。连战至九月初二，我军扼守华景街、歆生路一带。

“汉口失后，划江防守，江宁未下；张勋拒战甚烈，大局垂危。二十八日，孙武命胡襄赴江宁侦探敌情虚实。时，张勋沿江防御严，船停泊遇无辩者辄捕之，以故不能登岸。至上海，探实兵工厂及狮子山，已被我军所夺，张勋仅固守下关，南京旦夕将下……

“胡襄往时昌言革命，时见胡襄与诸多志士吟咏文章，交流信息。中华民国成立，大局已定，胡襄不以党人自傲，并不宣扬自己所属党籍，其高风亮节，他人不得而知。”[2]

中华民国元年三月初三（1912 年 4 月 19 日），方兴时任湖北军政府战地稽查长，为胡襄申领首义凭照，给中华民国副总统兼湖北都督黎元洪写了一份禀折。折文称：“胡襄系才学兼优，磊落英多之士。今虽供职庶务，所学非所长。并恳都督发给起义凭照外，不时擢用其后效必更有观也。”[3]

---

1. 见《湖北革命知之录》155 页，张难先著，商务印书馆 1946 年 5 月上海初版。
2. 见《武昌起义档案资料选编》中卷 542 至 543 页。
3. 见本书 231 页照片。

长沙抢米风潮

1909年，方兴考入工程第八营左队当学兵，与袁树楠同棚。袁树楠湖北黄冈人，年幼时在乡馆读私塾，习诗书，有大志，十七岁入工程第八营左队当兵，时系工程营老兵。方兴和袁树楠亲如弟兄，经常一起论史吟诗。方兴讲王夫之归隐山林，出门时手擎雨伞，脚踏木屐，演示王夫之“头不顶清朝的天，脚不踏清朝的地”的故事。袁树楠则吟朱虚侯刘章的《耕田歌》“深耕溉种，立苗欲疏。非其种者，锄而去之”。方兴评论黄梨洲的“天下为主，君为客”新观念。袁树楠高唱《满江红·怒发冲冠》歌颂英雄岳飞。谈论反清革命，共同认定当今“勤习操课，讲求武略”，是为了实现“雪仇复国”的革命目标。[1]

1910年4月，长沙城发生贫民骚乱演变成暴乱事件，史称此事件为长沙抢米风潮。

1910年4月11日，由于前一年水灾的影响，加之洋商来湖南粜米等原因，湖南“鱼米之乡”，也闹起饥荒，米价飞涨。这一天，因米价连续上涨，有钱买不起米无以为生，一家四口跳井自杀。米价飞涨逼死一家四口人的恶讯，一时间传遍长沙城引起民怨纷纷。

1910年4月12日（阴历三月初三），是长沙人的“三月三”节，庙会演皮影戏酬神，民众聚集于此观看皮影戏。当天上午，长沙米价一度回落至70文一升，下午马上回涨。　一位老妪于当日下午，为米店涨价与米店戴老板争吵。当时看皮影戏的人们上前围观，众怨愤愤群起恐吓戴老板，并将米店碓坊捣毁。知县郭中广闻讯后前来弹压，愤怒的饥民将郭中广团团围住，郭知县一看形势不对，急忙答应“担认平粜，约以翌午为期”。随后，巡警队逮捕了参与砸碓坊的木匠刘永福。

1910年4月13日午后，上千饥民提着米袋，挑着米桶，等待平粜。时间一小时又一小时地过去，平粜杳无音讯。长沙全城米店全都关门停业。

1. 参阅《武昌起义档案资料选编》(《前工兵八营革军第一正队五支队副长袁树楠》一文)。

众人连呼上当，怒不可遏，大骂“狗官！”。又听说木匠刘永福被捉到巡警分局，纷纷前往巡警分局营救刘木匠。

黄昏时分，巡警道（湖南省巡警总负责人）赖承裕前往巡警分局驱赶围观群众，扔下一句：“现在，长沙高档茶楼天然台的茶，要价 100 文，你们不嫌贵，米是人人要吃的，只卖 80 文，你们就嫌贵！”这句话激怒城市贫民。将 70 多岁的赖承裕吊了“半边猪”。所谓半边猪即用绳吊起赖承裕同边手和脚，侧身悬在空中。有人将猪屎塞进赖承裕嘴里，还有人朝其掷瓦片，致使其白发染红。

赖承裕的随从马弁说：这个老家伙不必要打，不如揪去让抚台算账。马弁背着赖承裕引领贫民，赶到抚台衙门前，围观贫民已近万人。群众高呼：抚台立即开仓平粜！释放木匠刘永福！

湖南巡抚岑春萓不愿面对群众，也不愿邀请群众代表进抚台衙门商谈，只是出示牌告：五天后，米价将至 60 文一升。但民众认为此前已被知县所骗不愿接受。于是民众的情绪开始发酵，捣毁巡抚衙门辕门、照壁，岑春萓下令开枪，饥民死伤数人。饥民愤恨已极，涌向街头将长沙 800 家米店、碓坊堆栈存米，抢得干干净净，将警兵站岗的木棚捣毁殆尽。当夜，部分外国教堂遭到冲击和捣毁。

1910 年 4 月 14 日上午，城市贫民聚集在巡抚衙门前，再度要求释放木匠刘永福，同时要求建立正规的义仓，向贫民施米。岑春萓再次下令开枪，打死打伤老百姓数十人。围观的群众在枪声中狂呼，相率拼死，登屋放火，巡抚衙门被焚毁。城市贫民由骚乱而至暴乱。

1910 年 4 月 13 日，长沙发生的抢米风潮。焦达峰等在浏阳组织了三千健儿，准备乘机发动会党起义，直取长沙，并电约湖北共进会负责人黄申芗等同时起事；黄申芗又联络群治学社，打算趁鄂督调派新军南下镇压长沙风潮，应约于 4 月 24 日发动起义策应湖南革命军。为此，群治学社拟订了策应湖南革命军发动起义计划。

方兴为了落实群治学社扩充革命队伍发动起义计划，动员袁树楠加入群治学社参加起义。袁树楠勇担此任，立即在工程第八营组织 37 人加入群治学社投入革命参加起义。

《前工兵八营革军第一正队五支队副长袁树楠》一文中有如下记载："庚戌岁时，年二十一。四月蒙方君兴介绍革命，旋即组织革命，介绍马融及程定国、张玉山等三十七人。"[1]

文中所述庚戌四月即1910年4月，此时，方兴入伍只有半年多，对工程第八营各队兵士革命态度尚不知情。在袁树楠协助之下，马荣、程正瀛等工程第八营士兵38人投入群治学社，准备策应湖南发动起义。方兴发动工程第八营兵士加入革命，为群治学社增加了生力军。表明方兴在工程第八营左队宣传革命思想，业已得到工程第八营士兵响应，说明方兴早期宣传革命史迹所在。

方兴与群治学社

1908年7月26日，由一位时属四十一标第三营前队兵士任重远（湖北潜江人）发起组织军队同盟会。在武昌洪山罗公祠开会，推举任重远拟订章程，因任重远赴四川，军队同盟会无形离散。湖北新军创建的军队同盟会与孙中山领导的中国同盟会虽然会名相同，但没有明确的隶属和传承关系，属于湖北本土的革命党。

1908年11月14日，光绪皇帝去世，次日，慈禧太后相继去世，清朝政局发生动荡。曾参加洪山罗公祠会议的同志认为时局大有可为，推举湖北新军四十一标第三营兵士钟畸（湖南湘乡人）起草群治学社章程。

章程中写有："我中国四千年来，素号文明古国，然自孟轲而后，不得传焉；降而至今，积弱无能，任人欺侮，中国台湾、朝鲜相继沉沦，我同胞若非凉血动物，能不痛心？尚不急起直追，则危亡悬于眉睫！同人等有见及此，故发起组织群治学社，研究学识，讲求自治，促睡狮之猛醒，挽既倒之狂澜。同胞同胞，时乎不再，盍兴乎来！"章程明确提出"研究学识，讲求自治"的宗旨。

1908年12月13日，在武昌小东门外金台茶馆召开群治学社成立大会，推钟畸为庶务，主持群治学社社务。所需经费由每位社员捐饷银十分之

1. 见《武昌起义档案资料》下卷112页。

一作为社费，新入社社员交一元入社费。

1909年春夏之际，四十一标第三营营长曹进，调任江苏第二十三混成协第四十六团团长。曹进器重钟畸为人，约请钟畸任四十六团教练官，钟畸随同前往。群治学社社务由四十一标第三营正兵湖南平江人李六如（抱良）接任。是时，方兴投入工程第八营左队当兵，结识湖南义士胡襄加入群治学社。

这年秋，詹大悲、何海鸣和刘复基三人在汉口办《商务报》，李六如和刘复基商量决定把群治学社的存款交与《商务报》做基金，《商务报》作为群治学社的对外宣传的机关报。

1910年4月13日，长沙发生抢米风潮，在湖北被误传为湖南革命军已经占领长沙。共进会会员黄申芗联络群治学社响应，决定4月24日发动起义。方兴立即在工程第八营发展社员为策应湖南发动起义作准备。

群治学社领导人对待起义比较慎重，发现湖南革命军占领长沙的消息不确实，立即停止起义行动，因及时停止起义群治学社安然无恙。共进会会员黄申芗发现起义机密泄露远逃他乡。

是年7月，李六如召集会议，报告两次事变的经过和暂时停止活动的决定。经社员群众集议，将群治学社改名为振武学社，推举四十一标一营左队兵士杨王鹏改写章程。

群治学社改名振武学社。1910年9月18日（中秋节），在武昌黄土坡开一天酒楼召开振武学社成立大会，有群治学社三十四名核心成员参加会议。《湖北革命知之录》中有“方兴原名绳修，长阳”参加会议的记载。证明方兴早前参加群治学社，属于群治学社骨干，否则没有资格参加振武学社成立大会。会议推举杨王鹏担任社长，李六如担任庶务。决定继续奉行群治学社章程。

群治学社改组为振武学社后，保留和改进原有的组织结构。坚持不接纳学生入社。保留群治学社评议部，通过评议达成社员共识。为了保证组织的严密性，振武学社首创标代表会议制度。每一个营只有一个标代表，标代表由振武学社领导选定，只有标代表才能参加振武学社干部会议。方兴被振武学社选定为工程第八营标代表。从此开始，方兴定期参加振武学社干部会议，承担总管振武学社工程第八营内一切联络事宜以及防止奸人混入的责任。

振武学社独创严密的组织制度，使任何一个普通社员，不可能了解本营之外社员情况，保障振武学社免遭全社覆没的危险。虽然振武学社在组织上采取了一些防范措施，但没有逃脱被四十一标一营左队队官施化龙侦破的厄运。施化龙报告黎元洪，"杨王鹏秘密结社、图谋不轨。"黎元洪下令将杨王鹏开除，李六如受责打亦被开除。杨王鹏和李六如二人出营，先后在三佛阁和文昌阁居住数月，把振武学社社务移交给蒋翊武后，杨王鹏回湘乡办学，李六如赴广西就职。振武学社整个组织仍旧保存着。

詹大悲提议将振武学社改名为文学社。1911 年 1 月 30 日（阴历正月初一），在黄鹤楼风度楼上召开文学社成立会，到会代表十余人，推举蒋翊武为社长。刘复基自《商务报》关闭后投入军队，会议选举刘复基为评议部部长。詹大悲把《商务报》复活为《大江报》，成为文学社对外宣传机关报，詹大悲担任文学社文书部长。文学社组织结构与振武学社毫无二致，标代表成员没有更动。

1912 年 10 月 21 日，王华国所著《文学社事实》一文中，有如下记录："五、文学社举定各标之标代表……工程八营：方兴。""六、文学社职员及标营代表之职务表（蒋翊武订）……各标代表，总管标内一切联络事宜，务使标中人员无一非吾党之人，为唯一之主旨。而犹宜善选择，切恐奸人混入，阳为赞成，阴行破坏，致令全体人员陷于死地，是为切要之点。再，有督率营代表切实联络之责，总以即日势力圆满，得举义旗，更是妙誉。"[1]

1910 年 12 月，方兴考升湖北陆军测绘学堂。1911 年 1 月 30 日（辛亥年正月初一），振武学社更名为文学社。文学社成立时方兴尚未加入湖北共进会。王华国在《文学社事实》一文中记录方兴继续担任文学社工程第八营标代表一职于史有据，真实可信。

群治学社历经军队同盟会——群治学社——振武学社——文学社，较长时间的变迁历程，革命党领袖们举办《商务报》《大江报》宣传革命，

1. 见《武昌起义档案资料》上卷 8 至 9 页。

在新军士兵中打下武装起义基础。文学社继承群治学社和振武学社的传统，在军队中积极而慎重地发展社员。张彪的第八镇和黎元洪的第二十一混成协所属各标、各营都有文学社成员，至武昌首义前夕文学社社员达到三千之众，成为湖北新军中人数最多的革命党。文学社和湖北共进会联合后成功地发动了武昌首义。

本文参考文献：

中国人民政治协商会议全国委员会（文史资料研究委员会）编辑，文史资料出版社1981年8月出版《辛亥革命回忆录》（一），李六如著《文学社与武昌起义纪略》。

中国人民政治协商会议湖北省委员会编辑《辛亥首义回忆录》（第一辑）章裕昆发言记录，见该书5至8页。

中国史学会主编《辛亥革命》（五）前文学社同人公启《武汉革命团体文学社之历史》。

同兴酒楼聚义

1912年10月，记录邓玉麟口述文字材料《邓玉麟革命小史》称，同兴酒楼于辛亥年四月下旬（1911年5月中旬）建立。1956年，郭寄生六十八岁时，在所写回忆录《辛亥革命前后我的经历》中称，同兴酒楼于辛亥年三月初二（1911年3月31日），在黄土坡二十号正式开张营业。二人同述同兴酒褛开张相差近一个月时间，究竟同兴酒楼何时开张？

同兴酒楼建立时间考证：辛亥年二月（1911年3月），同盟会会员谭人凤携款来鄂，向居正、孙武通报广州黄花岗起义计划，并交付现金200元于孙武，要求湖北共进会组织力量策应广州起义。是时，湖北共进会领导人孙武等人一致认为要举办大事，非邓玉麟莫属，迅即电告邓玉麟速回鄂主事。此时，邓玉麟正在扬州运动革命。邓玉麟“君三月二十四（日4月22日）得电，星驰回，时四月初一日（4月29日）也。”[1]

1. 见《武昌起义档案资料选编》中卷221页。

邓玉麟三月二十四日于扬州十二圩接到孙武要其速回鄂之电报。七天后，四月初一（4 月 29 日），邓玉麟携妻返回武昌。邓玉麟回鄂后与孙武商议：因三月二十九日（4 月 27 日），广州起义失败。此后，沿江大吏日夜戒严，鄂督瑞澂如临大敌，广布侦探，严防军队。形势严峻，专设机关目标太大，不如以商店代机关较为稳妥。大家一致决定开设酒楼代为机关。

邓玉麟着手创办酒楼。邓玉麟与亲戚张育万商谈办酒楼事宜，张育万系方言学校毕业生，尚未离校。张育万引荐同学郭寄生参与操办酒楼。郭寄生系宜昌府东湖县（今宜昌市夷陵区）人，武昌方言学堂学生。

武昌方言学堂于察院坡横街头办有教育图书社，秘密输进革命书报。郭寄生同张育万两人革命志向相投，一起在教育图书社代销革命书刊。郭寄生经张育万引荐与邓玉麟相识，又由邓玉麟介绍和孙武见面。“数日后，邓玉麟嘱咐张育万和郭寄生在营房附近寻找开办酒楼房屋。”[1]

约一个星期后，郭寄生租下了黄土坡 20 号一座铺面房，黄土坡现今改名为首义路。时此地位于左旗（驻有第八镇步队第三十一标、第二十一混成协步队第四十一标）、右旗（驻有第八镇步队第二十九标、第三十标）营房之间，为士兵出入的必经之路，驻中和门外南湖的第八镇炮队第八标和步队第三十二标士兵进城时也路过这里，附近还有第八镇工程第八营和陆军测绘学堂，每天有数百士兵过往此处，到了星期天，打此经过的士兵更多。

邓玉麟、孙武很满意酒楼所处地理位置，给酒楼起名为同兴酒楼，寓有同心协力，兴汉灭满之意。酒楼开张前，鉴于张育万和郭寄生不属湖北共进会会员。经邓玉麟引荐，孙武出示共进会愿书，嘱张育万和郭寄生填写，愿书上有誓词。张育万和郭寄生履行入会手续后，成为湖北共进会方言学堂代表。孙武面授共进会会员相见手势及问答语等联络暗号：先是鞠躬，如对方如式答礼，继即右手握拳表示坚守秘密；左手抚胸表示抱定宗旨；整理领扣表示恢复中华；最后问何处来何处去，确认

1. 见中国人民政治协商会议宜昌县委员会文史资料委员会编辑《辛亥宜昌风云》中郭寄生著《辛亥革命前后我的经历》。

为同志后方可开始交谈。“众咸称善，遂于四月下旬成立。”同兴酒楼正式挂牌开张。[1]

结语：据《邓玉麟革命小史》记载：邓玉麟于三月二十四日（4月22日）得电；四月初一（4月29日），从扬州十二圩返回武昌。依郭寄生回忆操办同兴酒楼经过数天筹备。依此确认同兴酒楼开张时间应为：辛亥年四月中旬（阳历5月中旬），在黄土坡二十号正式开张营业。

湖北共进会秘密机关同兴酒楼由宜昌人主持和操办。宜昌府巴东县人邓玉麟任同兴酒楼掌柜，账房先生由宜昌府东湖县人郭寄生担职，宜昌府巴东县人张育万负责前堂店小二。郭寄生亲历开创同兴酒楼直至酒楼关闭全过程，1956年，郭寄生回忆每逢星期日，“常有徐万年、马骥云、高尚志、曾子敦、费榘、杜武库、方兴、王文锦、王华国等同志来坐。”[2]方兴等人来酒楼聚义之事系郭寄生亲历亲见之事此言可信度高。

在九位常客中，高尚志、费榘、方兴、王文锦、王华国五位系宜昌同乡。他们既因乡党之谊又因革命志向一致，每逢星期日休假之时到同兴酒楼聚义。

高尚志，宜昌府兴山县建阳坪乡深坪村人。祖父高家箴系晚清举人，教孙子高尚志启蒙识字。1904年夏，高尚志投入新军十五协第二十九标当正兵。因高尚志仪表俊伟，操课亦佳，随即被选入湖北陆军特别小学堂信字斋学习军事常识。1905年，经刘静庵介绍加入日知会。1906年，高尚志倡导组织士兵自治团，贺公侠任团长。入团士兵每周作文一篇，集体评阅，商讨时事，交流思想。后因有人告密，贺公侠及部分团员逃匿，活动陷于停顿，在汉成员分别转入文学社和共进会。高尚志与邓玉麟因乡情之交，由邓玉麟介绍结识孙武。1908年，高尚志加入湖北共进会，任参议。同兴酒楼开张后，高尚志亦以乡情为重常到同兴酒楼结识宜昌同乡，广交朋友，为湖北共进会发展组织出谋献策。

费榘，宜昌府巴东县沿渡河区红砂沟人。1905年秋，入宜昌师范学

---

1. 见《邓玉麟革命小史》，《武昌起义档案资料选编》中卷220页。
2. 见中国人民政治协商会议宜昌县委员会文史资料委员会编辑《辛亥宜昌风云》116页，郭寄生著《辛亥革命前后我的经历》。

校。1906年春，留学日本，就读弘文学院。是年秋，孙中山在日本举办《民报》周年纪念会。费榘以“费城钟声”之名捐资助《民报》。1909年6月，因父病回国，至武昌遇同乡邓玉麟、高尚志，始与国内同志联络，当费榘得知革命资金拮据当即典当衣物资助革命。返乡后父殁，再次东渡日本，决心以身报国。辛亥春，毕业日本大学法科。回国抵武昌受同乡赵学诗、邓玉麟之邀，留在武昌。时值邓玉麟创办同兴酒楼，费榘成为同兴酒楼常客。费榘在席间介绍孙中山在日本组建中国革命同盟会事迹，令人景仰倾慕不已。费榘侃谈西方法制，评价1780年美国独立战争后，马萨诸塞州由全州人民通过第一部成文宪法。宪法主体是马萨诸塞州人民，制宪目标是保障人民自然权利和安全、繁荣与幸福生活。马萨诸塞州宪法明确规定这一目标不再得到实现时，人民即有权改变政府，并为他们的安全、繁荣与幸福采取必要措施。如果人民对政府不满意可以更换政府人选，不须施用暴力推翻政府。联系清朝专制时局，众人倾心建立法制共和国。

王文锦（1877~1933），字子绣，世居宜昌西坝。王文锦少年时倜傥不羁，不屑科举，考入湖北自强学堂，接受革命思想。1904年，毕业后投伍于武昌右旗三十标任司书生。翌年，加入日知会。丙午之狱后，日知会解散。王文锦加入群治学社，群治学社转振武学社后，任振武学社三十标标代表。振武学社转文学社后继任文学社三十标标代表。与方兴既是宜昌同乡，又同属振武学社和文学社标代表，两人交集颇多，常来酒楼聚义畅谈革命理想。

王华国（1887~1925），字之光，又字后修，长阳县大堰白鹤林人。8岁入私塾，间尝读史。1906年，王华国时年二十岁，立志推翻专制王朝，赴省城武昌投笔从戎。1907年，考取湖北陆军特别小学堂。毕业后入右旗三十标一营当目兵。辛亥春（1911年），王华国加入文学社，社长蒋翊武任命王华国担任文学社军事参谋。1911年四月下旬，同兴酒楼开张后，王华国因与方兴、王文锦既有同乡之谊，又同属文学社革命党人，到同兴酒楼聚义情浓于火。

本文参考文献：

中国人民政治协商会议宜昌市委员会文史资料委员会编辑《宜昌辛亥百年风云》。

湖北省巴东县志编纂委员会编《巴东县志》。

《武昌起义档案资料选编》中卷《费榘事略》。

革命之友邓玉麟

《方兴革命事略》记载：“辛亥春，孙武、邓玉麟组织共进会于巡道岭，为暗设机关。孙武知兴义侠，约入会，充测绘学校代表。”

邓玉麟，湖北巴东人。原名世忠，字炳三。幼豪迈不羁，志气豁达。1891年，邓玉麟十六岁，由巴东到宜昌府东湖县今宜昌城区打工，当年目睹耳闻震惊中外宜昌教案全过程：

宜昌开埠前后法国天主教圣母堂、美国圣公会和英国基督教长老会先后在宜昌城郊修筑教堂，传教布道，窃取经济情报。1891年9月1日，法国天主教圣母堂牧师从人贩子吴有明手中收买拐骗而来饭馆老板游清和的孩子。

次日，游清和家人鸣锣寻找多时，得知孩子在教堂。游家亲朋好友群聚教堂之外，齐声呼唤，并报告官府。东湖县知县许之进接案后，派人到教堂查寻，隔壁美国圣公会洋教士向众人投掷石子，有人在英国基督教长老会传教士住宅里开枪击伤宜昌人。

一时间，数千宜昌人赶往教堂处，把外国教堂围了个水泄不通，点火焚毁美国圣公会、法国天主教堂和圣母堂英国人住宅三所，毁损在建英国房屋，打伤法、意、比教士四人。俟后，英、法、美等九国公使联合威逼清政府。美、法、德、意、俄等国军舰在汉口、宜昌进行武力恫吓。湖广总督张之洞派员把朱金发等十二人充军或笞杖，向美、法、英、意、比，共赔银16.94万余两。这就是震惊中外的宜昌教案。

邓玉麟为宜昌人勇斗不法洋人而振奋；为国权丧失，一任列强欺负国人而痛不欲生。邓玉麒为推翻皇权专制先后在宜昌投入操防、宜胜、宜防等营当兵。时逢革命巨子李襄铭留日新回，管带宜防营，宣讲革命，每讲授结束，召集部下演说揭穿清政府推行专制又无能力抵御外侮真面目，激发兵士反清斗志。邓玉麟开始懂得革命道理，立志曰："居今日不能以颈血洗专制之腥污，恢复璀璨庄严之黄胄光荣，非丈夫也！"[1]遂后李襄铭介绍邓玉麒加入革命。邓玉麟加入革命后，终日宣传革命理论，号召同志加入革命。

不久，邓玉麟携弟邓世吉至武昌投入新军八镇三十一标任班长，暗中联络革命志士组织革命队伍。邓玉麟宣传演说声情并茂语音沉痛，从扬州、江阴、嘉定之惨局，谈到甲午战争、庚子赔款之耻辱，声言非革命不足以救中国。各协、标、营踊跃入党者不下千人。与此同时，两湖志士刘公、焦达峰、孙武、吴肖韩、潘善伯、方剑侯、刘英、潘鼎新、刘协卿、刘壁羽、宋振华、张制新、郭抚辰、彭仲卿、彭汉一、牛廷臣等人亦组织革命。邓玉麟主动与孙武等联络一致行动，同舟共济。邓玉麟与潘善伯、吴肖韩、牛廷臣等人在同庆酒楼举行秘密会议成立暗杀机关，预备炸弹等物，拟定各择一名清政府重要人物将其击死，激动人心。

己酉年十月一日（1909 年 11 月 13 日），孙武至广东，邓玉麟至南京、苏州各处运动以谋大举。邓玉麟经汪定忠同志介绍投入江督卫队秘密结合。旋至镇江运动盐务、缉私、巡防各营。适逢 1910 年，熊成基安徽发动新军起义失败、徐锡麟在安庆刺杀巡抚恩铭英勇就义之后禁网稍解，邓玉麟在汪定忠等人帮助之下四处运动联络革命党人。

辛亥年四月初一（1911 年 4 月 29 日），邓玉麟接孙武电报后，偕同妇人谢氏回鄂。孙武等与邓玉麟筹商组织革命事宜。邓玉麟回鄂后与孙武商议：开设酒楼代为机关，湖北共进会秘密机关同兴酒楼由宜昌人主持和操办。

1910 年冬，方兴考升湖北陆军测绘学堂，所负振武学社工程第八营标代表之职尚未卸任，俟后，继任文学社标代表。方兴、王文锦、王华国同属宜昌同乡，又同属文学社社员，到同兴酒楼交流信息，畅谈推翻帝制创建共和志向。三人倾心交谈革命抱负，遂成莫逆之友。方兴在同

1. 见《武昌起义档案资料选编》中卷《邓玉麟小史》220 页。

兴酒楼广交朋友，结识革命志士。与宜昌府同乡邓玉麟结识后成为挚友。

湖北共进会孙武是会长，邓玉麟是湖北共进会参谋长，邓玉麟有关建议孙武都一一听取。辛亥春，孙武在巡道岭（今武昌粮道街东段）开设共进会秘密机关，费榘任会中庶务。经邓玉麟引荐方兴结识孙武，孙武知方兴为人侠义，邀约方兴加入共进会，任命方兴为湖北陆军测绘学堂湖北共进会代表。从此开始，方兴既任文学社工程第八营标代表，又任湖北共进会湖北陆军测绘学堂代表。方兴一人两任，重担在肩。

邓玉麟相片

本文参考文献：

《武昌起义档案资料选编》中卷《邓玉麟小史》。

《宜昌县志》《大事记》中关于宜昌教案的记载。

湖北共进会的由来

光绪三十三年（1907 年），中国革命同盟会领导人孙中山、黄兴致力于筹划在南方起义，屡不得手；东京本部因人事、意气和宗派的纠纷，组织日趋松散。若干籍隶长江中游数省、在会党中有较高地位的会员，如四川张伯祥、湖北刘公、彭汉遗、湖南焦达峰、江西邓文辉等，认为同盟会行动舒缓，不重视在长江流域起义，因而倡议另行组织一个革命团体，以结纳会党为主，谋在长江发难。

光绪三十三年（1907 年 4 月），刘公和焦达峰、张伯祥、邓文辉等人力主另建一革命团体。湘人杨晋康，蜀人何枢垣、昊香墀、郭襄臣、喻培伧，黔人王武，浙人傅梦豪，皖人方汉臣，桂人刘玉山、黄容，粤人聂荆、孙光庭、陈兆民，鄂人居正、郑江灏、王和等多方奔走，邀约各地哥老会、孝义会、三合会、三点会首领及部分中国革命同盟会会员历经两个月筹备。

这年八月十八日（1907 年 9 月 25 日），共进会在日本东京清风亭成立，参加者有川、鄂、湘、赣、皖、浙、粤、桂、滇等省人士百余人，绝大多数是中国革命同盟会会员。共进会的领袖称作会长，第一任会长为张伯祥，会长之下设内政、外交、财政、交通、军务、侨务、党务、参谋、文牍等九部，各设一部长。并设立四川、湖北、湖南、安徽、江西、河南、江苏、广东、广西的都督，预备革命成功后接管政府。

时共进会发表宣言有文言文和白话文两种，其文言文如下：

呜呼！吾同胞苦于祖国沦亡，呻吟于异族专制之下，垂三百年矣。以四百兆黄帝子孙神明华胄之多，而屈辱于区区五百万腥膻之鞑虏，其可耻可哀，孰有过于此者？凡有血气，皆奋起，以雪累世深仇。此共进会今日成立之原因及其宗旨意义之所在也。

共进会者，合各派共进于革命之途，以推翻清政权、光复旧物为目的。吾同胞甘心恭顺，愿认仇贼作父，则亦已矣；若不然者，当应抚胸自问，犹有热血，当必愤火中烧，应该挥刀直前，以图报复。太平天国檄文有云；忍令上国衣冠，沦于夷狄；相率中原豪杰，还我河山！何其壮也，功虽未竟，亦其杰矣。我共进会当继承其志，以竟其未竟之功，然后可以上对祖宗，下垂后人，以齿于圆颅方趾之俦，皇天后土，实鉴斯言，弟兄袍泽，有如此约。

此外，共进会还拟定《法规十条》：

一、国体问题。首先推翻帝制，效法共和，如欧美各国建立共和政府议会制度。

二、限制资本。私人资本不得超过百万，超过百万者，以超过之数充公，收归国有。

三、平均地权。取耕者有其田，仿三代井田之法，由公家授给，不准私人买卖。

四、平均人权。男女平等，取消娼妓奴役等阶级，严禁贩卖猪仔等种种腐败恶习。

五、民族平等。不得分汉、满、蒙、回、藏等大小优劣的歧异，养成天下一家的风气。

六、遵守国际公法。外人来我国及居留我国者，一律平等待遇。

七、收回租界。取消租借法权及领事裁判权等一切不平等制度。

八、建立征兵制。凡一切雇佣招募等旧法及巡防营腐败制度，概行逐渐改良。

九、保护外人资产及教堂住宅和一切居留民妇孺老幼等，铸为法令。

十、保护一切丛林庙宇历朝敕封建筑等物，不得无故毁坏。[1]

光绪三十四年十一月，宣统继位朝政日非，风潮日起。东京共进会集会分析形势研究对策。一致认为要推翻清朝政府，必须联络会党，运动各地军队。推选焦达峰、孙武负责两湖地区，杨晋康负责湘西地区。为使起义之后迅速建立领导机构，又推焦达峰为湖南都督，刘公为湖北都督。

焦达峰、孙武回国前夕，共进会成员在东京富士酒楼为他们饯行，会长邓文辉写诗一首赠焦达峰、孙武。不久，邓文辉离日回国，会长职务由刘公担任。从此，在国内设立湖北共进会、湖南共进会、江西共进会、四川共进会四个分会。

孙武回到湖北后，在武汉建立四个通讯机关：刘玉堂负责汉口河街大方栈、郑江灏负责汉口一码头、刘燮卿负责汉口汉兴里七十三号、吴肖韩、潘善伯负责武昌磨子桥。在外埠亦建立四处通讯机关：上海公学曹忠恕处；岳州高等小学堂彭蠡处；长沙太平街同福公栈；宜昌锁堂街潘级升处。

宣统元年四月，湖北共进会总机关设于汉口法租界长清里，分机关设于武昌吴肖韩家。公推刘公为大都督，焦达峰负责联络工作。湖北共进会总机关成立并未公开，仍奉孙中山为领袖。孙武本名葆仁，改名为孙武，迷惑人们以为孙武是孙文同胞兄弟，便于号令得以施行。

1. 见《近代史资料》1956 年第 3 期，第 16 页，中国社会科学出版社出版。

1911 年，刘公于日本明治大学法科毕业。因积劳成疾准备回襄阳调养，行抵汉口病势加剧，入普爱医院治疗十天，回襄阳故里措资。到家后，收到各地志士告急信函称无人担责。刘公于病中，力疾复书，谓："我辈宗旨既定，百折不回；但须团体坚固，努力为之，目的之达，谅不在远。"诸同志得其复书后，其气为之一壮。

宣统三年（1911 年）四月，湖北共进会重要成员邓玉麟在武昌设同兴酒楼为联络据点，在新军中的活动取得长足的进展。湖北陆军测绘学堂学生方兴经邓玉麟引荐加入湖北共进会任湖北陆军测绘学堂代表。俟后，一大批湖北陆军测绘学堂青年学生纷纷加入湖北共进会，学生们宣讲革命理论，讲授军事科学常识，给湖北共进会增添了活力，提高了战斗力。

宣统三年四月二十四日（1911 年 5 月 22 日）清政府作出，铁路干路收归国有，于是在广东、湖南、湖北和四川引发群体抗议事件。

"宣统三年五月初一（1911 年 5 月 28 日），湖北共进会在长善里九十一号机关招集干部同志潘善佑、邓玉麟、丁立中、彭楚藩、李春萱、谢石钦、梅宝玑、牟鸿勋、高因群、钟雨庭、马骥云、钱芸生、徐万年、孟法臣、徐兆宾、方兴等""湖南焦达峰、黎意达、杨晋康等亦遇会。"[1]

会议结合四省群体事件商讨发动武装起义计划，经讨论"决定本年冬季起义，以保定秋操后。"[2]举行暴动。鉴于刘公坚辞都督一事，为了保证武装起义成功，经与会者反复讨论决定"推举黎元洪为都督。"[3]

辛亥年五月，刘公为解湖北共进会经费之困，以花钱买道台官职为名，从家中索要五千两银票。在彭楚藩和李春萱协助之下，到汉口山西票号将银票兑换七千现大洋。刘公捐给湖北共进会五千现大洋作活动经费。这笔经费供杨玉如和居正赴上海购买枪械，为孙武在汉口制造炸弹、旗帜，为杨宏胜开杂货店，为向楚望台军械库守卫人购买子弹提供经费，以及于胭脂巷十一号胡祖舜家，小朝街第八十五号张廷辅家，楚雄楼第

1. 见《辛亥武昌首义史》220 至 221 页，贺觉非、冯天瑜湖北人民出版社 1985 年出版。
2. 见《辛亥武昌首义史》220 至 221 页。
3. 见《辛亥武昌首义史》220 至 221 页。

十号分立机关相关费用都在五千元中开支。

据1913年8月9日，湖北共进会湖北陆军测绘学堂会员甘绩熙所写《甘绩熙自述》中记述："孙君嘱予纠合测绘学堂同学为一团体，予慨应之。遂与同堂方君兴、朱君次璋、李君华谟、李君南星及向君夷清、李君翌东秘密筹思，联络全堂同学为举义时之响应。"[1]

本文参考文献：

中国人民政治协商会议全国委员会（文史资料研究委员会）编辑，文史资料出版社1981年8月出版《辛亥革命回忆录》（一），李白贞著《共进会从成立到武昌起义前夕的活动》。

《武昌起义档案资料选编》中卷共进会著《刘君公事略》。

创建革命团队

工程第八营左队

《方兴革命事略》中写道："庚戌冬，考升测绘学校。其后累与田智谅、黄天骥、雷震声等至黄斌家集议，鼓吹民族主义进行方法。"[2]

黄斌在《黄斌革命事略》中写道："方兴、田智谅、雷振声等经营革命，倚为左右手。诸同志尝秘密会议于其家。"[3]

《方兴革命事略》及《黄斌革命事略》共述方兴邀约革命同志至黄斌家集议。相互佐证，表明方兴考取湖北陆军测绘学堂军籍被取消，重返工程第八营受阻，为了将革命进行到底，方兴以黄斌之家作为创建革命团队的阵地。

黄斌字瑶甫，祖籍汉川，早年祖辈迁徙武汉，两代人定居武昌城。黄斌为人浑厚足智善谋，言辞精炼宣传鼓动激励人心。黄斌先后在工程第八营和马队当过兵，庚戌冬考取湖北陆军测绘学堂充第八镇书记，时

1. 见《武昌起义档案资料选编》中卷256页《甘绩熙自述》。
2. 见《武昌起义档案资料选编》中卷206-207页。
3. 见《武昌起义档案资料选编》中卷625页。

为方兴湖北陆军测绘学堂同学，两人交往甚密，革命情谊深厚。

方兴把黄斌的家建成革命党人秘密联络站，倚重黄斌四处联络同志宣传革命。一时间，黄斌的家成为革命党人集会之处，三十一标田智谅、工程第八营雷震声等革命党骨干分子常在黄斌家中聚议，学习革命理论，商讨武装起义推翻君主专制策略。

方兴曾任振武学社工程第八营标代表，系振武学社十位核心成员之一。方兴出席领导班子会议，商讨振武学社宣传革命的途径和方法，总结振武学社发展社员的经验和教训。方兴常在黄斌家介绍群治学社，振武学社在各标营直接组织兵士参加革命的方法，拒绝接收官长和学生入社等成功的经验，以及杨王鹏和李六如被开除军籍的教训。详实地评介群治学社，振武学社每个月要约集社员开会举办讲演，发给报纸和书刊，讨论革命进行方法，发展社员要经一两个同志审查后再发给愿书，才能正式成为振武学社社员，社员按月缴纳工薪的十分之一作为社费。方兴谈及群治学社，振武学社成功的经验让大家深受启发，受益匪浅。

雷震声把群治学社振武学社成功的经验带到工程第八营。工程第八营左队任振刚在《前工兵八营革军第一正队四支队长任振刚（即正亮）》文中有以下记述："于宣统元年投笔入工程营。因学术略备，至辛亥四月，投入革命军，为祖父雪亡国之恨，为四万万同胞脱专制之苦。由方君兴介绍，刚具愿结一纸，详书三代履历及出身，以坚同志之血而表血忱，交雷震寰收录。投效后与诸同志潜相往来，私相研究，秘密图谋，虽骨肉至戚，莫与之泄。于是，方君见刚热心从事，可以共心腹，可以谋运动，举刚为左队代表。乃益加进行，择同事中有气节者与之交游，因交情甚浓，浸润革命大慨，试其心性，若合刚志如刚愿者，即授以宗旨，为之介绍。所有愿结，均雷君执掌。鱼贯而入，月得其人，颇有进步。迨革命大见发生，乃编成军，举刚为正支队长，马君荣为副队长，罗君炳顺为参议，袁君凤山为司法。刚握重权，广结腹心，筹划布置，每晚二次点呼毕，邀请同志齐集天桥上会议，演说革命前途，嘱同志看破生死关头，扫名利私见，须知革命宗旨，一不为升官求财，二不敢暴虐横行，专为推倒满奴起见。我等只求早达目的，虽流血亦所快心，同志莫不称欢。每议约二小时，始各散归棚。”[1]

另据熊秉坤造送《方光弼（即子衡）》一文记述：“幸得工程营任君振刚，早为开通，退马队，入工程营，运动革命，力图恢复，潜思建修。即在本营与任君联络三十九名同志，研究进步，广结心腹，阴谋密布炸药、子弹、毛瑟、手枪，凡可以杀贼灭满者，无不练习求精。”[2]

任振刚担任工程第八营左队代表后，按方兴传授振武学社组建革命队伍的方法和经验在工程第八营左队宣传革命，组建队伍。任振刚及方光弼所述组建革命队伍办法操练作战本领与群治学社、振武学社在兵士中运动革命方法如出一辙。

任振刚文中提到雷震寰与熊秉坤在《前清工兵八营革命实录》谈及雷震声是否属于同一人?

任振刚的文章中有如下记述：“嗣后刚介绍汤君洪斌、潘君荣祥，因二君不善书法，刚代书愿结二纸，亲画十字，呈雷君录薄。讵料患出不意，汤、潘二书遗失，被后队排长方拾获，层层转报事关破坏”。[3]

熊秉坤撰写的《前清工兵八营革命实录》中有如下记述：“故于六月中旬会议于胭脂巷机关地之胡宅。……未几，雷君震声以其所介绍之会员潘勇奎、潘勇强、汤荣斌三人与置于其囊者之入会名条及刘宏发署交之愿书（均盖有其章）等件，而因更衣破其囊以掷于地，为人拾得，鸣之官长（亦不知系为官长亲自拾得，尚待调查。）……。及雷震声既逃之后，外面风潮日炽一日，事机已不可迟矣。”[4]

据这两则文字材料共述愿书遗失一事，当事人雷震寰或雷震声应是同一人。据熊秉坤撰写的《前清工程八营革命实录》所记：六月中旬，雷震声事败，逃离工程八营。表明辛亥年六月中旬以前，方兴和雷振声在黄斌家中商讨革命方法，为组建工程第八营革命团队做了大量宣传和组织工作。

---

1. 见《武昌起义档案资料选编》下卷 109 页。
2. 见《武昌起义档案资料选编》下卷 127 页。
3. 见《武昌起义档案资料选编》下卷 109 页。
4. 见《武昌起义档案资料选编》上卷 23 页。

《方兴革命事略》记述“测绘学校及工程营入共进会者，多兴介绍也。”

陈龙1912年10月所著《鄂军步兵八旅十六团团长陈龙革命实录》记述：原名陈应龙，首义前系工程八营左队八棚正目。“旋由方兴介绍，与孙尧卿组织革命事，在黄土坡事务所运动一切。是年六月，约罗秉等在花园山集股，设崇文学社一所，系崇拜孙文也。充当代表，以期达到目的。”[1]

据熊秉坤造送《前工兵八营革军第一正队五支队副长袁树楠》一文记述：“庚戌岁时，年二十一。四月，蒙方君兴介绍入革命，旋即组织革命，介绍马融及程定国、张玉山等三十七人。”[2]

据熊秉坤造送《前工兵八营革军第一正队四支队长任振刚（即正亮）》记述，“至辛亥年四月，投入革命军，为祖父雪亡国之恨，为四万万同胞脱专制之苦。由方君兴介绍，刚具愿结一纸，详书三代履历及出身，以坚同志之血而表血忱，交雷君震寰收录。”“举刚为左队代表”“刚总共介绍三十九名”。[3]

上述史实表明：武昌起义前，方兴始终不渝在工程第八营宣传革命思想，以工程八营左队为基地创建革命团队，人人具有革命志向，个个参与操练作战本领，听命而行，行之能战，战之必胜。

湖北陆军测绘学堂

《方兴革命事略》中记载：方兴“庚戌冬，考升测绘学校”。即1910年12月前后，方兴考升测绘学校。测绘学校全称为湖北陆军测绘学堂。

1895年11月，时任两江总督张之洞奏称，旧军队“守旧法，绘图、测量、行军、水陆工程诸事，尤所不习，讨内匪则可，御外侮则不能”。测绘学、军事地形学是新军训练的主要内容应予设科施教。张之洞提案

1. 见《武昌起义档案资料选编》中卷343页。
2. 见《武昌起义档案资料选编》下卷112页。
3. 见《武昌起义档案资料选编》下卷109页。

得到军部响应。

1899 年，湖北新军工兵营绘制了《武汉略图》，比例尺为 1∶50000，采用圆锥投影，以“米”为长度单位，用等高线表示地貌。该图绘制精细，清楚地标明了城堡、桥梁、兵营、炮台、湖泊、沙洲、牧场、草地、水田等地理要素。

1900 年，湖北武备学堂聘请德国教官何德满编写《行军测绘》《沟垒图说》等作为教材。经过培训，陆军武备学堂毕业的学生大多掌握了简易测绘甚至近代测绘专业技能。

1906 年陆军部通令各省督练公所开办陆军测绘学堂，并于次年颁布陆军测绘学堂章程，从此测绘专科教育在全国范围推广开来。湖北是清末编练新军的重要基地。编练新军切入点是开办武备学堂。在湖广总督张之洞督导下，在编练新军的最初几年，发展势头堪与北洋军、南洋军相比。

光绪三十二年（1906 年），张之洞七十寿辰，决定仿照日本军事学堂体制，自己创办军事学堂，由日本士官学校毕业回国人员任教，聘请部分日本和德国籍人员担任教官。是年 2 月，在武昌开办湖北陆军小学堂，校址在武昌左旗（原中南财经大学东面）。计划招收仁、信、智、勇、严五斋，每一斋以六百人为限，三年毕业以后，以初级军官任用。当年仁字斋招生分五班：陆军班、海军班、测绘班、经理班、军医班（原军医学堂归并），每班五十至六十人。开设军制、军械、战术、筑城、野外勤务、地形以及文学、外文、数学、体操等学科。陆军小学堂总办张彪，会办黎元洪，监督刘邦骥，提调白寿铭。

光绪三十三年（1907 年）九月，张之洞赴京就任军机大臣兼管学部。张之洞调离湖北后，北京陆军部军咨处赴武昌调查，认为湖北陆军小学堂学生文化程度不一，年龄又多在二十岁以上，不符合《奏定学堂章程》规定。军咨处领衔具奏：“湖北陆军小学不遵部章，应予解散。”经张之洞从中解说，将湖北陆军小学堂改名为湖北陆军特别小学堂，办完仁、信两斋，再不继续招生。

1909 年 5 月，仁字斋的学生毕业。1910 年秋，信字斋的学生毕业，除海军班和测绘班外，其余各班学生均回所属营队。湖北陆军特别小学堂停办。

清宣统庚戌年（1910年）秋，在湖北陆军特别小学堂原址兴建湖北陆军测绘学堂。分设三角（大地三角测量）、地形和制图三个专业班。课程除专业课以外，还有兵操、体操、刺枪、马术、外文（日文、德文）等课程。学生住宿和膳食都由学校供给。

学堂总办刘邦骥，汉川人，举人出身，留学日本士官学校。监督詹桂珊、提调阮慕咸和方济川。1911年春，刘邦骥升任湖南军事参议官，由白寿铭接任学堂总办。教官中有日本人和德国人；本国教师大多数是日本士官学校毕业。管理学生有三个班长，月俸仅八两银子，学生通常称他们为“八两银子”。

1911年上半年，湖北陆军测绘学堂共有学员154人，旧班54人，新生100人。学堂发给每位学员一套青呢制服；另外每人还发给一张买皮鞋凭据，依脚大小到指定商店买皮鞋。训练时，学生配有枪支，但不发子弹。

旧班姓名：方兴、陈靖华、向讦谟、尹凌霄、陈家骥、刘震东、周道烈、邱斌士、范宗文、谢光斗、姜绍熊、胡联乔、彭祖恩、沈郁芬、易复、童禺、刘维、徐世安、李华模、段贤昌、田化龙、钱步青、张华靖、杨国昌、罗锦、张宗巡、彭克武、汤执中、宋功成、万德才、甘绩熙、宋汉铎、郑飞雄、李荫寰、郭旭、傅希奕、高士杰、薛汉超、萧杰、胡蔚、张杰、余宪斌、车指南、朱次璋、陈柿霖、刘润生、孙树烈、唐润明、陈定元、朱树烈、萧鸣鹤、刘哲云、果仁（满族）、罗昂霄等。[1]

新班中有：李翊东、喻义、何复州、万煜斌、华震、熊丙衡、刘邦钦、谭家模、谭韵清、颜景常、熊佐周、陈师、汤廷纶、胡翰藻、金殿勋、魏国楷、杨亚藩、俞执中、胡芬、冯毅、段良艺、熊树华、汪浩、张义纯、谢流芳、徐作孚、陈健、管翼贤、萧杰臣、万镛、戴维夏、王兆鸿、傅人俊、冼震、张彬、刘述文、余复、潘振铎、方定远、方定宇、严威、陈静庵、贾立芹、彭亚杰、潘祖谟、王成章、涂亦仁、潘克勋、李继武、龙绍炳、

1. 见《辛亥首义回忆录》第二册50页，湖北省政协编，湖北人民出版社1980年2月第二版。

晏述髀、易用曾、邹昌炽、刘粹、齐世虁、李采芹、刘肇汉、陈北言、卢成义、杨传富、汪从泽、王寿、王仲烈、胡金声、关云生、闵伟、聂奎元、吴茂义、宣家璋、傅定国、黄导源、柳祚雨、柳系春、董锡赓、高凌云、李雄夏、王尚武、王朝钦、朱大铸、崇俊（满族）、熊世垣、余仲权、万则曾等一百人。[1]

1910 年冬，方兴考入湖北陆军测绘学堂。同期，许多有志之士也考入湖北陆军测绘学堂，革命青年齐聚于此，自由地参加革命组织，传阅禁书《革命军》，湖北陆军测绘学堂成为研讨革命学堂。

《革命军》系 1903 年 5 月，重庆人邹容所著。《革命军》发行后，引起了清政府恐慌和仇恨，称此书逆乱，从古所无，将《革命军》判为禁书。各地书商为避免关邮检查，采用易名贩运，将《革命军》称《革命先锋》，或称《图存篇》，或称《救世真言》。《革命军》义正辞严，通俗易懂，销售超过百十万册。该书在测绘学堂巧为流传。

《革命军》论述革命能扫除一切腐朽之物使社会进步。书中从官制、兵制、田赋、捐税等各个方面，揭露了清政府已成为洋人的奴隶，汉人则是奴隶的奴隶，农民是最底层奴隶，一两之税，非五六两不能完，务使农民鬻妻典子而后已。要扫除数千年种种之专制政体，脱去数千年种种之奴隶性质，使奴隶成为主人，定要杀尽专制我之君主，以复我天赋人权，建立起一个独立民主中华共和国。

《革命军》论述革命策略，热情洋溢地歌颂革命，感染了湖北陆军测绘学堂青年学生。方兴响应邹容用武力推翻清朝政权，建立人民当家做主共和国之革命主张。方兴这一主张与湖北陆军测绘学堂革命学生达成共识并广为传播。方兴在湖北陆军测绘学堂宣传革命之举，引起湖北共进会领导者邓玉麟关注。邓玉麟在同兴酒楼以宜昌同乡的身份与方兴进行多次交谈，交谈中发现方兴革命意志坚定，为人侠义豪爽。

1911 年春，经邓玉麟引荐，孙武在湖北共进会秘密机关约请方兴加入湖北共进会。孙武委任方兴为湖北共进会湖北陆军测绘学堂代表。方兴成为湖北共进会湖北陆军测绘学堂的领导人。从此开始，方兴在湖北陆

1. 见《辛亥首义回忆录》第二册 51 页。

军测绘学堂宣传革命思想，联络青年学生加入湖北共进会。湖北陆军测绘学堂共有一百五十多人，分成新旧两班。新班一百人，旧班五十四人。方兴属于旧班学生。

为了有效地创建湖北陆军测绘学堂革命团队。方兴介绍新班学生李翊东加入共进会，引荐李翊东担任湖北共进会湖北陆军测绘学堂新班代表。李翊东在新班学生中广泛宣传革命思想，组建革命团队。掀起剪辫子风潮。[1]

“在某一天夜晚入睡以后，李翊东、喻义、余复、戴维夏等发起剪发运动，当场情绪虽然高涨，但一时无人下手，后来还是由喻义拿洗脸盆画一圆圈，大众围着圈子签了名之后才下决心的，不到半小时，就把一百数十人辫子一剪而光了。

第二天总办刘邦骥惊闻之下，赶来召开紧急大会，把同学痛骂了一顿，说：“你们吃了大清国的饭，读了大清国的书，敢于这样胡闹，真是大胆已极，姑且暂各记大过二次，以观后效”。同学敢于这样做，就是表示做奴隶的日子快要满期了。杀头尚且不怕，记过有什么关系呢?

“就这一事看来，也可以说明当时革命情绪的高涨已经到了不可遏止的地步。从此以后，学堂当局对学生请假外出，特别严紧，寝室时时暗中检查，可是我们的行动，却更加紧张巧妙了。传递消息，偷看禁书的办法，更是多样化了。”[2]

宣统三年五月初一（1911 年 5 月 28 日），方兴赴武昌长清里 91 号湖北共进会机关参加干部会议，参与研究保定秋操后起义方案，讨论通过推举黎元洪任都督的决定。会议之后，方兴及时地向湖北陆军测绘学堂革命党人传达会议精神。

《甘绩熙自述》一文中，有如下记述：“辛亥五月，知孙君尧卿组织秘密机关，遂与牟居鸿勋、苏君成章、袁君汉南往晤孙君，投入机关部，尽力助进。孙君嘱予纠合测绘学堂同学为一团体，予慨应之。遂与同堂方君兴、朱君次璋、李君华谟、李君南星及向君夷清、李君翊东秘密筹思，

1. 参见《李西屏文集》前言，武昌辛亥革命研究中心编，湖北人民出版社2010年出版。
2. 见《辛亥首义回忆录》第二辑 52 页。

联络全堂同学为举义时之响应。”[1]

据喻育之老人口述资料《陆军测绘学堂参加辛亥起义经过》中有以下记述：

“我考入陆军测绘学堂时，同学一百五十余人中，除了两个满人以外，都加入了共进会。方兴（绳修）和李翊东（西屏）是其中代表人物。方兴入校原是由工程营挑选的，工程营革命同志很多，方兴是其中重要分子。李翊东是富有革命思想的青年，在同学中威信很高。他们经常在校外与共进会孙武、邓玉麟、杨时杰、杨玉如、李作栋以及军队同盟的蔡济民等在一起，讨论革命行动计划。在学堂内发展革命组织，宣传革命思想，传阅革命书刊，发动剪辫子风潮，革命情绪甚为高涨。

“辛亥武昌起义是以军人为骨干的，陆军测绘学堂虽不是正规军队，但同学中大部分是从军队中出来的，有的是从陆军小学转来的，都受过军事训练，会打枪，会刺杀，学堂本身也属军事系统。因此，首义动员计划以及阳夏战争进行中，都把测绘学堂学生当军队使用。

“辛亥年八月初三（1911 年 9 月 24 日），测绘学堂的代表方兴，参加孙武、刘复基主持的在武昌胭脂路机关（胡玉斋住处）会议，讨论起义动员计划。那天决定起义日期是在八月十五（中秋节）。分派测绘学堂的任务是由总代表方兴率领全体同学，与工程营会合楚望台，协同进攻督署。”[2]

“二十日公举都督黎出示安民，同人等全数在伪咨议局组织鄂军政府粗有规模，同人等自揣学浅力薄，建设全国之大经大法非集合群才群力莫能定。越三日后，各处同志齐集，同人等以平日所学专系测量，而地图又为行军要点，自愿回堂组织以备急需。”[3]

“时敌兵到汉战事迭起，即分途赴汉测刘家庙至滠口草图。连日又督战数次，一夕间赶绘汉口后湖全镇略图五百份，以供军用。”[4]

1. 见《武昌起义档案资料选编》中卷 256 至 257 页。
2. 见《武汉文史资料》1986 年第三辑 26 至 27 页，武汉市政协文史委编。
3. 见《武昌起义档案资料选编》上卷 99 页。
4. 见《武昌起义档案资料选编》上卷 100 页。

“九月初五日，同人在汉拒敌，汉口失利，郑君雄飞阵亡，敌又由孝感窜入新沟一带，复分班测金牛山、刘家台至蔡甸、赫山详图。四日告成，顾问官日本大元见而称奇。”[1]

“后又绘鹦鹉洲、沌口、蒲潭、大小军山、新滩口及牌洲、金口、新洲等详图，以接旧有之武昌图。同时测武昌县、青山、阳逻、黄州等处。”[2]

“随同北伐各军前往测量，及汉镇商场，又派班往黄孝测图。”[3]

“九月十一日，汉阳方面战局转紧。汉阳近郊战争，重点在抢占仙女山、美娘山、扁担山、锅顶山等处高地。在争夺这些高地中，敌我均有重大伤亡。黄兴面令甘绩熙同学说：‘都督有命，谁能恢复这些山头者，赏以五十万元。’甘同学奉命后，则与朱树烈等同学分途联络，在工程营、辎重营、陆军中学学生军和我校同学中，挑选一百零八人组成敢死队，进行争夺战。出击时请示总司令部约定：‘我军如进攻得手，当先放火焚烧磨子山顶小庙为信号。’甘绩熙、朱树烈同学同韩管带，自为前驱，乘黑夜出发，偷袭磨山，在黑夜中甘足触及敌人枪杆，甘大呼杀敌，守在山顶的敌人十余人，因过度疲劳，正在稻草堆里酣睡，闻声起来，仓皇失措，当即被击毙八名，其余弃山逃走，我军举火烧庙为号，司令部马上派兵增援。

“甘又率队，转攻扁担山，冲上山腰，大声喊杀，直奔山顶。在夺取这两个山顶战役中，甘同学是带病上阵的。他在夺取磨子山时，后脑受伤，夺取扁担山时，左手又被打伤，但他以极为顽强的精冲，奋勇杀敌，屡仆屡起，屡起屡仆，在占领扁担山以后，他因伤势较重，上级命令他回部休息，黄兴对他大加赞扬。其余同学朱树烈、李翊东、彭祖恩等，奋战十余日，表现也极骁勇。后来，因敌兵力雄厚，我军难以支持，致汉阳失陷。但各省革命势力越来越强，清廷土崩瓦解，已是大势所趋。我们回到武昌城，测绘部改名为测绘局，同学们除已参加其他各部门工作以外，大部回测量局，本所学知识，报效国家。”[4]

---

1. 见《武昌起义档案资料选编》上卷 100 页。
2. 见《武昌起义档案资料选编》上卷 100 页。
3. 见《武昌起义档案资料选编》上卷 100 页。
4. 见《武汉文史资料》1986 年第三辑 31 页。

上述资料表明方兴在湖北陆军测绘学堂致力创建的革命团队，湖北陆军测绘学堂革命团队在辛亥革命中立下可歌可泣的功绩。我们愿同大家共同努力发掘湖北陆军测绘学堂这一英雄团队在辛亥革命各历史阶段中的贡献，书写中国青年知识分子在辛亥革命中的光辉一页。

本文参考文献：

《辛亥首义回忆录》（第二册）《测绘学堂辛亥武昌首义纪实》。

三、投身辛亥革命

宜昌推倒保路运动第一张多米诺骨牌

宣统三年四月二十四日（1911 年 5 月 22 日）朝廷作出规定，铁路干路收归国有。

宣统三年四月二十七日（1911 年 5 月 25 日），旅宜股东和驻宜昌董事致电川汉铁路总公司，报告“旅宜股东数百人，迭次开会，群情激愤，均不愿停租股以保路权”。

宣统三年六月(1911年6月),四川共进会领导人张伯祥等人来到宜昌，联络胡冠南（湖南籍时任公益会首领）等人。张、胡二人商议在四川会馆（川主宫）组建川汉铁路研究会。当年四川会馆（川主宫）和湖南会馆（伏波宫）均坐落宜昌西坝，近在咫尺。张伯祥走上街头在宜昌城内发表演说，宣传保路运动，号召宜昌民众为自保路权而斗争，听众达数千人。张伯祥声情并茂，感人肺腑。以致群情激奋，口号声声。宜昌府闻讯后，立即派兵驱散听众，强加张伯祥妖言惑众之罪名，将其逮捕。

宣统三年六月初三（1911 年 6 月 28 日），驻宜股东邀约一齐，到四川省商办川汉铁路有限公司宜昌公司经理处要求退股还款，四处寻找四川省商办川汉铁路有限公司宜昌总理李稷勋无着，于是，有一股东火冒三丈，揪住公司一位高级职员衣领，大声喝令让他交人。这名职员也有性格，撸起袖管大声吼叫，与对方推推搡搡，争得脸红脖子粗，争吵变成了肢体推搡，许多铁路工友也参与进来，不一会儿，桌椅板凳被推翻，玻璃器皿被捣碎，公司内部一片狼藉。宜昌警察局闻讯派员整队前来弹压，警察见众怒勃勃，不敢轻易犯其锋芒，急忙向宜昌府告急。知府金世和向宜昌驻军求援，袁某即下令驻防部队整队前往弹压。众多筑路工人见防营士兵列队而来，一时奔走相告，霎时聚集了数千工人和乡民携带钉靶、锄头、铁锤上前抵挡，打死清军士兵20余人。

宣统三年六月（7月中旬），川汉铁路宜昌至秭归路段开工半年多，宜昌地域十个施工现场聚集筑路工人峰值数近四万人。铁路收归国有后，各工段包工头收缩银根，拖欠工资，铁路工人无米济炊，无钱返乡，宜昌城发生数百筑路工人聚抢米行，俟后，每日都有事端发生。

宣统三年闰六月（8月），同盟会会员黎怀谨到宜昌，联络核心人物，等待时机，准备趁四川省川汉铁路风潮一齐发动起义。黎怀谨将所领包工款悉数散发工人，联络勇士数百人，组成队伍，屯驻于宜昌川主宫，准备西赴四川驰援。川汉铁路局士绅中一部分动摇分子暗中向东湖县某司令官告密，黎怀谨被捕杀。

宣统三年七月十六日（1911年9月8日），湖广总督电商海军部，派楚同舰驻防宜昌。

宣统三年七月十八日（1911年9月10日），湖广总督调武昌新军三十二标第2营、四十一标第1营驻防宜昌城。

宣统三年七月二十三日（9月15日），粤汉、川汉铁路督办大臣端方率部抵达宜昌。端方深谙宜昌安危关系朝廷存亡，到宜之后严令捉拿革命党人，派兵在城内各处巡查。端方电告内阁谓宜昌数万铁路工人动荡不安，请求暂留宜昌稳定局面。

宣统三年七月二十六日（9月18日），接内阁电，令端方迅速督军入川。

宣统三年八月初一日（9月22日）督办粤汉川汉铁路大臣端方致度支部大臣载泽电摘录："泽贝子爷，盛宫保：行抵点军坡，两接来电，知岑有收命之请。其所言专供报馆欢迎，不顾大局成败，且使朝廷无立足之地。复电望饬宜昌追送，施南迎投。方朔。"[1]

1. 见《辛亥革命》四490页。

9 月 18 日（七月二十六日），端方在宜昌接内阁电，令端方迅速督军入川。四天以后尚未离宜，9 月 22 日（八月初一日），端方率队行军才到当今宜昌市点军区点军坡。可鉴宜昌城铁路工人动乱不止，使川汉铁路督办大臣端方一时无法脱身而延误军令。

本文参考文献：

中国人民政治协商会议宜昌市委员会（文史资料委员会）编辑《宜昌百年大事记》。

四川保路运动愈演愈烈

光绪二十九（1903）年春，四川省在省城成都岳府箭道处设立官办四川川汉铁路总公司。由川督锡良委派总办，下设提调、文案、收支等员。光绪三十一年八月初五（1905 年 9 月 3 日），奏派施典章为川汉铁路总公司总收支及上海办事处保款委员。1907 年，赵尔巽任四川总督。俟后，将官商合办四川川汉铁路总公司改名为四川省商办川汉铁路总公司。商办公司仍旧沿袭官办公司“抽租之股”积资办法。

施典章可谓历经川汉铁路官办、官商合办以及商办三个历史阶段的元老级人物，总收支官虽不大，实权可不小。川汉铁路总公司改为商办后，决定将已筹股本的一半即 350 万两白银，交给施典章在远离监控体系的上海炒股和放贷保本获利。施典章坐拥 350 万两白银，成为上海滩叱咤风云的施总。正当施典章做着川汉铁路功臣，名利双收的美梦之时，1910 年 7 月，上海股市彻底崩盘，施典章等人的贪腐罪行露出水面，大清都察院连续收到检举施典章和乔树丹贪腐的信件，都察院派员核查。

宣统二年十月丁亥（1910 年 11 月 18 日），都察院（监察部）就初步调查施典章亏挪川汉铁路股款一事向朝廷写报告。“寻奏：据该公司办事单开存沪路款共三百五十万，约计亏挪各款竟至二百万两，而兰格志股票一项八十五万余两，尚不在内。详加断拟，施典章除亏挪各款应责令担任归还外，其虚报股票价值侵蚀公司银十二万余两，合依资政院议决办法，一并追交充公，仍俟全案完结，交地方官监禁三年，罚金即定为一万元，缴清后方得释放。乔树丹总司全局，于沪款亏倒，事前毫无觉察，一任施典章所为，以至糜烂至此，应撤销四川川汉铁路驻京总理。至该公司所收亩捐等项，应责成上海、宜昌、成都三处办事人员，暂行会同经管。得旨：邮传部查核具奏。”

于是，邮传部根据旨意，会同川汉铁路总公司派出专案人员赴沪调查，发现川路公司亏损350万两，除了亏盈乃商家常事之外，施典章还涉嫌侵吞百万公款。当即派人抓获准备外逃的施典章进行审讯，撕开川汉铁路公司贪腐黑幕一角。

施典章将公款50万两存入正元钱庄，获取收据交公司做账后，以川路公司的印章开具收条从正元钱庄取出10万两占为己有。在兆康钱庄存公款38万两，采取同样的方法取出10万两化公为私。专案组还查获施典章虚报兰格志股票价目，每股实售价为1500两，施典章向公司报帐却以每股进价1750两，485股每股虚报250两，总共虚报12万多两。施典章串通利华银行买办陈逸卿，为施典章出具利华银行虚假收据，将95万两作为施、陈二人私自放贷的本钱。施典章还将17万两公款私自转移至汇丰银行占为己有。施典章贪污和挪用川汉铁路股款一百万两，这一大案惊动了京城官员。

1910年11月，川籍京官甘大璋，时任内阁侍读学士，上书朝廷，指责川汉铁路贪腐黑幕。奏折上写道：“取民尽锱铢，局用如泥沙，出入款项，均无报告，及至股东查帐，始悉弊端百出。刻间已倒之款不可追，现存之款不可靠。若不亟派稽查，汉口、上海各处速换妥人经管，或自设银行，或提存大清、交通各银行，恐贪私利而忘公本，将来亏倒，尤不止此数。款既可危，路于何有！”

当年，四川川汉铁路总公司也上书朝廷与施典章贪腐案进行切割分离。称：“川路系为保障西南大局，开办之始，即经川督奏明民款民办，不借外款，以此欲招外股者皆被驳斥，招怨极多。”“关系倒款，参照商律百二十七条、百二十九条，皆只根究移用亏空之人，其咎亦专在总收支施典章，与三总理无涉。”

宣统三年四月二十四日（1911 年 5 月 22 日），朝廷作出铁路干路收归国有以及任命端方担任督办粤汉、川汉铁路大臣的决定。并专就川汉铁路有以下旨意："当川路创办之初，该省官绅遂定有按租抽股之议，名为商办，仍系巧取诸民。至今数年之久，该路迄未告成，上年且有倒亏巨款之事。其中弊端，不一而足。"另就 1911 年 5 月以前，粤汉、川汉铁路已收之股，着邮传部督办铁路大臣会同该省督抚详细查明，妥拟办法奏闻。

邮传部根据朝廷旨意，按照粤、湘、鄂、川的实际，拟订出粤湘鄂川不同的补偿办法。

粤路：每股从优先行发还六成，其余亏耗之四成，并准格外体恤，发给国家无利股票，路成获利之日，准在本路余利项下，分十年摊给。

湘路：商股照本发还，其余米捐租股等款，准其发给国家保利股票。

鄂路：商股并准一律照本发还，其因路动用赈粜捐款，准照湖南米捐办理。

川路：宜昌实用工料之款四百数十万两，准给国家保利股票，其现存七百余万两，愿否入股，或归本省兴办实业，仍听其便。

从上述办法中可以看出，邮传部明显地打压四川川汉铁路公司。主管铁路的邮传部部长盛宣怀十分肯定地说：中央财政的钱来自全国人民，政府没有权力动用它去填窟窿。拒绝为炒股损失的 300 万两买单。

随后，川汉铁路总公司高管们又请求中央延长征收"租股"的期限，为上海的炒股失败由四川人买单。几番争取不下，川汉铁路总公司高管们便发起群众运动给政府施压，以水电报为联络方式，在四川省各州、县和湖北宜昌先后成立保路同志会，保路风潮因此而起。

1911 年 10 月 16 日，法国驻华公使馆武官高拉尔德呈交法国陆军部报告中称：造成四川铁路之乱的原因，"铁路国有化是这次运动的第一个原因或者至少是表面上的原因。在抗议失败的局势下，骚动者决定采取行动。决定性的事端是政府收回了铁路公司的领导权，并授予公司领导者以高官。这个挑衅性的措施使保路同志会于 8 月 24 日宣布了商人罢市和大学生们的罢课。抗议者假装把政府的决定当作是与光绪皇帝的旨意背道而驰的，他们带着光绪的牌位在街上游行。”[1]

“七月初一（1911年8月24日）午刻，（川汉铁路成都总公司）接宜昌电，李稷勋已简派铁路总理。省中人民群起反对，立发传单。至四点半钟，全城罢市，各学堂一律停课，人心浮动，米价腾昂。初一晚，督宪已出安民告示，所幸并无暴动等事。谓自明日起，全川一律罢市罢课；一切厘税杂捐，概行不纳；要求收回成命，四川七千万人同白。”[2]

《四川血》把高拉尔德呈交法国陆军部报告中称，“决定性的事端是政府收回了铁路公司的领导权，并授予公司领导者以高官”之陈述，一一表述清楚：朝廷未征得四川省商办川汉铁路有限公司总公司同意，强行任命原四川省商办川汉铁路有限公司宜昌总理李稷勋为川汉铁路总理。换言之，李稷勋用四川人的钱买来川汉铁路总理官位。这一事件引起四川民众强烈不满，成都府开始罢市、罢课斗争。

“形势直到9月6日几百名骑兵从西藏赶到成都之前都是稳定的。那些骑兵忠实于他们的老领袖赵总督，总督自以为有了足够的行动力量，他把同志会的首脑召到他的衙门，那些首脑当时仍然是他的朋友，然后他叫人当场把他们抓起来并宣布将判处他们死刑。”[3]

赵尔丰致那桐电电文称：“即于9月7日（七月十五日）意乘不备，前来督署烧杀。尔丰既得此信，因于本日将明，先将营队再加警戒。一面凛遵严拏首要前旨，将蒲殿俊、罗纶、邓孝可、颜楷、张澜、胡嵘、江三乘、叶秉诚、王铭新设法诱擒。一面出示解散，安抚居民。不意午刻猝有匪徒数千，先使人在督署附近放火，以图扰乱，旋即凶扑督署。当经派出马步各兵队，先在街口堵截。无料来势异常凶猛，堵截不住，直扑辕门，值门步队亦被扑退，并砍伤哨弁郑景等数人，进冲二门，直至大堂，前排匪徒均带火具，并分扑两廊官房。尔丰见事势已急，当即饬令开枪抵拒，伤毙前锋十数人，始俱败退。该匪旋又分股，一由打金街分扑督署后门，

1. 见《辛亥革命史资料新编》第七卷；《法国陆军部档案》352页，章开源，湖北人民出版社出版。

2. 见《四川血》载于《辛亥革命》四第411页。

3. 见《辛亥革命史资料新编》第七卷；《法国陆军部档案》352页。

一由文庙街拥出。均经各驻扎兵队分头击退。现在各街保路协会尚在鸣锣聚众，各路兵队虽在竭力弹压，察看大势，一二日内能否安定，尚不可知，胜负之数，亦无确实把握。”[1]

高拉尔德呈交法国陆军部报告中，把赵尔丰因有忠实于自己的几百名骑兵从西藏赶到成都，赵尔丰有了这支军队的支撑，于是下决心动手抓捕革命党人。《赵尔丰致那桐电电文》中，回避了几百名骑兵从西藏赶到成都事实，将抓捕同志会的动因归咎于一则莫须有的传言。证明高拉尔德在报告中所述属实。由此开始，保路风潮事态演变出现不可预测之势。

“激动的群众涌向总督衙门要求释放被囚者。赵尔丰的警卫队朝群众开枪：一阵排枪打死三十人，打伤五十人，足以驱散人们。但流血斗争的时期由此揭开了序幕。反抗者们求助于城外的民众，好几千名志愿者武装起来。

“自 9 月以来，常规性的战斗未曾停止。人们原指望新军的背叛，但尽管谣言持续不断，新军中似乎并没有出现叛乱；反叛者们原来预料较容易获取的胜利并没有取得。从那天开始，战斗双方都互有胜负。

“9 月 20 日，总督获得了从西藏来到的两千人援军。政府给总督所派的援军：湖北：四个营两个连，目前到达万县附近；陕西：约一千二百人，他们自 9 月 24 日从西安府出发后，至今无任何消息；贵州：两个营，到了泸州。”[2]

四川省保路风潮愈演愈烈，朝廷从各地调动大量的兵力前往四川弹压，给湘鄂两地革命党人发动武装起义提供了声东击西的战略时机。

本文参考文献：

四川省社会科学院出版社出版鲁子健编《清代四川财政史料》。

四川人民出版社出版隗瀛涛赵清主编《四川辛亥革命史料》。

《辛亥革命史资料新编》第七卷；《法国陆军部档案》。

1. 见中国近代史资料丛刊《辛亥革命》四 461 页赵尔丰致那桐电电文。

2. 见《辛亥革命史资料新编》第七卷；《法国陆军部档案》352 页。

出席军事会议

清政府为平息川汉铁路之乱，先后征调武昌新军整标整营向西开拔。命海军部派“楚同舰”泊于宜昌、第三十二标第二营、第四十一标第一营驻防湖北宜昌川汉铁路施工现场。第三十二标第一营与督办大臣端方卫队随行，第三营驻恩施待命；第三十一标整标西进四川弹压武装暴乱。武昌城内驻军也有调动。

湘、鄂两地共进会领导人共同认定发动起义良机已到，于是相约八月十五中秋节发动起义。与此同时，同盟会领导人孙中山远在海外筹款，以接济国内革命活动。黄兴认为湘、鄂革命党人应该等待孙中山筹够巨款，买足弹药再行举事。湖北革命党人认为起义时机已经成熟，等待外款接济良机错过，于是决定马上制定中秋节武装起义实战计划。

在武昌新军中湖北共进会和文学社两大革命团体人数较多，实力较强。湖北共进会领导人孙武、邓玉麟、费榘等认为只有构合各党为一家建立统一指挥机构，方能夺取起义胜利。湖北共进会主动约请文学社商淡联合事宜。

首次协商会议在孙武住处武昌胭脂巷二十四号进行。文学社和湖北共进会领导人相互间比实力，争领导权。不欢而散。

第二次联合会议在文学社交际部部长龚霞初寓所进行，共进会派出代表杨玉如、杨时杰、李春萱出席会议；文学社以蒋翊武、刘尧澂、蔡大辅、王守愚四人参加会议。不意在讨论中发生争执，会议无果而散。

第三次联合会议在雄楚楼共进会会长刘公的寓所进行，刘公的叔父在清政府度支部做事，门前贴有“度支部刘”四字，在此地开会可以避免宪警注意。本次会议（蒋翊武随四十一标三营左队调往岳州）刘尧澂代表蒋翊武全权出席会议，与共进会孙武、邓玉麟、杨玉如、蔡济民、李作栋、彭楚藩等初步达成两组织联合意向。

1911 年 9 月 24 日（辛亥八月初三），孙武通知湖北陆军测绘学堂湖北共进会代表方兴到胭脂路十一号胡祖舜家参加文学社与湖北共进会联合暨同谋中秋节武装起义军事会议。会议将产生统一军事领导机构人选，决定起义方案。

1912年10月16日，邓玉麟呈交湖北革命实录馆的《邓玉麟革命小史》中关于1911年9月24日（农历八月初三），在武昌胭脂巷胡祖舜家召开的各标、营代表大会，六十多位代表民主参与讨论中秋节起义方案，共同制订起义战略计划有以下记载：

“其代表蒋翊武外，则有刘尧瀓、王宪章、杨王鹏、王华国、张廷辅、李抱良、唐牺支等。君同孙武、蔡济民、高尚志提倡，各协标营代表，则有陈人杰、杨洪胜、马骥云、殷占奎、祁占元、邹世忠、鲁伯超、陈随福、徐长青、俞知方、李少白、田致亮、吴之诚、李成英、刘雄亚、萧荣魁、徐万年、蔡汉卿、王鹤年、梅青福、孟华臣、丁玉林、陈天寅、何少山、陈雄军、叶桂芬、汪锡九、赵楚屏、陈占奎、许世昌、杜鼎、王广聚、沙金海、熊秉坤、徐兆宾、马荣、钱芸生、蔡鹏来、陈铁侯、平福胜诸君，陆军测绘学堂代表，则有方兴等，陆军第三中学代表，则有王天培、耿丹、谢英诸君，君均与联络。于是党中大开会议，推举职员，筹划目前进行方略及各担任事务。举刘公任总理，孙武、蒋翊武、高尚志任军事部，蔡济民、徐达明任参谋部，君及彭楚藩任调查部，李春萱、张振武任理财部，宋教仁、居正任外交部，政事部杨玉如、杨时杰任。日夜购办枪械，备起事时之用。”[1]

经反复协商推举共进会会长刘公为总理，文学社领导人蒋翊武、湖北共进会领导人孙武和士兵自治团领导人高尚志三人组成军事部。蔡济民和徐达明任参谋部，邓玉麒和彭楚藩任调查部，李春萱和张振武任理财部，宋教仁和居正任外交部，杨玉如和杨时杰任政事部，两团体主要骨干刘尧瀓、彭楚藩等为军事筹备员，负责拟订起义详细计划。各相关部门部署购办枪械、草拟文告、派人到上海迎接同盟会领导人来鄂主持大计，与邻近各省联系策动响应等起义准备工作。

会议当天专就发动起义战略进行深入研讨，五十六位与会代表各抒己见，最后由孙武归纳为中秋节起义八条。与会人员一致通过发动中秋节武装起义战术八条：

1. 见《武昌起义档案资料选编》中卷222页。

一、混成协工程、辎重两队李鹏升首先纵火为号。同营混成协炮队蔡鹏来率队回应。以一支队由草湖门占领凤凰山炮台，以一支队占领青山，迎击海军，以工、辎两队分别派队掩护之。

二、八镇工程第八营担任占领中和门内楚望台军械所。右旗八镇步队二十九标、三十标蔡济民、杨宏胜，测绘学堂方兴，率队响应与工程第八营会合于楚望台，协同进攻总督署。

三、南湖八镇炮队第八标徐万年由中和门进城，攻击总督署。由八镇步队第三十二标陈子龙掩护。

四、南湖八镇马队第八标沙金海及混成协马队陈孝芬警戒于城外。

五、八镇步队第三十一标江亚兰及第四十一标留守步队廖如芸会同占领蛇山，掩护炮队。

六、汉口驻军混成协步队四十二标之一部林翼支等率队回应，进占武胜关。

七、汉阳兵工厂驻军混成协步队四十二标之一部由祝制六及胡玉珍率队回应，占领龟山炮台。

八、宪兵队彭楚藩担任侦察官方，及各军队情报，随时报告于临时总司令部。邓玉麟、杨宏胜担任各部队之间联络事宜。[1]

孙武就八条战术及其责任人发布作战命令。命令方兴见坛角火起，立即率领湖北陆军测绘学堂革命党人协同工程第八营攻占楚望台，攻打督署。

会议还决定，“在武昌小朝街文学社总机关部成立湖北革命军总指挥部，总指挥部下设军事筹备处于武昌。”[2]

辛亥元勋喻育之的证言：

喻育之，名喻义，字英才。1889 年 12 月 31 日出生于湖北黄陂东乡喻家官塘。幼时在黄陂念私塾。1902 年就读于汉口私立官话简字学堂，1906 年考入北京江汉中学，受新文化，新思想熏陶，萌生救国救民，革旧图新之志。1910 年考入湖北陆军测绘学堂，1911 年初夏，加入共进会。

1. 见《湖北革命知之录》247 页。

2. 见《辛亥革命回忆录》（一），李六如著《文学社与武昌起义纪略》，文史资料出版社出版。

中华人民共和国成立后，1956年，文史部门为调查、发掘、整理和论证武昌首义史实，特地邀请原湖北陆军测绘学堂的辛亥老人徐大化、罗锦、童愚、钱步青、彭亚杰、潘祖谟、万煜斌、魏国楷、程贤礼、冼震、熊佐周、汪从泽、刘邦钦等就武昌首义中各自亲身经历之事撰写成文，请喻育之整理成篇。辛亥老人喻育之万分高兴，欣然命笔著出《测绘学堂辛亥武昌首义纪实》一文。

文中记述："辛亥年八月初三（1911年9月24日），孙武、刘复基等在胭脂巷机关召开会议，讨论首义动员计划，我们学堂的总代表是方兴同志。那天决定首义的日期是八月十五，分派测绘学堂的任务是：由总代表方兴等率领全体同学响应，与工程营会合于楚望台，协同进攻督署。"[1]

喻育之九十八岁时仍不忘方兴功绩：

"我考入陆军测绘学堂，同学一百五十余人中，除了两个满人以外，都加入了共进会。方兴（绳修）和李翊东（西屏）是其中代表人物。方兴入校原是由工程营挑选的，工程营革命同志很多，方兴是其中重要分子。"

"辛亥年八月初三（1911年9月24日），测绘学堂的代表方兴，参加孙武、刘复基主持的在武昌胭脂路机关（胡玉斋住处）会议，讨论起义动员计划。那天决定起义的日期是在八月十五（中秋节），分派测绘学堂的任务是由总代表方兴率领全体同学，与工程营会合楚望台，协同进攻督署。"[2]

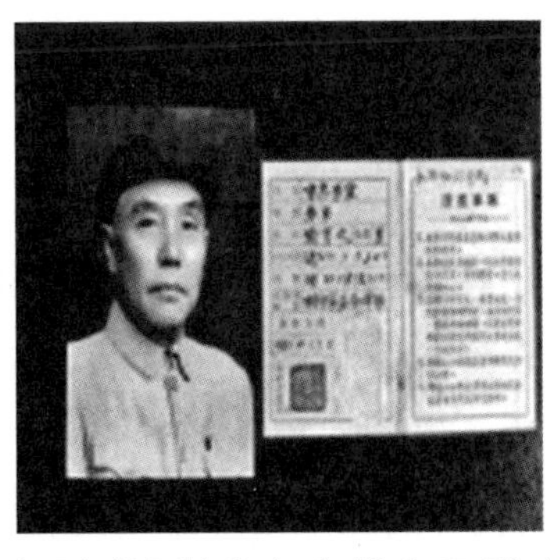

湖北陆军测绘学堂辛亥革命元勋喻育之

1. 见1957年12月出版的《辛亥首义回忆录》第二辑52页。

2. 见《武汉文史资料》1986年第3辑26至27页该文由樊明记录整理。

荣任军事代表

李作栋（1888–1958）字春萱，湖北沔阳人。早年就读武昌西路小学堂，升入两湖优级师范理化专修科，毕业后留校任教习。次年设数学研究会，结纳革命同志。1910年加入湖北共进会。武昌起义前夕，参与促成文学社与共进会联合。湖北共进会与文学社联合后，负责内部理财部部长，张振武副之。

1946年，李春萱致力辛亥革命文物整理及旧址修葺工作。1957年，《辛亥首义回忆录》第二辑择录李春萱亲历之事一十三篇，题为《辛亥首义纪事本末》。该文第四篇《共进会与文学社的联合及其发难计划》，系李春萱亲自参与两组织联合全过程的记录。两组织联合后李春萱负责总机关内部财务。《联合后的工作情况》中所述方兴参与筹划中秋节武装起义之事系李春萱亲历亲见，史事翔实，可信度较高。

李春萱在《联合后的工作情况》一文中有以下记述："武昌小朝街八十五号，原为文学社总机关，两团体合作后，便成为军事总指挥部。一切有关军事上的问题，都在此处进行商讨。刘尧澂、邓玉麟二同志经常驻在总指挥部处理各项工作，为指挥部实际负责人。各军事代表——彭楚藩、蔡济民、高尚志、方兴、钱芸生、胡祖舜、黄元吉、马骥云、赵士龙等也常到总指挥部汇报情况。并由各军事筹备员详细研究武昌街道情况，以便计划起义时布置队伍。[1]

这则史料揭示文学社与湖北共进会联合后，为筹划中秋节武装起义，革命党人迅速地在武昌小朝街八十五号组建起军事总指挥部下设军事筹备处。方兴担任军事代表参与筹划中秋节武装起义战术。方兴在湖北陆军测绘学堂攻读军事测绘，绘制军用地图驾轻就熟。筹划起义方案离不开武昌地形地貌实况测绘，方兴和众多革命党人实地勘测武昌地形地物，水域范围，武昌城内、外街巷分布，实地调查精准制图，为攻打督署提供行军路线。实地勘测楚望台军械库和督署所处地域环境，标注民军炮火

1. 见《辛亥首义回忆录》第二辑145页。

攻击点为起义军迅速抢占要地提供依据。用等高线标注山势和山地高程，为炮击督署确定攻击炮位。

1912年，胡石庵在《湖北革命实见记》中有如下记录：八月十八日“当于五句二十分钟传下命令，定于夜十二点钟以炮声为号，城内外一齐动手。复商定：使方兴往告工程营，陈磊往告四十一标、三十一标，蒋则亲往二十九标、三十标。尚有各处机关，则使彭楚藩、邹秉初遍告，更专人告炮队代表邓玉麟妥为预备。又由王宪章运炸药分交二十九标、三十标”。[1]

这一史事，揭示八月十八日凌晨，孙武制炸弹失误，泄露机密。蒋翊武刚从岳州回鄂，几经商议决定是晚十二时听炮声起义。委派方兴往工程第八营传达起义命令事实。这一史事表明中秋节起义改期以后，方兴与彭楚藩等人仍然在一起共商武装起义计划，表明方兴与彭楚藩有合作共事关系。这一史事佐证李春萱所记军事代表方兴参与筹划武装起义方案之史迹属实。

1948年黄元吉所著《辛亥武昌首义真相》中有如下记述：八月十九日，“约十时，张廷辅在营内被捕，满城遂成愁惨状态矣。黄元吉于九时出第三十一标，欲至胭脂巷，抵蛇山顶遇陈同志忘其名，彼此不敢路谈，陈惟左右摇头，向山前而去。黄往山后至胭脂巷附近，忽遇胡祖舜，亦彼此不敢言；胡见彼状会意，乃尾至僻巷某学舍。（注：胡祖舜湖北共进会会员，曾于三十一标三营当过兵，后离兵营专事革命。10月9日，汉口宝善里机关部被破坏，胡祖舜即在胭脂路机关部赶制炸弹。清军警四处捕人，胡祖舜幸免，暂避于沔阳学社。）彼此商定后，黄赴第三十一标一营告知赵又云及各同志等，并嘱赵同志至测绘学校方兴处；已则出城至南湖与陈子龙等接洽。黄告陈以今日下午吹下操号起义事”。[2]

黄元吉系湖北新军三十一标一营兵士，肄业讲武堂，组织武德自治会。后加入湖北共进会及同盟会。查阅《邓玉麟革命小史》，可知湖北共进会三十一标代表田智谅出席了9月24日军事会议，黄元吉未参加9月24

1. 见《辛亥革命史资料新编1》胡石庵著《湖北革命实见记》194页。

2. 见《辛亥首义回忆录》第三辑86页，湖北省政协编，湖北人民出版社1958年7月出版。

日军事会议。会议后，田智谅随三十一标开拔四川，黄元吉等人留守营房，因缺失上官严管黄元吉主动参与军事筹备处筹划中秋节武装起义战术方案。十多天的筹划活动中，方兴结识共进会会员黄元吉，在共谋武装起义大计之中，方兴与黄元吉结下了革命同志战斗友谊。八月十九日，武昌城充满白色恐怖，在形势危急之时，黄元吉想到方兴，委派赵又云到方兴处联络。不期，黄元吉与方兴在黄土坡相遇，两人相互约定吹下操号起义之事。这一史事佐证方兴参与筹划武装起义史迹，表明方兴在指挥起义机关部所起不可或缺的作用。

方兴参与筹划武装起义战术方案之史迹有史有证真实可信。

总机关部理财部部长李春煊

武昌起义前夜

计约翰 1911 年 10 月 9 日　星期一日记（辛亥八月十八日）

革命党人密谋败露

“今晚在俄国租界查获炸药制造设备、信号旗、革命党人徽章以及大量伪钞，从而暴露了革命党人攻打武昌的密谋。

“这些密谋者发现事情败露后，企图纵火烧房销毁一切罪证，然后翻越阳台逃匿。可是，其中一人被截盘问后，随即有二人被捕，另外还有一些可疑分子现羁押在中国衙门内等候进一步查证后发落。

“3 时 30 分左右，俄国租界内宝善里 14 号的后屋内突然响起爆炸声。受惊的四邻赶来查看究竟，发现屋内的人在底楼一房间的地板上洒了煤油，准备放火焚房。邻人们大吃一惊，阻止了他们点火。于是这些纵火人奔上楼，越过阳台，遁入邻舍，不见影踪。

“经检查，发现楼上有间房被用作制造甘油炸药和硝化甘油的实验室，房内还留有配制这二种东西的原料。看来是在混合这些化学品时有一成分发生爆炸，因而惊动了四邻。”[1]

八月十八日（10 月 9 日）星期一凌晨 3 时 30 分，孙武在俄国租界内宝善里 14 号的后屋内制炸弹炸药突然爆炸将孙武满脸烧伤，当时抬至医院诊治。俄巡捕检查发现有炸弹及革命宣传品等件，刘公受轻微伤经解脱后离开，随即捕去刘公之弟和刘公之妻二人，迅即报告俄领事。复由俄领事通告江海关监督齐耀珊。是时，齐耀珊亲到俄领事馆晤领事查看革命宣传品等件后，据情呈报总督瑞澂。瑞澂得报大为惊恐，立即召集文武大员及军、警长官会议。瑞澂云：果然有革命党，真是不得了。幸我朝洪福，革命党自己被炸弹轰坏泄漏情形。但是革命党一个人尚未捉获，危险万分。望大家迅急捉拿革命党无令漏网。

胡石庵著《湖北革命实见记》记录：“予后闻同志言，是日武昌同志，正因文学社代表蒋翊武归自岳州，方聚会于襄阳学社机关部内。闻汉口事破，大惊，乃相商举事。蒋翊武素持重，恐不济，且因日前黄兴来函，约九月十三日五省同时并举，乃主张暂忍以待九月约期。刘复基不可，愤欲挥拳，蒋翊武始诺。当于五句二十分钟传下命令，定于夜十二点钟以炮声为号，诚内外一齐动手。复商定：使方兴往告工程营，陈磊往告四十一标、三十一标，蒋则亲往二十九标、三十标。尚有各处机关，则使彭楚藩、邹秉初遍告，更专人告炮队代表邓玉麟妥为预备。又由王宪章运炸药分交二十九标、三十标。至夜九点钟，诸事已毕。”[2]

胡石庵十九岁时，在北京曾与谭嗣同交往甚密。1907 年，在汉口致力报业。为追求新闻的真实性，他身兼三职，既当记者现场采录、又从事

1. 见《近代史资料》总 72 号 110 页。
2. 见《辛亥革命史资料新编 1》194 页。

撰稿和编辑报纸。1912年，胡石庵著《湖北革命实见记》第一册中，记录了蒋翊武分配方兴到工程第八营传达今晚十二时听炮声举事命令之事。

任振刚在《前工兵八营革军第一正队四支队长任振刚（即正亮）》文中有以下记述："八月十八日，总机关发来密令，定十二点钟闻炮声起义。刚不胜欣喜万状，恨缺乏子弹，命诸同志以裹腿缠腰，以御刺刀，足缠布裹腿，均布置完全，藏器待时。忽闻炸弹之声，刚误作炮声，派同志三员拦住哨棚，意以左队同志仅三十余名，不拦住官长，未能尽为刚所用，听刚指挥。"[1]

任振刚由方兴介绍加入湖北共进会，委派为工程第八营左队湖北共进会代表。任振刚在文中有八月十八日，总机关发来密令，定十二点钟闻炮声起义之记述与胡石庵在文中记述：方兴往告工程营，传达夜十二点钟以炮声为号，城内外一齐动手之命令。两则史料相互佐证，表明八月十八日方兴到工程第八营传达起义命令史迹。

吴兆麟写有《辛亥武昌革命工程第八营首义始末记》。文中记述：

1911年10月9日"是晚八时，有一正目即潜到第八镇司令部要面见统制张彪，谓有最紧要事报告。张彪一见，该正目即跪下叩三个头，先乞统制恕罪，然后报告云：早已伪入革命党，在其内探听消息。目下革命党各营目兵俱有加入者但系少数。今日在汉口宝善里14号秘制炸弹孙武炸伤，革命党人乘机传知各营起事，以今晚十二时炮声为号。又武昌小朝街有一机关，十五协营房外面有一机关，黄土坡有一机关，此时如将以上三机关破获，令各营严为防范，则可免患云云。张彪闻此消息，一面召集李襄麟、齐宝堂及各亲信人员，分途往各协、标、营送信，特派二十九标统带李襄麟到工程第八营传达命令，要求各长官好为维持，倘有疏忽即以军法从事。一面派弁目邓某等协同来报告革命党情形之正目，带马弁数人、卫兵一排，携带手枪利器，先到小朝街张廷辅家，前后堵塞，然后从大门而入。革命党彭楚藩、刘尧澂、牟鸿勋等计十余人，见邓带人来，知事已泄。彭楚藩当抛炸弹两枚，邓即开手枪进前，将彭楚藩捉获。其余各马弁协同卫兵即将所有人员一齐拿获，用绳将手捆绑，先押至第八

1. 见《武昌起义档案资料选编》下卷109~110页。

镇司令部。旋到中和门街十五协营房侧边杂货店查抄，内有炸弹数十枚。当即将杨洪胜拿交第八镇司令部。”[1]

1905年吴兆麟加入日知会任干事，时为工程第八营左队队官。1911年10月9日晚，曾参加二十九标统带李襄麟到工程第八营传达命令会议，吴兆麟系敌对双方行动的知情者，所写《辛亥武昌革命工程第八营首义始末记》中，记述因叛徒告密张彪奉命抓捕革命党人事实真实可信。

《方兴革命事略》记载：“辛亥八月十八日，约举义，未及期，事泄。政府捕党人，网罗四张。三烈士逮捕时，兴亦在旁，以神色自若，警兵不之疑，乃免。”[2]

《辛亥武昌革命工程第八营首义始末记》中，记述因叛徒告密张彪奉命抓捕革命党人事实。《方兴革命事略》记载表明，张彪派出警探抓捕革命党人。方兴应时脱逃之事。两则史料相互佐证，表明张彪抓捕革命党人事实。

“李襄麟奉命到工程第八营请全营官长在管带室集合会议。李襄麟云：今天汉口俄国租界有一革命党机关搬运炸弹已经爆烈。有一个孙武，听说是孙文的兄弟已炸伤了。革命党人见计划机关已泄，不如趁机起事，拟于今晚十二时以炮为号发动起义。闻各营内革命党不少，如到时闻有炮声，营内外革命党同时响应。此不过是革命党之计划，张统制命我先到十五协，次到工程第八营，请各位官长各维持各队，好为劝导，免冒昧从事而受诛戮。张统制很信任工程第八营。如各位官长维持无事，将来即有嘉奖，否则全家俱戮。望大家官长格外小心谨慎，维持为要。张统制已派有专人到炮队第八标开导，好为维持。时已九点多钟了，我们不必多说话，我先回八镇司令部报告，请各位早为布置。

“李襄邻走后，工程营督队官阮荣发即与各队官长计划如下：一、今晚各队由各队官挑选亲信目兵二十名，发给实弹，守卫兵棚出入口。二、各目兵从现时起均在各棚睡觉，不得出入。三、各目兵有要大小便者，须先报告该排长，照准后即徒手出入。四、各目兵不得擅动武器。五、各目兵不得

---

1. 见中国社会科学出版社《近代史资料》1982年第一辑64至65页。
2. 见《武昌起义档案资料选编》中卷207页。

高声说话。六、遇有要事紧急集合，必须遵从官长命令。倘有不服命令，任意集合者，即以军法治罪。以上各条规定各队官长传知各队目兵。”[1]

“是晚，革命营代表方兴携带子弹十排秘发工程各队代表，准备十二时有炮声即同时响应。但方兴原系工程营左队学兵，挑入测绘学堂肄业。是晚十时，他仍在营内左队三排兵棚待机，被人秘报督队官阮荣发。阮即通知左队官吴兆麟。吴密传方兴，嘱其迅速出营。正出营时被值日右队官黄坤荣看见，当报阮荣发。阮偕黄坤荣出营追赶，方兴抛掷一炸弹，声震营内外，阮黄二人回营维持。”[2]

《前清工兵八营革命实录》文中有以下记述：“时已午后九点钟，各营已经点呼二道。忽一满官慌张来营，直至阮督队室，命屏左右，附耳低声，不闻何说。良久径去，审谛之，乃二十九标统带李襄麟也。阮即传集四队队官，亦如是交谈。片刻，各回其室，令排长等荷枪巡查，复命亲信传护严守兵棚，不准一人出门，告便者令溺贮痰盂。时各官巡见兵士多束装整履而卧于床，意甚疑惊，报告营主阮荣发闻知（阮时为代理管带），即无所措手。此是夜十时余也。遥闻炸弹响数声，伏声静听，其音甚近，久之寂然。……盖所负者乃送方兴之一杆也（方兴出处另详）坤于此时见提防綦严，外面枪炮无声，未敢暴动。”[3]

《前清工兵八营革命实录》上述文字，佐证吴兆麟在《辛亥武昌革命工程第八营首义始末记》中关于八月十八曰（1911 年 10 月 9 日）晚，工程第八营营内发生之事真实可信。熊秉坤在此文中特别交待 1911 年 10 月 9 日晚，“方兴出处另详”，此言虽未记述方兴到工程第八营详细经过，但足以佐证吴兆麟在《辛亥武昌革命工程第八营首义始末记》文中关于，是晚，革命营代表方兴携带子弹十排秘发工程各队代表，准备十二时有炮声即同时响应之记述属实。

《革命真史》记载：“是晚九时许，城内工程营代表方兴由测绘学堂潜回营内，报告各机关均破，捕去同志不少。我辈今晚急宜发动，一则

1. 见中国社会科学出版社《近代史资料》1982 年第一辑 67 至 68 页。
2. 见中国社会科学出版社《近代史资料》1982 年第一辑 69 页 26 页。
3. 见《武昌起义档案资料选编》上卷 25 页。

救出同志；一则为同胞雪耻。并带有炸弹及子弹数十排，分发各队代表。少顷，有人报告督队官阮荣发，谓方兴归营传消息，当令方兴出营。又有人报告方兴密运实弹入队，阮荣发即派值日官黄坤荣带兵追赶。方兴恐被获，当掷一炸弹，将营外操场炸毁一方。众兵士不敢复追，遂回营”。[1]

以上史事表明方兴到工程第八营左队传达十二点听炮声起义之命令后，工程第八营左队革命党人听命而动，做好起义备战工作，所述细节翔实，足以证明方兴到工程第八营策动八月十八日起义史迹。

湖北共进会和文学社联合后一个新的领导团队形成。方兴系团队军事代表之一，全力参与筹划中秋节起义方案。以上史迹表明：中秋节起义计划改期以后，方兴继续参与武装起义准备工作。八月十八日凌晨，孙武制造炸弹失事后，蒋翊武发令晚十二时听炮声起义，方兴和蒋翊武、彭楚藩、刘复基等在指挥部筹划当晚起义事项，因叛徒出卖彭楚藩、刘复基被捕，蒋翊武、方兴脱逃。在危难之时，蒋翊武远走他乡，方兴却毅然潜行工程第八营左队策动当晚起事。在方兴策动之下工程第八营左队兵士们已做好起义之准备，裹腿缠腰，以御刺刀，足缠布裹腿，藏器在身，只待城外一声炮响，冲出营门投入战斗。可是，当晚十二时，枪炮无声，起义未予实施。

另据，甘绩熙自述文中记述：“迨八月十八日，汉口宝善里机关破，武昌大戒严。同志愤起，即定本日夜十二时举事，以炮声为号。予与同学方君兴、李君南星、李君华谟、朱君次璋诸人，傍晚时均戎装停妥，命仆沽酒共饮。”[2]

这一记述表明十月十八日（10月9日）晚，方兴组织湖北陆军测绘学堂革命团队参加起义事实。

发动武昌起义

甲午年十一月（1894），孙中山于美国檀香山成立兴中会，提出了“驱除鞑虏，恢复中华，创立合众政府”的政治纲领，兴中会成为中国历史上

1. 见《革命真史》（上）294页。
2. 见《武昌起义档案资料选编》中卷257页。

第一个政党破天荒地提出推翻帝制，创建合众政府主张为革命指明了方向。从甲午年十一月（1894）开始，孙中山为了实现驱除鞑虏，恢复中华，创立合众政府这一奋斗目标领导了多次武装起义：

从1895年10月，乙未广州之役，亦称广州起义；1900年10月，庚子惠州之役，也称惠州三洲田起义；1907年5月，丁未黄冈之役，也称潮州黄冈起义；1907年6月，丁未惠州七女湖之役，也称惠州七女湖起义；1907年9月，丁未防城之役，也称钦廉防城起义；1907年12月，丁未镇南关之役，也称镇南关起义；1908年3月，戊申马笃山之役，也称钦廉上思起义；1908年4月，戊申河口之役，也称河口之役；1910年2月，庚戌广州新军之役，也称广州新军起义；1911年春，辛亥三月二十九日广州之役，也称黄花岗起义；直至1911年10月10日武昌起义成功。1912年1月1日，中华民国成立，1912年2月12日，皇权专制寿终正寝，孙中山艰苦备尝，百折不挠地领导革命，终于取得胜利。

史称始于甲午年十一月，旨在驱除鞑虏，恢复中华，创立合众政府的革命于辛亥年实现中华民国立国，清朝末代皇帝逊位，因1911年农历为辛亥年，故称这段历史为辛亥革命。无论后人如何评价辛亥革命成或败，武昌起义成功是中国历史上千百年来无与伦比之伟绩。

1912年2月16日，《伦敦泰晤士报》登载一篇文章中称："天子已经逊位，清朝统治不复存在，世界上最古老的君主国已经正式成为一个共和国。历史上最少见到如此惊人的革命，或许可以说，从来没有过一次规模相等的，在各个阶段中流血这样少的革命，革命的最后阶段是否已经达到目的，这是未来的秘密。一些最了解中国情况的人不能不怀疑，在一个拥有四亿人口的国家里，自从最遥远的历史早期以来，皇帝就像神一样统治着他们，在这样的国家里，是否能够突然用一个同东方概念和传统格格不入的共和国政府形式，来代替君主政体？中国，总之就是中国，决心要这样做。中国已经高高兴兴地着手做这样伟大的事情。我们衷心希望，这会给中国带来一个它所切望的进步的稳立的政府"。[1]

1. 见《辛亥革命史资料新编1》182页。

熊子贞（熊十力）称颂方兴："是晚略定武昌，兴与有力焉"。[1]

在1911年10月10日这一天，方兴遵循孙中山制订的"驱除鞑虏，恢复中华，创立合众政府。"革命纲领，以孙中山权威之势发动了武昌起义；以独有的军事才干部署工程第八营左队率先夺取首义战略要地楚望台军械库掀翻了致使清王朝覆灭的第一张多米诺骨牌；果敢地向工程第八营投掷炸弹引爆武昌首义，唤起武昌新军兵士和学校学生以迅雷之势投入战斗促成武昌起义成功。武昌首义成功后，方兴率领敢死队为保卫辛亥革命策源地武昌，投入阳夏战役血战四十八天，为推翻皇权专制，开创共和政体立下不可磨灭的功绩，在中国近代史中留下了光辉一页。

方兴发动武昌起义史料依据一

"十九日，捕益急，兵士人人自危，势将瓦解。兴以为不于此时乘机以图大事，过此以往益难，遂假传孙武之命令云：'十九日晚十点钟，准备起义。'号召各营，是晚略定武昌，兴与有力焉。先是传命令于工程营，某上官疑而衔之，将致兴狱。兴匿伏水沟，俟枪声起，始出，联合步队、炮队，攻督署。二十日，瑞澂、张彪遁，火督署，武、汉肃清。时孙武以制炸弹，伤头部，就诊汉口医院。兴往言，曰：'昨假传公命令，兴之罪也！'孙武曰：'子不闻将在外，君命有所不受乎！相时而动，子之功也，何罪之有！宜速返建设。'"

这一史料刊载于1982年9月，湖北人民出版社印刷发行的《武昌起义档案资料选编》中卷207页熊子贞著《方兴革命事略》中。该书由中国人民政治协商会议湖北省委员会、中国人民政治协商会议武汉市委员会、中国社会科学院近代史研究所、湖北省博物馆和武汉市档案馆五家联合编辑。

1912年6月后，熊子贞写作传记特立独行，讲究真实，《方兴革命事略》确属真实可信。1912年5月4日，方兴赴北京就任中华民国陆军部高等顾问官远离武昌，《方兴革命事略》亦不属于方兴口述资料。但这段史料尚缺翔实史事佐征，仅凭一人之言便认定方兴以孙武的名义发动武昌起义尚为不妥。

1. 见熊子贞著《方兴革命事略》。

1911年10月10日这一天，瑞澂下令对新军各营严加管束，瑞澂却小觑湖北陆军测绘学堂革命党人，仅派詹桂珊一人担任湖北陆军测绘学堂监督。湖北陆军测绘学堂白天有老师上课，晚上自习学生无人管束，詹桂珊"昼则到督署告密，夜晚到堂稽查行动"[1]学堂教师多由日本士官学校毕业，任课教师在日本留学时受孙中山民权革命思想影响大多倾向革命，给湖北陆军测绘学堂革命党人留下自由行的时间和空间。有如下史料记载方兴带领湖北陆军测绘学堂革命党人分赴各标营传达起义命令。

方兴发动武昌起义史料依据二

湖北陆军测绘学堂革命党人向讦谟在1911年所写《治国日记》中，八月十九日（10月10日）日记：

"十九日晴，同学方君绳修即方兴、王君仲烈、李君翊东、朱君树烈等七八人偕到谟寝室，商议革命进行之手续；徐君于成傍午时来谟处，痛叙革命同人之伤心。本日方、王诸人至步、辎、工、炮各营效苏秦之说法，以鼓吹众兵士于今夕起事。八时，步三十一标火为号，工程第八营后队首先发难，八时半工程营占领楚望台火药库；步二十九标、三十标、三十一标、城外炮队均遥为回应。夜将深，谟偕方君等督学生全队至楚望台，争取枪械子弹，为工兵营作援队。"[2]

向讦谟名一清，又名易清，湖北孝感人。系方兴在湖北陆军测绘学堂同班同学。1911年10月11日（八月二十日），向讦谟被推为军需部总理，是年11月24日（十月初四日）被蔡汉卿诱杀。向讦谟所写《治国日记》离武昌起义时间最近，所记事实多为亲历亲见之事，亦有所闻记述，这篇日记所记之事没有向讦谟自书自赞的记载，因而这一史料可信度高。

湖北陆军测绘学堂革命党人甘绩熙亦与方兴同班，1913年8月9日，甘绩熙著《甘绩熙自述》一文中记述10月9日（八月十八日）晚"饮讫薄醉，相与枕戈以待，至半夜犹未闻炮响，迄于天明无事，予不觉神伤气沮。

---

1. 见辛亥革命与沔阳57页。

2. 这一则史料见《李西屏文集》第27页。该书由武昌辛亥革命研究中心编，2010年3月，湖北人民出版社出版发行。

至午后，忽闻刘君尧澂、彭君楚藩、杨君洪胜均就义，不禁心伤。窃思事已至此，不大举动，同志辈必次第就灭。遂与方、李诸君商，因张君振武时为秘密机关理财部部长，当往商之。朱君次璋和李君华谟即欲往遂去。少时即返，谓张谓今夜必动方可，若能于白日举动更佳”。[1]

向讦谟《治国日记》中记载1911年10月10日（八月十九日）这一天，第一件事：“同学方君绳修即方兴、王君仲烈、李君翊东、朱君树烈等七八人偕到谟寝室，商议革命进行之手续。”

《甘绩熙自述》文中记述：“遂与方、李诸君商，因张君振武时为秘密机关理财部部长，当往商之。”

这两则史料就发动起义一事，《治国日记》言明商议发动革命程序之地方；《甘绩熙自述》记述商议发动革命的途径和方法。两则史料表明当10月9日（八月十八日）晚武装起义未告成功，10月10日（八月十九日），湖北陆军测绘学堂革命党人壮志未酬心不甘，情不愿。方兴身为湖北共进会湖北陆军测绘学堂代表召集王仲烈、朱树烈等七八人在向讦谟寝室商议发动武装起义的策略。委派朱次璋和李华谟同学向张振武征询能否发动起义的意见。张振武早年加入同盟会宣传革命，两团体合作后任理财部负责人，时在黄鹤楼公学任教。方兴等人得到张振武发动武装起义建议后坚定了发动武昌起义的信心，决定分赴各营传达起义命令。

甘绩熙在《甘绩熙自述》继续写道：“予曰：我往十五协去晤蔡君济民与高君尚志，方君当往工程营晤该营代表，相约今夜必动。予遂托病请假，易衣私出，至十五协后营门，适该协统制传令禁止出入，不得进，转至大营门亦然，且被哨兵搜查再四始释，遂怏怏返学堂。而方兴君则已得晤工程营外步哨同志，约定即时发动云云。”

这段文字史料传达了两个信息，第一，方兴与甘绩熙相约外出传达今夜必动命令。第二，甘绩熙传令未成，方兴到工程第八营传达命令时，把与甘绩熙“相约今夜必动”命令更改为“即时发动”。

方兴为何独自把与甘绩熙“相约今夜必动”更改为“即时发动”？

1948年，黄元吉著《辛亥武昌首义真相》文中有以下记述：八月

1. 见《武昌起义档案资料选编》中卷257页。

十九日（10月10日）上午，“黄往山后至胭脂巷附近，忽遇胡祖舜，亦彼此不敢言；胡见彼此会意，乃尾至僻巷某学舍。彼此商定后，黄赴三十一标一营告知赵又云及各营同志等，并嘱赵同志至测绘学堂方兴处；已则出城至南湖与陈子昂接洽。黄告陈以今下午吹下操号起义事……黄行至黄土坡与方兴晤，告以今日吹下操号音时，各营同志持枪起义。”[1]

黄元吉系三十一标共进会会员，中秋节起义军事会议记录中没有黄元吉参与会议的记载。因三十一标整标开赴四川，黄元吉留守营房没有上官管束，据李春萱在《联合后的工作情况》一文中有黄元吉参与筹划武装起义的记载。表明方兴在筹备起义过程中结识黄元吉。八月十九日（10月10日），这一天，黄元吉亦属自由人。黄元吉所述在黄土坡遇方兴“告以今日吹下操号音时，各营同志持枪起义”之史事，把方兴与甘绩熙曾相约传达“今夜必动”的命令，方兴却独自改为“约定即时发动”的缘由说明白了。

黄元吉著《辛亥武昌首义真相》文中还有以下记述：“讵知今日各种号音均未吹，事未果。”

熊秉坤在《前清工程八营革命实录》文中称：“机关亦被汉奸泄漏，各营一律停操，事又不谐。”[2]

1911年10月10日，向讦谟所写《治国日记》中记载：“徐君于成傍午时来谟处，痛叙革命同人之伤心。”

黄元吉、熊秉坤和向讦谟三人共同陈述：10月10日这一天，听下操号发动起义又成为泡影，革命者为此伤痛不已。采取什么办法补救？

黄元吉著《辛亥武昌首义真相》文中有以下记述：“乃改为第三十一标举火为号。商后，黄直趋三十一标告知赵又云等同志，嘱其准备一切。”

在这则史料中黄元吉称与人相商，究竟和谁商议，文中没有明确地交代不可妄断。但从《辛亥武昌首义真相》所述，与这一段史事相关的人物只有胡祖舜和方兴二人，方兴应该参与相商。但史实不能靠理解和推断而成立，必须有相应史料佐证才能确立。

1. 见《辛亥首义回忆录》第三册1958年版87页。

2. 见《武昌起义档案资料选编》上卷28页。

八月十九日（10月10日），向讦谟在日记中还记载："本日方、王诸人至步、辎、工、炮各营效苏秦之说法，（苏秦，系战国时谋略家，游说六国合纵抗秦的策划者）以鼓吹众兵士于今夕起事。"

1912年9月10日，湖北陆军测绘学堂革命党人朱次璋、彭果在呈交湖北革命实录馆《测量局起义事略》一文中有如下记载："遂举代表方兴、朱次璋、甘绩熙、李南星、宋汉铎、李华模、范义侠、陈定元、王仲烈、田化龙、朱树烈、肖鸣鹤等，竭力联络。"[1]

1946年，湖北陆军测绘学堂革命党人朱树烈著《回忆武昌首义》，文中有如下记述："于是测绘同学方兴、朱次璋、李荫寰、李华模、郑雄飞、刘绁焜、萧鸣鹤、范宗文、张宗巡、甘绩熙、唐润明和陈锦童等，均担任临时联络。惟方兴，方志学留有发辫，军警盘查，可资掩护，脱去制服，穿着长衫，整日在外奔走，联络各营同志。测绘学堂监督詹桂珊，昼则到督署告密，夜晚到堂稽查行动，态度张惶，种种表示本堂同学均有嫌疑。全体同学照常上课，阴则听候消息，准备动作。十九日夜晚，仍燃烛自习，并高声朗诵，以待城外举火之兆。"[2]

1912年9月10日，朱次璋、彭果所记载，分赴各营联络起义者姓名中与1946年，朱树烈所写回忆录中所记姓名互有交集者有方兴、朱次璋、甘绩熙、李南星、李华模、范义侠、陈定元、朱树烈八人，佐证向讦谟日记所记七八人参与发动起义史事真实可靠。

1946年，朱树烈在回忆录中所述"以待城外举火之兆"，忆及当年传令城外点火之后，返回学堂上晚自习时急切地等待城外举火的心理状态，表明方兴与黄元吉共同商议决定举火为号发动起义。因步、辎、工、炮各营驻地位于武昌城外塘角，史称塘角点火为号，泛指辎、工、炮各营点火。

上述史料尚未言明方兴等湖北陆军测绘学堂革命党人往步、辎、工、炮各营采用什么方法传达起义命令。从以下几则收到命令者所写史料可以印证方兴带领湖北陆军测绘学堂革命党人前往步、辎、工、炮各营传

1. 见《武昌起义档案资料选编》上卷99页。
2. 该文载于《辛亥革命与沔阳》57页。

达命令的内容和方法。

方兴发动武昌起义史料依据三

孙武等为湖北共进会混成协十一标炮队总代表蔡鹏来撰写《蔡鹏来革命事略》一文中，有以下记述：

“而十九日晨，城门闭，严拿党人，内外消息不通。炮队营本驻武胜门外，君时在营，如蚁缘磨，彷徨无措。十时城开，而彭、刘、杨三烈士遇难之噩耗至。君斯时，握拳透爪，背裂齿碎，血泪俱下，愈痛恨于机关部党员迟疑之误事。下午四时，有人假君母送衣至。君知有异，亟检视，则小纸条上书‘今晚决动’四字。知为党中命令，急与辎重队正代表李鹏升、副代表王允中商议举事时进攻方法。以辎重先发，炮队放火张声势，遥为城内各部之援应。约定时刻，分路行事。晚九时，辎重枪声动，君急倾煤油，焚卧具帐幔。风助火烈，各营同志整队而出，而甘为满奴之营中官长，早闻风扬。遥望城内及南关外，各处火光冲天，枪炮声隆隆不绝，知党员已同时俱发矣。”[1]

这一则史料记述，八月十九日（10 月 10 日）下午四时，蔡鹏来收到有人以他母亲的名义送来一件御寒用的衣服。蔡鹏来心想中秋节刚过，天气不十分寒凉，此时有人送衣来其中必有缘由，急忙在衣服中搜寻，发现衣中夹带一张小纸条，纸条上写着“今晚决动”四字，蔡鹏来立即明白这是孙武命令。蔡鹏来立即找到李鹏升、王允中共同商议完成点火发动武昌起义的策略，及时点燃信号之火。

辛亥年八月初三（1911 年 9 月 24 日），方兴与蔡鹏来同期出席孙武主持召开的军事会议，知道蔡鹏来系湖北共进会炮队代表。孙武在军事会议上曾命令蔡鹏来协助李鹏升点火发动武昌起义。方兴出席军事会议又参与战术筹划，详知各标营革命党负责人姓名，给炮队的命令只有送达蔡鹏来处才会行之有效。于是湖北陆军测绘学堂革命党人采用送寒衣的方法将孙武命令传达到炮队蔡鹏来手中。

同盟会会员、工程十一营前队正目黄恢亚在《黄恢亚起义前后事迹》

1. 见《武昌起义档案资料选编》下卷 37 页。

文中记述：

“八月二号会议，奉孙君武命起义时，即当占领武胜门以资防范。亚即与方君兴、邓君炳三暨辎重十一营代表李君鹏升联络。但此时军队戒严，查拿吃紧，亚置生死于度外，每日私出营门，往返于各机关处，以通声气。八月十八日，营中奉协统命令，将所存子弹均缴于协部存储。辎重十一营代表李君鹏升请亚至该营商抢子弹，亚即力阻。现时城门紧闭，声气不通，尚有掣肘，我辈之血虽流，与事无济。并预定于起义之日，即命亚营、刘君复汉与城内各营里暨各机关处通知，定于十九日举事。至十九日下午一点钟，城内来信以火为号，并命亚处等营由大东门进攻，有四十一标接应。六点钟时，李君鹏升请亚至该营筹划，实时发表拟定辎重先发枪声，燃烧营房，冲至亚营，同击十一标炮队。亚即回营通知同志准备。旋闻枪声，亚知辎重已经发动，即将一排一棚燃烧。随带同志与辎重会合冲锋至炮队。”[1]

工程十一营同盟会会员黄恢亚所著《黄恢亚起义前后事迹》文中称“八月二（应为初三）号会议，奉孙君武命起义时，即当占领武胜门以资防范。亚即与方君兴、邓君炳三暨辎重十一营代表李君鹏升联络”。由此可知方兴与黄恢亚在八月初三军事会议上以及会后为发动武装起义相互联络不断，方兴熟知黄恢亚系工程十一营革命党重要领导人。

10 月 10 日（八月十九日）这一天，黄恢亚困于营中在声气不通境况之下，于十九日下午一点钟，收到城内来信以火为号发动起义之命令，指令黄恢亚处等营由大东门进攻，并附有四十一标接应黄恢亚入城的策略安排，黄恢亚深信不疑此命令由孙武发出。

1912 年 9 月 23 日，辎重十一营共进会副代表王允中呈交湖北革命实录馆《王允中事略》一文中有以下记述：“途次，适遇四十一标代表余君凤斋，遂相密约，勿论城内外，先发难者，皆以举火为号。议毕，迅速归营，鼓励同志，准备起义。当晚近七点钟时，罗全玉首发一枪，全营哗然。（王允）中即将军装房之子弹一箱抢出，分发同志，使杜君昌廉于草堆上举火，邀约工程十一营及炮队十一标一营出发。时该两营均无子弹，故随队者颇

1. 见《武昌起义档案资料选编》中卷 617 页。

属寥寥。（王允）中恐该两营中变，前来反抗。乃与同志李元盛等四人，将炮队之中队营房燃烧，使之溃散。”[1]

1913 年 3 月 27 日，佚名仆者呈交湖北革命实录馆《辎重十一营革命略史》中有以下记述：“六时五分，代表（李鹏升）只得派罗全玉发一号枪（以备打死郭排长为两便），全营同志蜂拥集合（幸是枪一发，而民国从是声一响而专制倒矣），入军装房抢子弹一箱，烧燃马草马房，以为发难火号。”[2]

《王允中事略》和《辎重十一营革命略史》文中共同认定辎重十一营罗全玉首发号枪以及点燃马棚史事，表明这一史事真实可信。《辎重十一营革命略史》记述“烧燃马草马房，以为发难火号”和《王允中事略》记述“先发难者，皆以举火为号”这两则史料互为佐证，确认纵火为号发动武装起义事实。

炮队、工程营、辎重营相关史料表明革命党人蔡鹏来、黄恢亚等收到“今晚决动”“城内来信以火为号”的命令后，立即与辎重营李鹏升、王允中商议由辎重营罗全玉先发号枪，塘角各营按 9 月 24 日军事会议上孙武制定的武装起义战略计划，由辎重、工程两营首先纵火，向各营发出起义信号史事真实可信。

上述二、三两则共七条相互佐证史料，阐明方兴组织湖北陆军测绘学堂革命党人到塘角炮队、工程、辎重各营传达今晚必动，以火为号发动武昌起义命令事实；炮队总代表蔡鹏来、工程十一营黄恢亚二人，收到以火为号发动起义命令事实，以及受命后立即组织实施孙武制订的以火为号发动起义的战略方案，辎重营先发号枪，辎重、工程和炮队三地闻枪声后点燃武昌首义之火事实。

方兴发动武昌起义史料依据四

英国传教士计约翰在 1911 年 10 月 10 日星期二日记中有以下记载：“晚上 7 时过后不久，武昌城内可以看到三处火光，江边传来嘈杂的枪声。

1. 见《武昌起义档案资料选编》中卷 174 页。
2. 见《武昌起义档案资料选编》上卷 55 页。

根据汉口的一切已知情况，江对面似乎已爆发了革命。……不过，有一点可以肯定，英租界对面设在炮台上方的整个军营已被烧毁。”[1]

1876 年，英国传教士计约翰被苏格兰圣经会派来中国传教。1911 年 9 月 30 日至 12 月 3 日，计约翰居于汉口，坚持写日记，记录在武汉地区所见所闻。《辛亥革命日记》所记见闻时阈二至三天，记忆丢失较少，准确度较高。1911 年 10 月 10 日，计约翰在日记中所记城内三处火光，应为黄元吉组织三十一标点燃信号之火，江边传来嘈杂枪声应为坛角打响的枪声，炮队军营营房被烧毁应为蔡鹏来点燃。

1911 年 10 月 16 日，法国驻华公使馆武官高拉尔德呈交法国陆军部报告中有如下记载：“10 月 9 日夜间在汉口和武昌有一些革命者被逮捕，其中三名立即被斩首。第二天晚上武昌爆发了起义。步兵、工程兵和辎重兵大概还有一部分炮兵在兵营里放火并冲向总督衙门。”[2]

1911 年 10 月 16 日，法国驻华公使馆武官高拉尔德呈交法国陆军部报告中记载“工程兵和辎重兵大概还有一部分炮兵在兵营里放火并冲向总督衙门”与计约翰在 1911 年 10 月 10 日星期二日记中所记史事相互佐证，确认炮队营房点燃信号之火史实。

熊秉坤造送《方光弼（即子衡）》，（方光弼系工程第八营左队兵士，由任振刚介绍加入共进会）文中有“十九日，命光弼与同志等守楚望台。下午四时，得内机关定于七时起义，以坛角火起为号。至时，果见是处火发，光弼与本营同志齐集楚望台，炸开军械库，得子弹，火药甚多”。[3]

10 月 10 日，计约翰的日记，法国驻华公使馆武官高拉尔德呈交法国陆军部报告、1913 年工程第八营左队方光弼所写回忆录，这三则史料相互佐证，构成塘角点燃武昌起义信号之火之史实。

综上所述，有方兴带领湖北陆军测绘学堂革命党人前往武昌城外步、辎、工、炮各营，以孙武的名义号令各营点燃信号之火发动武昌起义的史事；又有炮队收到今晚必动的命令、工程营收到以火为号的指令史事，

1. 见 1989 年，由中国社会科学院近代史资料编辑部编《近代史资料》总 72 号 110 页。
2. 见《辛亥革命史资料新编 7》354 页。
3. 见《武昌起义档案资料选编》下卷 128 页。

以及坛角辎重营李鹏升（系孙武指令点火者）请工程营黄恢亚至辎重营商谈作出由辎重营先发枪声，枪响后工、辎、炮各营点火的决策。以及罗全玉打响第一枪，王允中使人在辎重营点燃首义之火，继而工程营、炮队亦点燃大火事实；以及朱树烈亲历传令坛角点火后，返回学堂上晚自习时，以待城外举火之兆的心理状态表述；英国计约翰的日记、法国武官高拉尔德的报告和方光弼早期记述共同确认坛角大火引发武昌起义事实。

这些史实证明方兴带领湖北陆军测绘学堂革命党人传达了今晚必动，以火为号之命令。以火为号发动武装起义的战略方案系孙武所制订，各营革命代表收到此命看到城内外火光冲天认定孙武发出了起义命令，立即带领兵士冲出营门各赴战场。

信息传递与武昌起义成功之辨析

据邓玉麟口述佚名者所撰写的《邓玉麟革命小史》记载："君（即邓玉麟）愤懊异常，念事机艰难，泪如雨下。信步至南湖阅马场，遇孟华臣。骇曰：邓君何泪为，城中有函至。君取函视，则城中得信后，准十一时起事，并首先发难之函也。君喜过望。……既入，即招蔡汉卿、艾良臣、何少山等，告以十一时工程营发难，各同志务饱餐，武装，佯卧以待时，至响应，并授以种种办法而散。"[1]

涂维扬撰写《蔡汉卿事略》中有以下记述："先生（即蔡汉卿）曰：'英雄举事，非万全不发。今布置未备，遽尔暴动，如败，吾族无遗类矣。请少安勿躁，若事泄，推于余一人之身。'众遂止。先生乃得从容计划，渐就妥善。十八日，彭、刘、杨三义士遇害，咸拟于该夜起事，因防范严密，城内外不通音问，故未果。十九日，事势益迫，同议发临时起义豫令。先生开举数条云：下午十一点钟攻城，一点钟各军标至中和门内楚王台附近集合。……时工程营已据楚王台，派人至城门欢迎炮队。既入城，分途并进。先生同诸同志携炮四尊，经过通湘门，拟由大东门至蛇山，途遇四十一标三营右队兵士，未得起事缘由，排枪猛击，均避去。先生独身拾子弹，毫无惧容，该队将炮夺去，谢荻南返夺炮转，与先生暨同事等至楚王台。

1. 见《武昌起义档案资料选编》中卷 226 页。

时孟发成等所带之炮已至蛇山。先生亲检炮弹，上引信底，与蛇山炮同轰伪督署，瑞澂遁。”[1]

张鹏程，恩施人，系二十九标一营兵士，文学社社员，1913年5月26日呈交湖北革命实录馆《张鹏程事略》一文中有如下记述：“至十九日下午，伪队官吴长怀派程等守通湘门，途接事务所暗号，乘晚举义。六点钟，工程队同志首先起义，本协亦同时响应。程亲率三十标同志驰往楚望台领取子弹。各营同志在楚望台者，皆忙迫无措，不知计将何出。……程思非借炮队之力终难成事，遂率同志驰往南湖，约炮队入城，声势为之一振，附和者乃益众。”[2]

以上史事证明武昌起义成功与发动起义的信息传递高度相关。有了城内工程营十一时起义的信函，邓玉麟才部署蔡汉卿作好起义准备，有邓玉麟的指示，蔡汉卿才草拟炮八标十一时攻城方案，部署炮兵准备进城攻打督署；张鹏程收到起义信息才率三十标至楚望台，继而出城欢迎炮八标。炮八标进城后迅速在楚望台和蛇山高地架炮轰击督署，督署被轰毁，武昌首义成功。《邓玉麟革命小史》和《张鹏程事略》中所述信函传递，足以证明起义信息传递是武昌起义成功真正的动力。

结语：

在人类历史长河中始终存在权力与服从关系。人类生产力处于初级阶段因生存需要形成各种群体，在生产活动或与邻近群体发生冲突时，群体内部需要协调配合，不得不服从某一个人的指挥，这种指挥服从关系便是原始的权力与服从关系。随着人类社会发展群体不断地更替，各类组织或社团纷纷成立。一个组织为了获得成功，这一组织群体中就会产生服从某一个人的心理取向，领袖就是这一群体公认的心理取向人格化。领袖负有指挥全体的权力，会众服从领袖指挥这一公约在组织之内业已约定成俗。各社团公推首领使人与人偶然的权力关系稳定下来集中起来，首领成为社团决策者指挥者。权力关系的稳定和强化，反过来使组织得到巩固以至强大，首领执掌权力由上而下发布命令，层层传达命令，更

1. 见《武昌起义档案资料选编》下卷23页。
2. 见《武昌起义档案资料选编》中卷414页。

有号召力、凝聚力，从而产生征服自然和战胜敌人的战斗力。

方兴假传孙武命令，因孙武自称系孙中山之弟，听从孙武之命令表达了领袖孙中山指挥武昌起义权威，号令武昌革命党人集合在孙中山旗帜下为实现驱除鞑虏，恢复中华，创立合众政府而奋勇杀敌。各营革命党人受命后，迅速传达党中起义命令，火速投入战斗的史迹表明方兴假传孙武命令发动武昌起义方法最有效。没有方兴假传孙武命令，火光骤起，也会误当失火；打响枪声，会误认为哨兵走火，众兵士将不闻不问。只有先有命令，众兵士受令以后，见火光而动，闻炸弹声而起，径直投入战斗，按中秋节起义预订方案配合默契各赴战场，历经数小时紧张有序战斗，以最小伤亡夺取武昌起义胜利。

熊子贞称颂方兴“兴以为不于此时乘机以图大事，过此以往益难，遂假传孙武之命令云：‘十九日晚十点钟，准备起义。’号召各营，是晚略定武昌，兴与有力焉。”确有实据，不属枉论。“是晚略定武昌，兴与有力焉。”方兴有力，力从何而来？方兴假传孙武命令发动起义所产生的号召力、凝聚力、战斗力，力从领袖孙中山所出。武昌城革命党人在孙中山领袖魅力驱使下，一夜之间夺取武昌起义胜利的史实，证明孙中山领导武昌起义的丰功伟绩当之无愧永不可没。

附注：

三十一标革命党人黄天骥在呈交湖北革命实录馆的《黄天骥革命事略》一文中有如下记述：

“辛亥五月，清命端方督办铁路，七月调三十一标赴川。田智谅谓天骥曰：‘我去，君须请假留守，与武昌同志克期举义。’八月十九日，方兴邀至工程营，入测绘学堂，至楚望台，占领子药库，攻督署不下。”[1]

据熊子贞所著《田智谅小传》记述：“田智谅，字竹青，一字煊臣，湖北长阳人也。”[2] 表明田智谅与方兴同属长阳人，既有乡党之谊，又有革命同志之情。

1. 见《武昌起义档案资料选编》中卷 607 页。
2. 见《武昌起义档案资料选编》中卷 290 页。

《方兴革命事略》记述："庚戌冬，考升测绘学校。其后累与田智谅、黄天骥、雷振声等至黄斌家集议，鼓吹民族主义进行方法。"[1]

湖北陆军测绘学堂革命党人黄斌在呈交湖北革命实录馆的《黄斌革命事略》一文中称："黄斌字瑶甫，湖北汉川人，两世居省垣。为人浑厚智谋，尤善辞说。方兴、田智谅、雷振声等经营革命，倚为左右手。诸同志尝秘密会议于其家。"[2]

邓玉麟革命小史记载：田智谅代表三十一标出席9月24日，中秋节武装起义军事会议。[3]应与方兴有交流。

以上几则史料表明武昌起义前，方兴与三十一标革命党人早有联络。据三十一标革命党人黄天骥所述："八月十九日，方兴邀至工程营。"表明八月十九日，方兴曾到三十一标营地联络起义之事。但尚缺细节史料佐证1911年10月10日，方兴直接参与发动三十一标留守人员于夜八点钟举行起义之史迹，仅凭黄天骥一人所写，难作定论。

武昌起义时城内点燃三处大火

1. 见《武昌起义档案资料选编》中卷207页。
2. 见《武昌起义档案资料选编》中卷625页。
3. 见《武昌起义档案资料选编》中卷222页。

策划共抢楚望台

1911 年 9 月 24 日军事会议上，孙武部署：

“八镇工程第八营熊秉坤担任占领中和门内楚望台军械所。右旗八镇步队二十九标、三十标蔡济民、杨宏胜，测绘学堂方兴，率队响应与工程第八营会合于楚望台，协同进攻总督署。”[1]

1911 年 10 月 10 日（八月十九日）武昌起义爆发后，湖广总督瑞澂向朝廷报告武昌起义启始态势电文中称：

“其时，瑞澂即督同张彪、铁忠、王履康分派军警，随地布置，并由张彪及协统黎元洪率带马步共三队往保军械局，乃迭据探报，我军大半意存观望，均不得手，统制、协统命令亦多不行。”[2]

1913 年 2 月 15 日，佚名所写《纪堪颐革命事略》文中记载：

“纪堪颐得掌湖北全省军械重权，每自窃喜：据此要津，可为革命一臂之助。其时，省城各库所储兵工厂制造之步枪二万八千余支，弹子一千七百余万颗，五生七山炮百余尊，日本三十年式七生五野炮山炮共四十余尊，机关枪十余尊。此外尚有各国旧式前膛枪炮，不计其数。惟外国武器弹药不多，枪弹更为缺乏。辛亥三月，广东义军举事，清湖北襄阳提督张彪，派工程一营轮流守库，并欲加巡防一营。此时，纪堪颐已与义军暗表同情。惟恐旧军不知大义，致生阻碍，乃力阻添派旧军，措词曰：‘旧军之军纪风纪与新军不同，教育亦异，万难协力，尚恐别生事端’云云，其事始寝。故八月十九日之夜，我军未放一弹而得完全占领军械库者，乃纪堪颐阻派旧军之暗助也。”[3]

孙武把抢占楚望台军械库作为武昌起义首要战略任务。

武昌起义爆发后，瑞澂深知楚望台军械局十分重要，下令张彪及黎

---

1. 见张难先著《湖北革命知之录》247 页。

2.1979 年 5 月，由上海人民出版社出版，上海新华书店发行《辛亥革命前后》（盛宣怀档案资料选辑之一）一书。该书 182 页。

3. 见《武昌起义档案资料选编》中卷 421 页。

元洪率带马步共三队往保楚望台军械局，瑞澂坐镇督署几番派人搜集战况，各方信息表明楚望台军械局未战先失，瑞澂只得逃之夭夭。

纪堪颐系纪晓岚后裔，辛亥首义前任军械科一等科员，掌握管理湖北全省军械重权。文中所列军械库所存武器数字，证实楚望台军械库实属战略要地。第八镇统制张彪就此地安危，有加强兵力防守动议，但尚未实施，武昌起义爆发。《纪堪颐革命事略》文中称起义军未放一弹而得完全占领军械库。此说并非一人之言。

以上三则史料表明楚望台军械局系危及交战双方生死存亡之战略要地。

1913 年 3 月 24 日，熊秉坤亲手造送，呈交湖北革命实录馆的《前工兵八营革军第一正队四支队长任振刚（即正亮）》一文中，提供以下证据：

“附记证据如左，陆军部顾问官方君兴，系介绍革命，共患难，共运动，共抢楚望台倡义者。”[1]

马荣、罗炳顺和任振刚三人属于工程第八营左队革命党代表。1912 年 6 月，湖北革命实录馆征集史料时，因马荣和罗炳顺在战场上先后牺牲，方兴倡议工程第八营左队共抢楚望台知情者只有任振刚一人在世。任振刚在《前工兵八营革军第一正队四支队长任振刚（即正亮）》的正文之后附记以上证词。证词表明方兴到工程第八营左队部署了共抢楚望台战术方案。

熊叔恒著《周定原事略》中记载：10 月 10 日，“马君司忠出营传信缔约至十九日晚八点钟，后队兵士将整装准备。”[2]

周定原时任工程第八营左队司书生，湖北共进会会员。10 月 10 日这一天，周定原随工程第八营左队轮值驻防楚望台军械局，系马荣外出知情者。

《周定原事略》文中所述：马君司忠出营传信缔约至十九晚八点钟。文中所指马君司忠即马荣。这一史料表明十九日（即 10 月 10 日）晚八点钟以前，马荣外出与人缔约一事。虽未谈及马荣缔约翔实内容，

1. 见《武昌起义档案资料选编》下卷 111 页。

2. 见《武昌起义档案资料选编》中卷 500 页。

但从马荣实施抢先占领楚望台之行动，以及任振刚出示方兴系共抢楚望台倡议者的证词，佐证方兴与马荣就共抢楚望台军械库战略方案有过交流。

1913年3月24日，熊秉坤造送《方光弼(即子衡)》中记载:“十九日，命光弼与同志等守楚望台。下午四时，得内机关定于七时起义，以坛角火起为号。至时，果见是处火发，光弼与本营同志齐集楚望台，炸开军械库，得子弹、火药甚多。”[1]

方光弼系工程第八营左队兵士，由任振刚介绍加入湖北共进会，武昌起义前在任振刚组织之下，联络会员，为推翻满清王朝操练杀敌本领。1911年10月10日（辛亥年八月十九日），方光弼驻守楚望台军械库。所记“果见是处火发，光弼与本营同志齐集楚望台，炸开军械库，得子弹、火药甚多”之事，属于方光弼亲历亲见之事。佐证方兴与马荣缔约一见坛角火起，立即抢占楚望台军械库的详实内容。

1913年3月24日，熊秉坤造送《阵亡敢死队副队长，前工兵八营一正队四支副长马融传》中有如下记载:“溯去秋八月起义之时，其所急需者，首在子弹。即率同志往劫火药库，至则融已占先。”[2]

熊秉坤在《前清工兵八营革命实录》中有如下记述：“遂不过问，往夺军械所。未至，即闻我工兵左队代表罗炳顺、马世忠（即马荣）时已占据。”[3]

以上几则史料相互佐证表明1911年10月10日晚八时以后，马荣部署左队革命兵士一见火起，没打一枪，没投一弹率先抢占楚望台军械库史迹。

1912年4月10日，孙中山到武昌调研武昌首义战迹，参观首义之地楚望台，视楚望台为辛亥革命之圣地。孙中山游览楚望台各个战地，对抢占楚望台英雄们表示敬意，孙中山在楚望台发表演说：“民国成立，咸享幸福。推究端源，皆诸君子义同袍泽，首复武汉所致。鄙人躬逢斯盛，

1. 见《武昌起义档案资料选编》下卷128页。
2. 见《武昌起义档案资料选编》下卷51页。
3. 见《武昌起义档案资料选编》上卷29页。

荣幸实多。”[1]

首肯工程第八营左队全体人员抢占楚望台为推翻君主专制，创建共和政体立下元勋之功。

工程第八营左队系方兴组建的革命团队。1910 年，在方兴策动之下袁树楠介绍马荣加入群治学社，群治学社改振武学社后，方兴任振武学社工程第八营标代表，马荣任振武学社工程第八营营代表，振武学社改文学社后马荣担任文学社工程第八营营代表，仍接受方兴指挥。1911 年 4 月，方兴介绍任振刚加入共进会，任振刚担任湖北共进会工程第八营左队代表，发展会员三十九人。

1911 年 9 月 24 日，方兴以湖北共进会湖北陆军测绘学堂代表身份，马荣以文学社工程第八营营代表资格，同时出席军事会议。会议中方兴与马荣有过交流。

武昌起义军事会议后，方兴参与筹划武装起义战术方案历时半月之久，对武昌起义全局战略成竹在胸，对战局变化了如指掌，准确地预见楚望台之战系武昌起义胜负关键之役，为起义成功，减少伤亡必须率先抢占楚望台军械库。

1911 年 10 月 9 日（八月十八日），孙武在汉口制造炸弹失误，各标、营长官奉命收缴子弹，将炮身、炮闩、炮弹分开存放严加管理。起义兵士有枪无子弹，有炮无闩没炮弹，不率先抢占楚望台军械库，武昌起义何以为成功之道。

1911 年 10 月 10 日，恰逢工程第八营左队驻守楚望台，正是天时、地利、人和三位一体之时，方兴当机立断指挥工程第八营左队兵士率先抢占楚望台军械库。

10 月 10 日（八月十九日）晚八点钟以前，方兴指使马荣组织左队兵士把守要害，方兴在工程第八营左队当过兵，多次参与驻守楚望台军械库，对楚望台各要害节点了如指掌。嘱咐马荣一旦塘角火起，立即抢占楚望台军械库。

马荣回到楚望台，按方兴策划方案分兵把守楚望台要害之地。一见

1. 见《湖北文史资料》1988 年第一辑 29 页。

坛角火起立即率先抢占楚望台军械库，建造起革命军大本营营地，供给各路起义军充足的枪支、弹药、山炮、野战炮和炮弹，革命军枪炮声以压倒之势致使清军官长逃逸，工程第八营左队率先抢占楚望台掀翻了皇权专制覆灭的第一张多米诺骨牌。

工程第八营左队抢占楚望台军械库旗开得胜史迹，彰显方兴多谋善断指挥若定为夺取武昌起义成功立下不可磨灭的功绩。

工程第八营左队名录

1911年10月10日（辛亥八月十九日）晚八时半，方兴倡议英雄团队——工程第八营左队，没放一枪，未投一弹成功地抢占楚望台，首开武昌起义胜局，构建起武昌起义大本营营地，推倒了覆灭皇权专制第一张多米诺骨牌。工程第八营左队每一位英雄的名字都应当铭记史册。

工程第八营左队名录

左队官：吴兆麟

排长：邝杰、安鸿胜、曹飞龙

司务长：黄楚楠

司书生：周定原

方兴（积劳身故）、马荣（阵亡）、任正亮、袁世忠、罗炳顺（阵亡）、袁凤山、涂福田、唐金胜、熊国斌、张玉山、罗维坤、陈振鹏、孙元胜、李志祥、余金胜、陈有耀、熊志明、夏国胜、王金元、朱贵廷、管凤亭、刘金廷、陈洪胜、戴洪勋、江柏南、张辉煌、王正祥、张自强、岳少云、石长盛、向福生、吴保雄、吴瑞卿、曹定国、胡占魁、詹幼愚、杨云开、黄保臣、黄荣贵、江春廷、朱振鑫、陈兆峰、舒正黄、葛先佑、周彩眉、李家堤、陈润山（阵亡）、肖道生、夏春霆、陈松亭、吴勋元、吴贵林、周翊权、詹焕章、郑金凯、彭夔卿、张国南（阵亡）、周荣堂（阵亡）、罗维翰（阵亡）、涂鸿钧（阵亡）、陈龙、万振汉、张金榜、贺世新（阵亡）、肖桂林、程占鳌。

该名录摘抄曹亚伯著《武昌革命真史》（下），附录四页。

1911 年 10 月 11 日武昌起义成功后兵士在楚望台合影

引爆武昌起义

《湖北革命实录长编》中两份调查报告

1912 年 6 月至 1913 年 8 月，湖北革命实录馆编辑《湖北革命实录长编》八册，第一册中辑录了以下两份调查报告，现全文刊载于下。

第一份调查报告：

“八月十九日下午九时，工程第八营左队营中忽有炸弹声、喧噪声同时猝起，以同心协力为暗号，掣下肩章，左右各系白巾。督队官阮荣发、右队队官黄坤荣、排长张文涛等出阻即被众兵枪毙。后队队官罗子青降顺。此外，步兵二十九、三十两标杀毙管带二人、排长二人、队官一人。旗兵在楚望台被杀者，三十余人。各兵中复互相击毙，不计其数。九时半，趋火药库劫取子弹。而十五协兵士已同时齐集大操场，随带子药与工兵联合。协统王得胜飞电张彪，张计无所出，置之不答，私由后营逃回公馆。该协各官，亦均逃散。工兵等既劫火药库，毙守库兵士后，悉运子药至蛇山下阅马厂咨议局旁，即大呼趋督署。督署本有马队防护，互击约五十分钟，马队见工兵势盛，亦与联合。营官有逃走者，有降顺者。自十时半，炮队八标即架炮三尊于蛇山高处高观山，正对督署。至四时，装开花钢弹轰毁督署头门及督练公所屋一间、藩署号房二间，并乾记衣庄、不夜茶楼邻近二十余家，直至十一时始停。二时半，夺据军械所。

“陆军猝变，大事已起，然九时至十二时，尚未得一首领，众议以第二十一混成协协统黎元洪为鄂军都督。

“是夜十点钟，省城站岗警兵逃避一空，岗位警兵及宪兵被杀数十人。凡巡警岗位及城门，均由革命军驻守，居民仍可出入，惟须盘诘数语。苟为旗人，即被拘或被杀。黎都督传令，不准在城内放炮，免伤平民；又传令，不得妄杀满人。一面派兵守藩库、官钱局、储蓄银行、度支公所、财政处。总督瑞瀓、藩司连甲、统制张彪，均于午前弃城而走。于是，武昌省城遂为革命军占领”。[1]

第二份调查报告：

“辛亥八月十九日，湖北革命党起义，因连日各秘密机关破露，志士多罹法网，捕拿紧急，不可终日，于是，不能不待布置完密而欲急一发。先是，各同志约定工程营首创，各营回应，攻走满吏，建设军府。以掣下肩章，袖缠白布为记别，以‘同心协力’为口号。下午九时，工程营营中忽然炸弹爆发，军士鼓噪，督队官阮荣发等阻止，即被枪毙，军士蜂拥而出。二十九、三十两标，同时杀毙阻挠革命之长官。九时半，共趋楚望台劫取子药，当击杀旗兵数十百人。自后遇旗人即杀。十五协亦与工兵联合，协统王得胜用电话通知张彪，张计无所出，由镇部逃回公馆。该协官，亦均逃散。于是工兵猛攻督署，一面派人开起义门迎炮队入城，驾炮高观山，对正督署，时已十时半。至四时，装开花钢弹。轰毁督署头门及署内督练公所等处。直至十一时始停炮。二时半，夺据火药库、军械所。但此时大事虽定，统率无人，不便进行，群推混成协统黎宋卿为鄂军都督，假湖北咨议局为总司令部所有一切要事，均在总司令部会议执行。都督下令，停止放炮，免惊居民，并令不得妄杀满人，派兵守护各要处。总督瑞瀓于事前逃避楚豫兵轮。藩司连甲，起事逃去。张彪于大事将定时，托故出城，渡江匿居租界，被逐，拥残兵居刘家庙。”[2]

1. 见《武昌起义档案资料选编》下卷620—621页。
2. 见《武昌起义档案资料选编》下卷621页。

《湖北革命实录长编》的来龙去脉

1911年10月10日武昌首义成功，结束了君主专制统治中国的历史，树立起中国历史上社会巨变里程碑。武昌首义成功，创建起亚洲第一个共和制国家，武昌首义在世界历史上也落下重重一笔。武昌首义成功是湖北革命党人的光荣，是湖北人民的骄傲。

1911年10月10日晚九时，工程营响起炸弹声，武昌首义爆发。10月11日，湖北军政府成立，湖北成为全国革命中心。10月12日，黎元洪在就任都督首次训话中首肯"各省党人联络已有成效，响应成约自无问题"。10月15日，谭人凤、居正从上海到达武昌，在农务学堂开会，主张促使全国各省响应武昌起义。10月22日，湖南新军、会党响应武昌起义，宣布独立。陕西新军起义，次日宣布独立。10月29日，山西太原新军起义，成立军政府。10月30日，昆明新军起义，11月1日成立军政府。

"11月9日，湖北军政府正式公布《中华民国鄂州临时约法草案》，通电各省，请派代表到武昌组织全国统一的临时中央政府。11月27日，成都宣告独立，成立大汉四川军政府。11月30日，各省代表集会汉口英租界，推谭人凤为议长，筹组中央临时政府（共有11省，代表22人），在第一次会议上，议决：在临时政府未成立之前，由湖北军政府代行中央军政府职权。

"12月2日，江浙联军攻克南京。12月3日，汉口各省代表会议正式通过临时政府组织大纲，议决临时政府改设南京。5日，在汉各省代表议决，如袁世凯反正，即公举为大总统。6日，各省推黎元洪为大都督，对外代表各省，黎元洪分电各省推2名代表来鄂开会，组织中央政府。12月25日，孙中山从海外回到上海。29日，在南京的各省代表会（17省，45人，华侨2名代表列席会议）选孙中山为临时大总统。

"1912年1月1日，孙中山在南京宣誓就任中华民国临时大总统，庄严宣布中华民国成立。3日，黎元洪当选为副总统。1912年2月12日，清朝最后一个皇帝溥仪宣布退位。

"1912年4月10日，孙中山访问湖北，历时五天。孙中山参观武昌首义地楚望台，游览奥略楼。当日孙中山在鄂军都督府欢迎大会上发表致辞："民国成立，咸享幸福。推究端源，皆诸君子义同袍泽，首复武汉所致。鄙人躬逢斯盛，荣幸实多。"并演讲《自由之真谛》。

"4月11日，孙中山又在演说中说：'武汉首义，阳夏鏖兵，诸君子惨淡经营，既已推翻满清，达平时种族、政治均待革命之目的。今之团体发达，种种自由，固属莫大之幸事。'"

"1912年4日12日，袁世凯电商黎元洪，请孙武、蒋翊武、刘公、张振武、黎澍、李春萱、刘仲文、蔡济民、方兴、杨玉如、阮毓嵩等16人赴京，拟分派往总统府任职。

"1912年5月4日，湖北蒋翊武、李春萱、张振武、刘公、方兴、黎澍等十一人，应征赴京就职。"[1]

1912年6月16日，为了及时地真实地记录湖北革命志士发动武昌起义和阳夏鏖战历史，由孙武和张振武倡导，经时任中华民国临时副总统兼湖北省都督黎元洪批准，在汉口英租界普海春菜馆设立湖北革命实录馆。由武昌首义亲历者，时任湖北军政府总稽查部总稽查谢石钦任馆长，苏成章任副馆长，总纂王葆心，调查长康秉钧，调查员六人，聘请蔡济民等八十九人担任义务调查。

该馆拟订了《湖北革命实录馆办事规则》，开宗明义："本馆修史，先行调查材料。""纂修当世接近时代之史，如司马光之修《资治通鉴》、李焘之《续通鉴》，莫不先立长编，再行删取，始为成帙。""非有宁繁无略之长编，何以为择精语详之蓝本。""不先立长编难收尽美尽善之功。"[2]

为此，湖北革命实录馆专门拟订《拟纂辑湖北革命实录长编例言》全文如下：

一、湖北革命事实，繁赜闳巨，较他行省记载，措手稍难，故先当纂辑长编，以清眉目，以挈纲要。

---

1. 见《湖北文史资料》1988年第1辑，《北洋军阀统治时期湖北大事专辑》第9至30页相关内容。

2. 见《武昌起义档案资料选编》下卷576、577页。

二、长编宁失于繁，勿失于略，故近日公私书报函牍电文，皆钩稽截写旁午而诠次焉。大小并陈，以俟论定。盖金银铜铁揽作一器，是非异同悉汇一录焉。

三、长编以日为纲。当湖北未破坏以前，诸志士密谋隐计，历事进行，其机关部皆有各种报告册子，此编即以为依据。起义以后，事实昭然，按日缀列，暂不分门，以省顾此失彼之虞，免入甲出乙之忧，即不解文字义例，亦可从事。

四、长编系日，兹定以中华民国公报为底本（公报起义后即在省垣开设，居处较近，时日或不讹舛。舆论以公报近数月稍不逮前，故前数月可依据），其间如南北纷争以及统一情形，再如楚内政之章程、外交盟约，荦荦大者，当无不具。其余如沪编汉辑各种坊本，悉附入录，以作补苴，或反借以补正公报焉。

五、各种坊本，皆仓促成书，或有为而作，未为实录，亦遽难衷其雅郑，裁其踳驳，长编援以入录，其先后进退，殊难划一。兹臆定以其书题名之字多少，为别录之先后（馆储各书宜先列一表以便循览）。

六、或一日之中，众事丛脞，则以其关系大者录于前，其余缘事审定次第焉。

七、或一事而分隶于二人三人，或甲种著录一人、乙种著录又一人，则以其人之姓名稍显或尚有他种革命关系别见者居前。或两人三人事实只此一见，则以年龄为区别，不悉其年则以姓定，以姓则暂沿许书偏旁部首之次第为系姓之次第（或竟以姓为断，点画多者，姓居于前，点画同者，稀姓居前）。

八、或其人其事众所共闻，而他书报所记绝不相蒙或非常可怪，出常理之外，长编亦未便概从芟薙，但于本日本事之后，低一格入录，以示区别，俟公决焉。

九、长编录写，字划悉照原本原文，不得用减笔、从俗写，每日写定后，归校勘逐一校对，以免讹夺，日后编修庶不至再清原稿，以省时日。

十、长编草卷厘成后，或用西人各种革命史体例，或参用中国纪事本末体例，俟总纂酌定。再选精于文字者，运以史裁，删削成书，斯或可以无憾。[1]

例言规则表明湖北革命实录馆辑录史料务实求真，包容异议，客观公正，严格行事。在辛亥武昌首义八个月后，湖北革命实录馆就组织专人开始调查核实材料，究事不究人客观公正地调查，依据例言规则编辑《湖北革命实录长编》，《湖北革命实录长编》是辛亥武昌首义发端之信史。

1913年7月，孙中山发动二次革命兴兵讨袁。因孙中山发动的二次革命失败，革命成了犯罪，《湖北革命实录长编》无法再修。

"1913年8月27日，黎元洪在解散实录馆的命令中，要求该馆将所有已办稿件交湖北都督府'转咨中央采择'。因馆长谢石钦因公入京，未能照办，只得将所有稿件封存在家。据前副馆长苏成章十月十二日给黎元洪的报告，苏在九月曾'为全馆职员要求照稽勋局湖北调查会例，请增给月薪一月外，川资洋五十元'，得到黎元洪'俟史稿交齐后核夺'的批语。苏成章'当即驰函北京，商之谢正馆长。未几，渠即遣人回鄂，自启封锁，邀成章到渠家中，检出所编史稿数百页。现已分订八册，特呈大府并转咨中央采入国史，实吾鄂省之光荣也'。"[2]

苏成章将《湖北革命实录长编》呈交黎元洪，剩余文稿仍由谢石钦保管。1913年12月11日黎元洪孤身一人离鄂赴京就任副总统。当年12月22日，黎元洪眷属合家抵京，1917年黎元洪移居天津。1928年黎元洪病逝于天津。从此《湖北革命实录长编》便深藏不露。

时至1982年5月，湖北人民出版社出版印刷《武昌起义档案资料选编》上、中、下三卷时，"本书下卷即将付排的时候，天津市历史博物馆允将该馆近几年收藏的《湖北革命实录长编》第一册收入本书，使我们有机会了解湖北革命实录绾的全部工作情况，谨向该馆表示感谢。由于我们收到《湖北革命实录长编》第一册时，本书上卷已经出版，中卷已经付排，下卷即将付排，只得将这部长编作为湖北革命实录馆的内部文件编入湖北革命实录馆始末编内；同时我们请天津历史博物馆董效舒、张树勇、张

1. 见《武昌起义档案资料选编》下卷583、584页。
2. 见《武昌起义档案资料选编》下卷618页编者按。

黎辉三位同志编辑整理了这部稿子，特此一并说明。1982 年 5 月 31 日”[1] 上述文字史料揭示了《湖北革命实录长编》第一册的来龙去脉。

七十年后，《湖北革命实录长编》第一册方与读者见面，剩余七册去向不明。《湖北革命实录长编》第一册中，关于八月十九日下午九时，工程第八营左队营中忽有炸弹声、喧噪声同时猝起，以同心协力为暗号，掣下肩章，左右各系白巾。督队官阮荣发、右队队官黄坤荣、排长张文涛等出阻即被众兵枪毙。后队队官罗子青降顺两篇相互佐证构成史实的记载，被尘封七十年后方露峥嵘。拂去尘埃依据史实还原历史本相是我们应尽责任。

工程第八营炸弹爆炸引发武昌起义有史有证

1912 年，三十标三营排长文学社社员沈春岩撰写《沈春岩事略》中记述：“十九日晨，张宅机关破，张廷辅被拘，营中相顾失色。晚六时，闻工程营炸弹声，各营无应者，知惮于先发。默计失此不图，后悔莫及，遂同正目彭纪麟大呼站队，各兵士蜂拥下楼，随赴军装房取给子弹，各队亦相继响应。岩即督队由营后门冲出，迳扑楚望台军械库，与工程营会合。”[2]

1912 年 10 月，由商务印书馆发行，郭孝成编《中国革命纪事本末》记载：“八月十九日夜九点钟，倏闻工程营左队营中喧噪炸烈，同时猝起”。

民国藏书家张篁溪撰写《光绪乙巳留日学生罢课事件始末记》《同盟会革命史料》《华兴会革命史料》《兴中会革命史料》《宗社党史料》《“苏报案”史料》等，这些书都具有很高的史学价值。

1924 年，张篁溪在北京编辑《辛亥革命征信录》一书，在自序中介绍：“武昌起义四方响应，参与是役者又多昔年同学少年，余逐日披读字林报，泰晤士报，大陆报，文汇报，分别录存，偶一展读，如温旧梦，曾几何时，今其人多为异物，雄图壮志，百不一遂，不仅如诵怀旧之赋，兴伤逝之难已也。中华民国十三年十月于北京左安门内新西里”。

《辛亥革命征信录》收录有二份报纸各自刊登辛亥八月十九日新闻：

1. 见《武昌起义档案资料选编》下卷 649 页后记。
2. 见《武昌起义档案资料选编》中卷 382 页。

一、“昨有自汉来沪者，询以鄂省起事情形曰，其详情非仓卒所能尽，今姑言其略耳。武昌官场自大获革党之后，以为党人巢穴，倾毁已尽，虽欲起事，必已无可藉手。故表面虽仍极力戒备，而中心颇觉泰然。至十九晚九时，新军猝变，药弹迸发，官场实未及料，瑞督在署骤闻变起，犹冀张彪尽力压平。”

二、“十九日革党被获之彭楚藩等三名斩决，十九日下午九点钟革军猝起，工程第八营右队炸弹之声不绝于耳，以同心协力为暗号，撤下肩章左手携一白布为记，当击毙督队一人，排长四人，兵士互相击毙无数”。[1]

《湖北革命实录长编》中二份调查报告、郭孝成编《中国革命纪事本末》记载和《沈春岩事略》中相关史料形成证据链，确立1911年10月10日晚，工程第八营炸弹爆炸声引发武昌首义史实。当年媒体报道十九日晚九时，“药弹迸发”“工程第八营右队炸弹之声不绝于耳”武昌起义爆发。这两则新闻报道虽不能作为史实依据，但这两则新闻史料可以佐证1911年10月10日晚九时，工程第八营炸弹爆炸声引发武昌起义史实确实可信。依此确认八月十九日晚九时，在工程第八营炸弹爆炸引爆武昌起义于史有据，确定无疑。

方兴投掷炸弹引爆武昌起义不是一家之言

1912年，曹亚伯回国返鄂入黎元洪幕府，赞襄机要。于1929年撰写《武昌革命真史》，该书正编《辛亥八月十九日武昌起义》一章中有如下记载：“遂传谕金兆龙为何如此？金兆龙曰：准备不测！陶启胜大怒，谓尔辈岂有此理。预备谋反，这还了得！立命左右与我绑之。金兆龙云：今日之事，乃我为政，今日之人，俱我同胞，谁也不能绑我。而程正瀛在后即用枪柄向陶启胜头脑猛力一击，脑即击破，立时倒地。同时该营左队兵士方兴潜在营外向营房掷一炸弹，响声大震，营房玻窗多为之碎。”武昌首义爆发。

居正是国民党元老，1911年武昌起义后，作为同盟会中部总会的代

1. 见中国近代史资料丛刊《辛亥革命》（五）185页。

表，以个人身份担任都督府顾问。居正是创办中华民国军政府鄂军都督府，以中华民国军政府鄂军都督府名义通电全国响应关键人物之一。系统揽武昌首义全局领导人，民国十八年（1929年），居正著《辛亥札记》中，记述：“方兴继投炸弹，全营惊起，争毙阮某，而难作矣。”因居正号梅川，1944年，将该书更名为《梅川日记》。[1]

1949年6月，黎乃涵（现名黎澍）著《辛亥革命与袁世凯》出版发行，该书时为新中国青年文库丛书之一。书中第25页有“夜晚七点钟。工程八营后队排长陶启胜巡查营房，与该排士兵程正瀛及该排副目金兆龙发生冲突。陶启胜被猛击倒地，正在一片喧闹混乱之中，该营左队士兵方兴偷偷在外向营房抛了一颗炸弹。大呼：‘集合！革命！’后队正目熊秉坤即率众赶出。该营代理管带阮荣发及右队队官黄坤荣、司务长张文涛拔刀阻止，立被砍杀。”

1984年香港《春秋》杂志分期连续刊载曹亚伯所著《武昌革命真史》，方兴投掷炸弹引发武昌首义史实重现海内外。

工程第八营公举方兴当营长

《方兴革命事略》中记述：“二十日，瑞澂、张彪遁，火督署，武、汉肃清。时孙武以制炸弹，伤头部，就诊汉口医院。兴往言，曰：‘昨假传公命令，兴之罪也！’孙武曰：‘子不闻将在外，君命有所不受乎！相时而动，子之功也，何罪之有！宜速返建设。’兴至武昌，工程营公举兴为管带。”[2]

《方兴革命事略》中明确记述辛亥年八月二十日（1911年10月11日）武昌起义成功后，方兴到汉口医院探望孙武。由此可知方兴与孙武交往甚密。孙武肯定方兴假传命令发动起义之功绩，要求方兴将革命进行到底。方兴回到武昌时逢工程第八营改组为革命军工程第一营，军政府决定由士兵们公举新管带（即营长）兵士们一致公推方兴为管带。

熊秉坤在《前清工兵八营革命实录》中有以下记述：“并二十、

1. 见《湖北文史》总第九十一辑152页。

2. 见《武昌起义档案资料选编》中卷207页。

二十一两日陆续收录投效新兵，改编为工程第一营。熊秉坤、徐兆宾、马荣等曰：‘工兵乃起义元首，似非本营素有声望之官长，恐难抵驭。’因同至咨议局，申请改委李占魁为管带，方兴副之。”[1]

上述文字，确认工程第八营兵士们在武昌起义第二天，公举方兴当革命军工程第一营营长事实客观存在。如果没有工程第八营兵士们公举方兴当革命军工程第一营营长事实存在，为何熊秉坤等三人同至咨议局，申请改委李占魁为营长，方兴副之。

根据《方兴革命事略》和《前清工兵八营革命实录》中，二则相互佐证史料，确立宣统三年八月二十日（1911年10月11日），工程第八营兵士们公举方兴为革命军工程第一营营长真实可信，构成史实。

1911年10月10日晚九时，方兴在工程第八营投掷炸弹引爆武昌起义与1911年10月11日，工程第八营兵士们公举湖北陆军测绘学堂学生方兴当革命军工程第一营营长，两者间存在因果关系。工程第八营士兵们亲身参与武昌起义，最了解真实情况。武昌首义十几个小时后，首义之夜全过程记忆犹存，谁投掷炸弹发动起义，谁带队最先冲出营门、谁英雄、谁好汉，历历在目，起义兵士无视军阶等级旧习，无私无畏敢于直言。公举首义有功革命党人担任革军工程第一营营长。

1911年10月11日，工程第八营士兵们公举测绘学堂学生方兴担任革军工程第一营营长，揭示方兴投掷炸弹引爆武昌起义功绩。

据《湖北革命实录长编》第一册提供：1911年10月10日晚九时，工程第八营忽有炸弹爆炸武昌起义爆发史实;《武昌革命真史》《辛亥札记》和《辛亥革命与袁世凯》确认方兴投掷炸弹引爆武昌起义；《方兴革命事略》和《前清工兵八营革命实录》确认武昌起义十几个小时以后，工程第八营兵士们依据方兴功绩，推举湖北陆军测绘学堂学生方兴当营长史实。这些史实相互之间形成证据链，确立1911年10月10日晚九时，方兴投掷炸弹引爆武昌起义史实。史实证明引发武昌首义是长阳人方兴投掷炸弹爆炸声，不是枪声。在工程第八营里无论是谁打响第一枪无损于长阳人方兴投掷炸弹引爆武昌首义之功绩。

1. 见《武昌起义档案资料选编》上卷35页。

湖北陆军测绘学堂参战

史料摘录：

“本堂代表方兴白天接有通知云：‘测绘学堂、工程营、左右旗二十九、三十、三十一标留守部队同志要紧密联系，一致行动。以白布缠左臂上。’”[1]

“19日夜晚，仍燃烛自习，并高声朗诵，以待城外举火之兆。十点钟后，即听城内工程营吼声雷轰，枪声隆隆；城外塘角，火光照天。于是全体同学，遂将白帐撕条，作为各个标记，到本堂储枪室取枪百余支，一齐集合，整队外出。”[2]

湖北陆军测绘学堂革命党人武昌起义亲历者童愚，七十三岁时，著《八月十九夜所见及其他》一文，记述亲历1911年10月10日夜，武昌起义战斗历程。文中有如下记述：

“1911年10月10日（八月十九日）未平明，彭楚藩、刘复基、杨洪胜三人在制台衙门门口就义后，全城人民为之震动。是日，天气阴暗，学生、军警一律不准外出，沿途除岗哨外，行人寥寥无几，城门紧闭，交通断绝，恐怖之状前所未有。夜九时许，忽闻步枪之声，同学等曰：‘此工程八营发难也。’我与同学即停止自习（学堂规定：除星期日外，每日下午七时半至九时半自习）。

“方以刀一柄授李西屏，二人分别登楼至各寝室，以刀击案曰：同学们与我下楼到操场站队。同学当时并无异言。其实方兴初回时，同学有匿厕所、厨下及床下者。至此到操场集合之新、旧两班还不足一百人，我是其中之一人。队站好，方兴与李西平宣布：今日口号是同心协力。如途中有人以同心二字呼者，我们就以协力二字应，否则即以枪击之。到楚望台即发白布缠臂，以作标志。话说完，即由方、李二人带领同学将门打开（学堂管、教员均已逃走），徒手向楚望台进发。

1. 见《辛亥革命与沔阳》第57页。

2. 见《辛亥革命与沔阳》第57页。

“我们到楚望台时，第十五协第二十九标士兵有一部已到达，连工程第八营与我等同学共不过三几百人，人声嘈杂，枪声不绝，秩序相当紊乱。一般人都道：俟人到齐，即进攻督署。其时炮队尚未进城，同学们以为如此革命，无异儿戏。接着进军械库，各取毛瑟快枪一支并子弹、挂囊、皮带等武器，负荷在肩，俨然一兵士也。

“未几，我们领导说：‘我们已推戴工程第八营队官吴兆麟为总指挥。’所在兵士都鼓掌。因吴是参谋班毕业，于军事学大有研究，且又带兵多年，又是日知会的老同志，所以推他为总指挥，没有一人反对。我们领导又说：‘我们测绘学生担负由中和门起至通湘门止的守望任务，以防敌人袭击。’当即分途达到各人岗位。”[1]

“方兴由工程营取回指挥刀两把，一把交给李翊东，一把自用。晚自习时，听到工程第八营起义的枪声，李翊东即刻鸣笛紧急集合，方兴当众宣布：‘今天是汉族复兴，推翻清政府的时候已到，机不可失，大众随我到楚望台去领枪杀敌吧！’

“队伍经过右旗西营门口到中和门楚望台军械库，每人领得步枪一支、子弹数十发。这时在楚望台的军队，工程第八营在最前面，二十九标第二，我校居第三。

“我们有的同学参加了别的战场，大部分同学则是占领和守卫中和门、通湘门、大东门一带兼顾掩护蛇山炮兵阵地。在通湘门，我们和小股旗兵曾发生两次遭遇战，然后向督署进攻。”[2]

编者注：

因“工程第八营与湖北陆军测绘学堂相隔咫尺。”当晚，湖北陆军测绘学堂学生正上晚自习，工程第八营营内炸弹一响，惊吓湖北陆军测绘学堂学生四处藏匿。童愚准确地把握工程第八营发难时间点，留下1911年10月10日晚九时，工程第八营发难的记载。这一记载佐证《湖北革命实录长编》中两份调查报告有史有证。

1. 见1957年版《辛亥首义回忆录》第一辑103至104页。

2. 见《武汉文史资料》1986年第三辑28页。

童恩所著《八月十九夜所见及其他》以及《辛亥首义回忆录》第二辑所收录集体回忆《测绘学堂辛亥武昌首义纪实》，二篇史料共同确认1911年10月10日晚九时后，湖北陆军测绘学堂参战部队第三名到达楚望台没有发生与清军交火之战事。这两则史料表明方兴策划工程第八营左队先人一手抢占楚望台成功，为起义部队配发枪支弹药这一史事真实可信。

甘绩熙、童恩、喻育之所著三篇文章共同确认方兴手持指挥刀率领湖北陆军测绘学堂学生投入武昌起义战斗事实。但这三篇文章中就方兴获取指挥刀的经历存在差异。

1913年8月甘绩熙所著《甘绩熙自述》中如下记述："日甫傍晚，工程营同志即发动，俄倾十五协又发动，予遂与李君南星、方君兴、李君华谟、朱君次璋，并同堂之范君义侠、闵君夔卿、宋君珍珊诸人，逾垣而出，同至楚望台领取军械。……取军械后，即与李、方诸君回学堂，邀集全堂同学整队而出。"[1]

童恩七十三岁时所述："枪声初起时，同学方兴原名绳修即越学堂头门赴工程第八营抢得指挥刀两柄，工兵占领楚望台后，乃又翻越学堂头门回学堂。"[2]

喻育之九十多岁时所述："方兴由工程营取回指挥刀两把，一把交给李翊东，一把自用。"[3]

另据《李西屏文集》中记述："正自习时突闻铳声，全堂震惧，莫知所措，群欲息灯亡匿。李翊东乃起而抗声曰：诸君毋自惊扰，今日乃革命党举事，推倒清政府。余即革党之一，愿从者保无虞。"

编者采信甘绩熙所述其由于下：因《甘绩熙自述》成文时间较童禺和喻育之二文早四十多年；在方兴带领之下甘绩熙参加了传达起义命令，发动武昌起义战斗，属于亲历亲见者。1911年10月10日晚九时前，李翊东、童恩和喻育之在学堂里自习，不属这一事件亲历者。故采信《甘绩熙自述》一文中上述史事。

1. 见《武昌起义档案资料选编》中卷257至258页。
2. 见1957年版《辛亥首义回忆录》第一辑103页。
3. 见《武汉文史资料》1986年第三辑28页。

本相写真：

1912年9月10日由朱次璋彭果二人所写《测量局起义事略》一文中列举了湖北陆军测绘学堂革命党人骨干名单，“遂举代表方兴、朱次璋、甘绩熙、李南星、宋汉铎、李华模、范义侠、陈定元、王仲烈、田化龙、朱树烈、肖鸣鹤等，竭力联络。”[1]这批革命党骨干均系旧班方兴同班同学遇事随时可以商议，一齐投入战斗。据相关史料考证向讦谟也属革命骨干之列。

1911年10月9日下午五时，方兴奉蒋翊武之命通知工程第八营今晚十二时，听炮声发动武装起义。与此同时，方兴亦将命令传达给湖北陆军测绘学堂革命党人。当晚，湖北陆军测绘学堂旧班革命党人受命后，身着戎装聚集酒馆饮酒吟诵岳飞《满江红》壮志饯行。饮至微醉枕戈以待。时至天明枪炮无声。

1911年10月10日上午，方兴与旧班革命党人在向讦谟寝室商议如何应对湖北革命党领导人孙武和刘公受伤，因叛徒告密三十多人被抓、三人被杀、蒋翊武逃匿、联络员邓玉麟被通缉，城内城外失去联络的危难局势。经商议认定教书先生张振武系革命党秘密领导人，应该征询张振武的意见。李华模、朱次璋勇担此任，赴黄鹤楼向张振武请示，张振武回复“今晚必动”。

方兴认定要即时发动武昌起义，张振武没有参加八月初三（9月24日）军事会议，在军队中影响甚微。只有假传孙武之命，方能号令各营起义。光有口头命令没有统一起义信号，也将无济于事。按八月初三（9月24日）军事会议所订以城外塘角点火为号发动起义方案，必须派人到塘角传令各营点火，发出起义信号。

于是方兴将湖北陆军测绘学堂革命党人骨干分成两部分。一部赴城外塘角步、辎、工、炮各营向革命党代表传达孙武：今晚必动，以火为号之命令。责令塘角各营点燃信号之火，发出起义信号。另一部赴城内二十九标一、二营；三十标一、三营；四十一标三营和位于南湖炮八标三个营传达孙武：今晚必动，以火为号之命令。方兴与三十一标黄元吉

1. 见《武昌起义档案资料选编》上卷99页。

约定组织留守兵士点燃营房发出起义信号之火。

1911 年 10 月 10 日晚八时，武昌城内外火光烛天，城外枪声不断。是晚八时半，工程第八营左队率先占领楚望台军械库。至晚九时，方兴潜伏营外向工程第八营营房投掷一枚炸弹，轰然一声炸响，湖北共进会工程第八营代表徐兆斌率先开枪击毙代理营长阮荣发，带领前队冲出营门，武昌起义爆发。

此时，与工程第八营相邻的湖北陆军测绘学堂学生正在上晚自习，胆小学生听见炸弹爆炸声后四处藏匿。李南星、李华谟、朱次璋、范义侠、闵燮卿、宋珍珊等人闻声而动，逾垣而出，随同方兴至楚望台领取军械。方兴在楚望台军械库获取两把指挥刀后，即与李南星一齐回学堂。方兴把一柄指挥刀交给湖北共进会湖北陆军测绘学堂新班代表李翊东，一柄自用。方兴与李翊东二人上楼邀集全堂同学整队而出，直奔楚望台名列第三。俟后奉命守卫中和门、通湘门、大东门一带兼顾掩护蛇山炮兵阵地。

武昌起义本相的印证

1979 年 5 月，由上海人民出版社出版，上海新华书店发行《辛亥革命前后》（盛宣怀档案资料选辑之一）一书。该书 182 页辑录朝廷重臣盛宣怀在宣统三年八月十九日（1911 年 10 月 10 日）晚，收到湖广总督瑞澂在汉口“楚豫”兵轮上发出一份报告武昌城内外发动起义的密电。

密电全文如下：

宣统三年八月十九日（1911 年 10 月 10 日），汉口“楚豫”兵轮上万急。内阁总、协理大臣、军咨府、海军大臣、陆军大臣、度支大臣钧鉴：申。鄂省十八夜，革匪创乱及瑞澂当夜防范、惩办情形，已于今辰电请代奏在案。所有拿获各匪，本日派员提讯，正核办问，不意革匪余党勾结现驻城内三十一标工程营及武胜门外混成协辎重营，突于本夜八点钟内外响应，工程营则猛扑楚望台军械局，并声言进攻督署，辎重营则就营纵火，斩关而入。其时，瑞澂即督同张彪、铁忠、王履康分派军警，随地布置，并由张彪及协统黎元洪率带马步共三队往保军械局，乃迭据探报，我军大半意存观望，均不得手，统制、协统命令亦多不行。嗣闻枪声愈逼愈近，枪子均从屋瓦飞过。瑞澂目睹此种情形，知军队已怀二心，即未尽变，亦似全信邪说，不肯相抗。瑞澂署中仅有特别警察队一百余人，亲率出外抵御，无如匪分数路来攻，其党极众，其势极猛。瑞澂责任疆圻，本应死殉，惟念牺牲此身，与城存亡，坐视鄂省蹂躏，虽死不瞑，不得已，忍耻蒙诟，退登“楚豫”兵轮，移往汉口江上，以期征调兵集，规复省城。伏查此次革匪虽经先事破获，不为勾结太广，兵与匪应，致构此变。瑞澂办理不善，万死莫辞，应请圣明严加治罪，以为辜恩溺职者戒。武昌为长江锁钥，居天下上游，若不厚集兵力迅平匪乱，大局岌岌可危。现虽由瑞澂电调湘、豫巡防队来鄂会剿，终恐难以集事。惟有仰恳天恩，饬派知兵大员率带北详第一镇劲旅，多带枪炮，配足子药，刻日乘坐专车来鄂剿办，俾得迅速扑灭，大局幸甚，瑞澂幸甚。

再，匪首系何姓名，事出仓促，无从辨悉，瑞澂因带队出外抵御，退登兵轮，省中文武员弁及仓库、监狱一切详细情形，容俟密探得实，再行电陈。所有鄂省兵匪构变，请派北洋劲旅迅速来鄂剿办缘由，谨乞代奏。瑞澂叩。十九日。印。

解读瑞澂密电

据盛宣怀于宣统三年八月十九日收阅电文以及瑞澂所发电文中记述本夜八点钟内外响应，可知瑞澂发出密电时间应为八月十九日（1911 年 10 月 10 日）武昌起义爆发三个多小时之内，即 10 月 10 日 24 时以前，瑞澂在楚豫兵轮上书写电报文稿，俟后由发报员发出八月十九日密电，向北京朝廷重臣们报告武昌起义启始态势。该电文系瑞澂即时记录武昌起义起始经过的文字资料，密电成文之时武昌城内外战斗尚在进行之中，密电电文为还原武昌起义本相提供依据。

湖广总督瑞澂系掌控全局封疆大吏，武昌起义发生时瑞澂驻守武昌总督衙门，不可能到一线阵地目击武昌起义起始态势，但其密探众多武昌新军营中风吹草动之事，立马有人向他报告事发地点和事故状况。瑞澂在楚豫兵轮上向朝廷报告武昌起义起始态势之密电应属事出有据。至于瑞澂所发密电是否涉嫌谎报军情，不可凭想象妄加推断，只有搜寻相关史料证明以上电文是否真实可信，才能正确解读电文，还原武昌起义本相。

瑞澂所书电文中关于“本日派员提讯，正核办间，不意革匪余党勾结现驻城内三十一标工程营及武胜门外混成协辎重营，突于本夜八点钟内外响应，工程营则猛扑楚望台军械局，并声言进攻督署，辎重营则就营纵火，斩关而入”。

密电粗略且明确地报告了武昌起义起始态势：“突于本夜八点钟”即宣统三年八月十九日（1911 年 10 月 10 日）晚八时，武昌起义发生。武昌起义始发之地系“城内三十一标工程营及武胜门外混成协辎重营”两地“内外响应”。

据相关史料记载，三十一标整标随同端方西进四川平息川乱，瑞澂所书电文却称城内三十一标工程营猛扑楚望台军械局，并声言进攻督署。此言有谎报军情之嫌。

1911 年 10 月 10 日晚，英国传教士计约翰时在长江北岸汉口英国领事区内看见武昌城内外爆发革命起始状况，在日记中有如下记载：

“晚上 7 时过后不久，武昌城内可以看到三处火光，江边传来嘈杂的枪声。根据汉口的一切已知情况，江对面似乎已爆发了革命。……电话中断，因此难以得到确切消息而了解所发生的一切。不过，有一点可以肯定，英租界对面设在炮台上方的整个军营已被烧毁。”[1]

向讦谟系湖北陆军测绘学堂革命党领袖人物之一，曾赴坛角传达孙武“今晚必动”，“点火为号”之命令，俟后密切关注起义态势。向讦谟在八月十九日（10 月 10 日）日记中关于武昌起义早期动态有如下记述：“八时，步三十一标火为号”。[2]

向讦谟日记中称：八时，三十一标点火为号。因三十一标驻于武昌城内，计约翰日记中所称城内点燃三处大火，向讦谟日记把计约翰日记

1. 见 1989 年，由中国社会科学院近代史资料编辑部编《近代史资料》总 72 号 110 页。
2. 武昌辛亥革命研究中心编《李西屏文集》第 27 页。

中称城内三处火光的位置信息表述准确。

时三十一标整标随端方开拔四川平息川汉铁路之乱，各营营房尚存，各营留有少数兵士看守营房，留守人员缺失长官监管成为自由人，留守兵士在三十一标点燃三处大火后向楚望台奔去。

依此可鉴瑞澂所书电文称城内三十一标工程营猛扑楚望台军械局之事事出有据，瑞澂没有谎报军情。

瑞澂所书电文中称武胜门外混成协辎重营就营纵火，斩关而入是否有假。

计约翰日记只记录英租界对面炮台上方整个军营被烧毁，江边传来嘈杂的枪声。没有提及混成协辎重营。

张謇在宣统三年八月十九日日记中写道："十九日贞壮讯，知昨夜十时半汉口获革命党人二，因大索，续获宪兵彭楚藩与刘汝奎及杨洪胜（开杂货铺），晨六七时事讫。各城俱闭，十时方开。余即于是时过江至汉口兴业里纸厂事务所，晤聚卿，即留午餐。三井，大班丹羽来晤。旋诣之，并诣伟臣、晋笙、鸿沧。六时饮于海洞春。八时登舟，舟名'襄阳'。见武昌草湖门工程营火作，盖工程营地火作，即长亘数十丈不已，火光中时见三角白光，殆枪门火也。闻十八日夜搜得党籍后续获二十余人而未已，余党不安，遂尔反侧欤。十时舟行，行二十里犹见火光。"[1]

宣统三年八月十九日，张謇在日记中所记，"八时登舟，舟名'襄阳'。见武昌草湖门工程营火作，盖工程营地火作，即长亘数十丈不已，火光中时见三角白光，殆枪门火也。"属于张謇目睹之事，所写事实真实可信。因张謇此时身处江中船上所见之火应是武昌城外位于江边混成协工程营所点燃之火。

1911年10月16日，法国驻华公使馆武官高拉尔德呈交法国陆军部报告中有如下记载："10月9日夜间在汉口和武昌有一些革命者被逮捕，其中三名立即被斩首。第二天晚上武昌爆发了起义。步兵、工程兵和辎重兵大概还有一部分炮兵在兵营里放火并冲向总督衙门。"[2]

1. 江苏古籍出版社、南通市图书馆、张謇研究中心编第六卷日记658页。
2. 见《辛亥革命史资料新编7》354页。

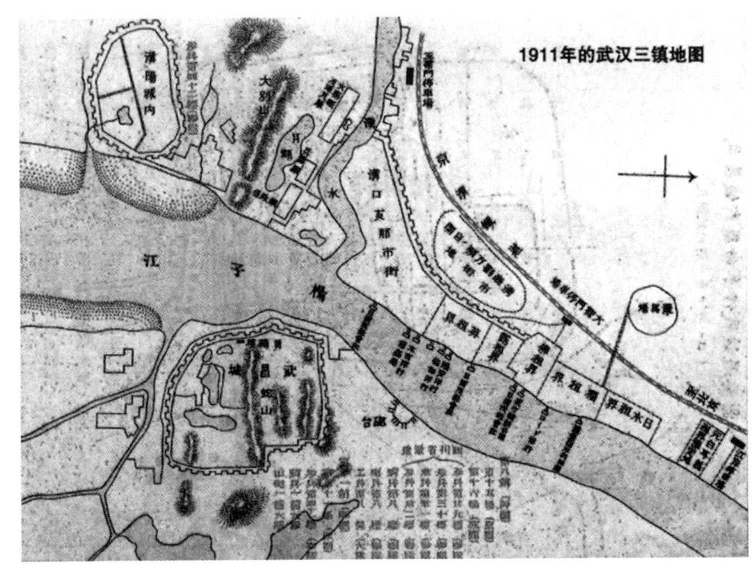

图中英租界正对炮台江边地域为坛角

10 月 10 日晚八时，计约翰看见与英租界隔江相望炮台被烧；张謇在长江船舶之中目睹草湖门工程营起火，因船码头与英租界不在同一位置，且两人所处地势高低也不同，由于视角不同出现差异实属正常。高拉尔德呈交法国陆军部报告中称“步兵、工程兵和辎重兵大概还有一部分炮兵在兵营里放火并冲向总督衙门”三人所记之事都发生在武昌城外沿江三角地域上（时称这一地域为塘角），混成协辎重营、步队、工程营和炮队驻扎此地。武昌草湖门工程营即位于塘角的工程十一营。表明 10 月 10 日晚八时，驻塘角混成协辎重营、工程营和炮队在城外先后点燃大火武昌起义发生。

计约翰日记中记载，听见“江边传来嘈杂的枪声”。张謇日记中记载，“火光中时见三角白光，殆枪门火也。”表明张謇看见江边步枪射击时发出三角火光。两则史料相互佐证，表明 10 月 10 日晚八时，塘角地域上打响了武昌起义枪声。

计约翰在日记中关于 10 月 10 日晚上 7 时过后不久，“江对面”即武昌城内外爆发了革命之记述与瑞澂所书电文中本夜八点钟，“内外响应”相互佐证。证明晚八时武昌城内外发生了起义。

计约翰日记、张謇日记、向讦谟日记以及高拉尔德报告四则史料确认瑞澂电文中关于武昌起义启始时间为“本夜八点钟”；始发地为“城内三十一标工程营”“武胜门外混成协辎重营”的记述，没有谎报军情，真实可信。

瑞澂所书电文称“其时，瑞澂即督同张彪、铁忠、王履康分派军警，随地布置，并由张彪及协统黎元洪率带马步共三队往保军械局，乃迭据探报，我军大半意存观望，均不得手，统制、协统命令亦多不行”。

据这一段电文可知武昌起义发生后，瑞澂密切关注军械局的安危，督令张彪及黎元洪率带马步共三队往保军械局。(瑞澂电文中所称军械局，起义兵士回忆录中所述火药库，同属座落于楚望台一个机构两种不同的称谓。)命令发出后，瑞澂对军械局的安危仍心存悬念，接连不断地派出亲信侦察，据侦探回报马步三队意存观望均不得手，统制、协统命令亦多不行，表明军械局未战先失。

据八月十九日（10月10日），向讦谟在日记中记录：“八时半工程营占领楚望台火药库。”

工程第八营左队革命党人方光弼在《方光弼（即子衡）》一文中有以下记述：

“十九日，命光弼与同志等守楚望台。下午四时，得内机关定于七时起义，以坛角火起为号。至时，果见是处火发，光弼与本营同志齐集楚望台，炸开军械库，得子弹，火药甚多。吴兆麟督率二十九标，出中和门，联合炮队，与邝铭功攻击督署，三次不下。”[1]

据工程第八营前队革命党人黄复汉在熊秉坤造送湖北革命实录馆《九团三营十一连三排排长黄复汉》一文中有如下记述：“旋与同志率队劫夺火药库，幸守库者为左队诸同志，故兵不血刃，而火药子弹皆为我有。时金君兆龙率众出城，劫炮攻督署，汉亦与焉。”[2]

在熊秉坤造送湖北革命实录馆《九团三营营长前工兵八营革军二正队副队长金兆龙》一文中有如下记述：“时守楚望台同志马荣、罗炳顺也，不待攻而子弹任所携矣。旋又率翁国福等七人，击碎中和门锁，开门出城，

1. 见《武昌起义档案资料选编》下卷128页。
2. 见《武昌起义档案资料选编》下卷100页。

搜索前进。”[1]

工程第八营左队革命党人袁树楠，武昌起义当天驻守楚望台，在熊秉坤造送湖北革命实录馆《前工兵八营革军第一正队五支队副长袁树楠》一文中有如下记述：“十九日夜起义，守楚望台，攻督署，指挥三十标守各城门及要隘处，旋又护炮队至蛇山。”[2]

向讦谟、方光弼、黄复汉、金兆龙和袁树楠五人所写文字材料记述自工程八营左队抢占楚望台始，直至武昌起义成功之后，在楚望台军械局地域上没有发生两军交锋战斗。因楚望台军械局储存一批机关枪、步枪和子弹，炮及炮弹，八时半已被工程第八营左队占领，这一信息震慑步马三队兵士，构成意存观望的客观原因。表明瑞澂所书电文中称，清军马步三队往保军械局，大半意存观望，均不得手，统制、协统命令亦多不行之，楚望台军械局未战先失的战况真实可信。

瑞澂所书电文称“嗣闻枪声愈逼愈近，枪子均从屋瓦飞过。瑞澂目睹此种情形，知军队已怀二心，即未尽变，亦似全信邪说，不肯相抗。瑞澂署中仅有特别警察队一百余人，亲率出外抵御，无如匪分数路来攻，其党极众，其势极猛。瑞澂责任疆圻，本应死殉，惟念牺牲此身，与城存亡，坐视鄂省蹂躏，虽死不瞑，不得已，忍耻蒙诟，退登‘楚豫’兵轮，移往汉口江上，以期征调兵集，规复省城。”

这段电文记述武昌起义发生后，瑞澂身处武昌总督衙门中，听见枪声愈逼愈近，子弹从督署屋瓦飞过，所辖军队已怀二心，不肯相抗，瑞澂亲率署中特别警察队一百余人，出外抵御。在数路起义队伍攻击之下，瑞澂才离开武昌督署府退登楚豫兵轮。

1912 年 6 月以后，湖北革命实录馆编辑《湖北革命实录长编》八册，第一册中辑录了两份关于晚九时工程第八营炸弹爆炸的调查报告，现选载于下：

“八月十九日下午九时，工程第八营左队营中忽有炸弹声、喧噪声同时猝起，以同心协力为暗号，掣下肩章，左右各系白巾。督队官阮荣发、

1. 见《武昌起义档案资料选编》下卷 71 页。
2. 见《武昌起义档案资料选编》下卷 112 页。

右队队官黄坤荣、排长张文涛等出阻即被众兵枪毙。后队队官罗子青降顺。此外，步兵二十九、三十两标杀毙管带二人、排长二人、队官一人。旗兵在楚望台被杀者，三十余人。各兵中复互相击毙，不计其数。九时半，趋火药库劫取子弹。而十五协兵士已同时齐集大操场，随带子药与工兵联合。协统王得胜飞电张彪，张计无所出，置之不答，私由后营逃回公馆。该协各官，亦均逃散。工兵等既劫火药库，毙守库兵士后，悉运子药至蛇山下阅马厂咨议局旁，即大呼趋督署。督署本有马队防护，互击约五十分钟，马队见工兵势盛，亦与联合。营官有逃走者，有降顺者。”[1]

调查报告所述，“协统王得胜飞电张彪，张计无所出，置之不答，私由后营逃回公馆。该协各官，亦均逃散。”可以证明瑞澂所发电文称“知军队已怀二心，即未尽变，亦似全信邪说，不肯相抗”，所书属实。

调查报告所述，“督署本有马队防护，互击约五十分钟，马队见工兵势盛，亦与联合。营官有逃走者，有降顺者”的相关事实，表明瑞澂所书电文称亲率署中特别警察队一百余人，出外抵御之事属实。

1913年5月15日，熊叔恒撰写《周定原事略》中有以下记述：“时本营左队守楚望台，遂至楚望台，与左队联合，占领子弹库。当推吴兆麟为总司令。原（即周定原）与邝汉卿、曾振汉、黄楚楠等，直捣督署，至王府口，而枪声竟向原队猛击，遂命众兵士退伏廊檐。”[2]

工程八营前队司务长伍正林在熊秉坤造送湖北革命实录馆《步兵十团团长伍正林事迹》一文中有如下记述：“及至楚望台，已由马烈士荣占据矣，（因是晚系左队守军械库，烈士系左队）当时遂举左队队官吴兆麟为总指挥，以林为吴君之佐助，筹划一切事宜。遂派兵分守军械库周围，并派人分途送信。至九时余炮队已有数尊进诚，步队陆续到者约三四百名。遂由熊君秉坤，邝君杰率工兵约七八十名并步兵百余名，由王府口经长街进攻督署。又由林派兵百余不详何营兵由津水闸经保安门助攻督署。”[3]

1913年1月28日，炮八标共进会会员马中骥呈送湖北革命实录馆《马

1. 见《武昌起义档案资料选编》下卷620页。
2. 见《武昌起义档案资料选编》中卷500页。
3. 见《武昌起义档案资料选编》下卷60页。

中骥事略》一文中有如下记述："辛亥八月十九日，得本党起义密约，比结诸同志，各整兵备进起义门，集楚望台，议攻督署。因夜黑如漆，炮难命中。中骥当与本标同志李祥胜（现充敝营连长）、杨德五、工兵副目赵良骥（均现充本团一营排长）等百余人，各持步枪，会同工程营进攻瑞贼。路出王府口，适汉奸张彪率卫兵多人，以机关枪抵御，同志受伤甚伙。中骥仍复诱众跃进，袭击敌侧，敌兵死伤过半。彪贼退守督署头门，添设机关枪数尊，死力抵抗。幸赖临时督带吴兆麟乘机应变，一面派人于署旁乾记衣庄举火，一面派中骥急奔楚望台，告同志疾施大炮，以火为目标，对准督署攻击。敌兵始渐溃散。"[1]

据周定原、伍正林和马中骥所写回忆录中就分数路攻打督署一事相互佐证，表明在吴兆麟指挥之下起义兵士分数路攻打督署之事真实可靠，这一史实证明瑞澂所书电文中称起义兵士"分数路来攻，其党极众，其势极猛"所书有据。

综上所述，10 月 10 日晚，瑞澂在楚豫兵轮上所书密电，向朝廷报告武昌起义启始态势没有谎报军情真实可信，密电电文可作为再现武昌起义本相史实依据。

再现武昌起义本相

综上所述，宣统三年八月十九日（1911 年 10 月 10 日）夜八点钟，于武昌城内三十一标工程营、城外塘角地域混成协辎重营、工程营、炮队启动了武昌起义。混成协辎重十一营打响武昌起义第一枪；城内三十一标工程营和城外混成协辎重营点燃武昌起义第一火。

八时半，工程第八营左队革命党人率先抢占楚望台军械局，创建起革命军大本营营地。与此同时，瑞澂督令张彪及黎元洪率带马步共三队往保军械局。命令发出后，瑞澂派出密探实地侦察，据侦探回报兵士意存观望均不得手，统制、协统命令亦多不行，楚望台军械局未战先失。

晚九时，工程第八营响起炸弹爆炸声引爆武昌起义，各营兵士听见响声奋起冲出军营齐聚楚望台军械库领取子弹和枪炮。张彪闻讯由后营

1. 见《武昌起义档案资料选编》中卷 169 页。

逃回公馆。起义兵士在楚望台推举吴兆麟为临时总指挥。吴兆麟成为武昌起义第一任指挥官，他下令割断所有通信电缆，将起义兵士分成数路向督署发起攻击。

瑞澂亲率督署卫队与起义兵士展开五十多分钟枪战。瑞澂在起义兵士枪弹猛烈地攻击之下，于衙门后墙穿洞而出，逃离督署，退登楚豫兵轮，书写电报文稿，拍发电报向朝廷报告武昌起义起始态势。电文中没有督署侧起火以及炮弹攻击督署之记述，依此可知，瑞澂在大炮攻击督署之前就逃离武昌。

计约翰 1911 年 10 月 11 日星期三日记中有如下记述：“据当地消息说，总督大人听到军队哗变后，便在其衙门的后墙上挖了一个洞出逃，来到街上后便逃向离后墙最近的一处岗位，对他效忠的官兵放他过去。他登上当地公司的一艘游艇，被转送上了‘漕江（Tsao Kiang）’号炮舰，舰艇启锚驶至俄租界附近的锚位处停泊。”（原文如此）[1]

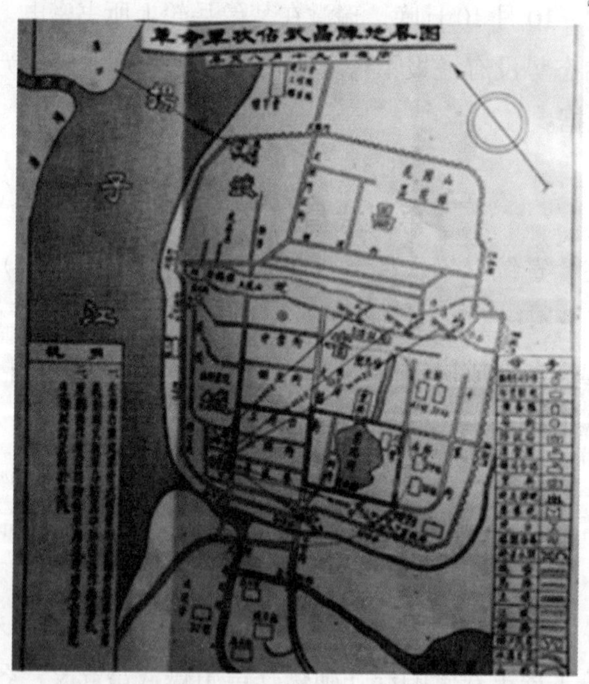

图中恺字营即塘角系混成协辎重营、工程营和炮队驻地

1. 见 1989 年，由中国社会科学院近代史资料编辑部编《近代史资料》总 72 号 114 页。

程正瀛何时打响第一枪史迹考辨

问题提出：

1995年1月，冯天瑜撰写《辛亥首义发难处纪念亭记》中有以下铭文：“公元一九一一年十月十日（辛亥年八月十九日）晚八时许，座落于湖北省垣武昌城南的新军第八镇工程营营房，蓄势已久的革命党人打响了锋锐直指清王朝的枪声。”[1]

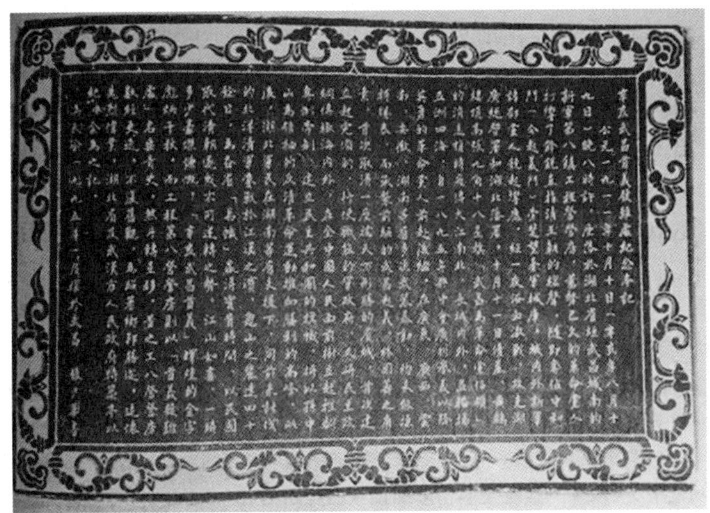

此图见冯天瑜著《辛亥首义史》245页

2011年，冯天瑜写《辛亥首义史》，在第四章《武昌起义》，第二节《新军武昌起义（一）第一枪、第一火》中（三）《程正瀛率先开枪击毙清方军官》一文中有如下记述：

“革命士兵既已知道起事时间为10月10日傍晚，金兆龙（1886—1933）整装以待。傍晚，二排长陶启胜带护兵二人查铺至六棚，见金兆龙荷枪实弹此与各目兵不得擅动武器的命令相违，大惊，直前欲夺金兆龙枪。

“据熊秉坤1912年追述，1911年10月10日傍晚工程第八营营房内的情形为：

“金见事败，疾呼曰：‘众同志再不动手更待何时！’中一会员程

1. 见冯天瑜著《辛亥首义史》245页，图片及文字说明。

定国（即正瀛）持枪开击”。[1]

2011年，冯天瑜在《辛亥首义史》中刊载1995年1月，冯天瑜自己撰写的《辛亥首义发难处纪念亭记》图片。图片文字称：一九一一年十月十日（辛亥年八月十九日）晚八时许，工程第八营打响了枪声。所写开枪时间清晰具体

2011年，冯天瑜写《辛亥首义史》关于程正瀛率先开枪的时间理应与铭文所写晚八时许，工程第八营打响了枪声保持一致。但《辛亥首义史》246至247页冯天瑜所写文字却变成了1911年10月10日傍晚，工程第八营程正瀛率先开枪击毙清方军官，所写开枪时间变得模糊不清。

冯天瑜一人所写两则文字，共述1911年10月10日晚，工程第八营何时打响枪声一事，前后变化如此之大，无不令人心生疑义。必须对《辛亥首义史》中上述文字进行考辨，分清是非，以正视听。

一、1995年1月，冯天瑜所写公元一九一一年十月十日（辛亥年八月十九日）晚八时许，座落于湖北省垣武昌城南的新军第八镇工程营营房，蓄势已久的革命党人打响了锋锐直指清王朝的枪声。与史不符。

辛亥八月十九日（1911年10月10日）晚，武昌起义发生三小时后，瑞澂在汉口“楚豫”兵轮上即时发出密电原文：

“鄂省十八夜，革匪创乱及瑞澂当夜防范、惩办情形，已于今辰电请代奏在案。所有拿获各匪，本日派员提讯，正核办间，不意革匪余党勾结现驻城内三十一标工程营及武胜门外混成协辎重营，突于本夜八点钟内外响应，工程营则猛扑楚望台军械局，并声言进攻督署，辎重营则就营纵火，斩关而入。”

1911年10月10日晚，英国传教士计约翰时在长江北岸汉口英国领事区内看见武昌城内外爆发革命启始状况，在日记中有如下记载：

“晚上7时过后不久，武昌城内可以看到三处火光，江边传来嘈杂的枪声。根据汉口的一切已知情况，江对面似乎已爆发了革命。”

宣统三年八月十九日，张謇在日记中所记：

“八时登舟，舟名‘襄阳’。见武昌草湖门工程营火作，盖工程营

1. 见冯天瑜著《辛亥首义史》246至247页。

地火作，即长亘数十丈不已，火光中时见三角白光，殆枪门火也。”

瑞澂密电电文毫无歧义地表明夜八点钟武昌起义发生系城内三十一标工程营及武胜门外混成协辎重营所作为，与工程第八营毫无干系。计约翰在日记中记载：7时过后不久，江边传来嘈杂的枪声。张謇在日记中所记，八时登舟，见武昌草湖门工程营火作，火光中时见三角白光，殆枪门火也。此时，张謇在船上看见枪门之火亦在武昌江边发生。冯天瑜称第八镇工程营营房坐落于武昌城南，位于长江北岸的计约翰和张謇所听所见江边打枪之事与位于武昌城南的工程第八营无关。

依此可鉴冯天瑜1995年1月所撰《辛亥首义发难处纪念亭记》中“公元一九一一年十月十日（辛亥年八月十九日）晚八时许，座落于湖北省垣武昌城南的新军第八镇工程营营房，蓄势已久的革命党人打响了锋锐直指清王朝的枪声。”之铭文于史无据。

二、冯天瑜无视史实

1983年3月，《武昌起义档案资料选编》下册由湖北人民出版社印刷出版，该书翔实地记载了湖北革命实录馆编纂《湖北革命实录长编》第一册的来龙去脉，以及《湖北革命实录长编》第一册中两份调查报告全文。两份调查报告文中一份称工程第八营，另一份称工程营。这两份报告中的称谓存在差异，但从两份调查报告中所记载的相关人物如：督队官阮荣发、右队队官黄坤荣、排长张文涛、后队队官罗子青等都属于工程第八营之人，故这两份相互佐证的报告共同确认辛亥八月十九日（1911年10月10日）下午九时，工程第八营兵士投入武昌起义。

1995年1月，冯天瑜撰写《辛亥首义发难处纪念亭记》时，冯天瑜没有找到确凿的史料依据否认《湖北革命实录长编》第一册中两份报告所记史实。冯天瑜无视1983年3月，《武昌起义档案资料选编》下册所刊载的两份调查报告构成的史实依据。恣意撰写出：“公元一九一一年十月十日（辛亥年八月十九日）晚八时许，座落于湖北省垣武昌城南的新军第八镇工程营营房，蓄势已久的革命党人打响了锋锐直指清王朝的枪声。”的铭文。

三、熊秉坤虚假之辞

1918年，熊秉坤在《武昌起义谈》中称：

1911年10月10日晚，“余立允回棚，向枪架取枪。忽二排大喝一声，枪弹如雨，飞伤余棚，章胜恺、程凤林当即死焉。先是余谓契友陶启元，汝兄素孤僻，不得人，想难免害，然汝亦革命党之一员，余不忍见汝家庭无限痛苦也，发动时汝盍往劝彼，勿反对。二排长陶启胜竟不听乃弟劝，反举护兵二名，迳奔余栅，意欲先发制人，呵下士金兆龙曰：汝造反乎？金答曰：老子即造反，汝将奈何？陶唤捕，金与陶扭，金不能胜，即呼曰：吾辈今不动手，尚待何时？同棚程定国应声起，以枪托击陶头部血淋，陶释金逃，程继射一枪中陶腰部，此即首义第一声也。陶比下楼，营长误以为陶为首，连击两枪未中，见血迹始释去。至大营门，乃弟拘之，旋被放，次早死于家。此时全营轰动，枪声隆隆互半时，盖汉奸亦放枪搀混其间也。余即率队兵临楼门，与阮营长及右队官黄坤荣、司务长张文涛抗。”[1]

熊秉坤在《武昌起义谈》中将金兆龙、程正瀛反抗陶启胜弹压史迹发生地由六棚（即二排三棚）演变为“余棚”即熊秉坤所属的一排三棚。金兆龙本属六棚（即二排三棚），程正瀛本属五棚（即二排二棚），二人被编演为同属一排三棚。金兆龙本属二排三棚正目（班长）被扮演为一排三棚下士（副班长）。熊秉坤在《武昌起义谈》中弄虚作假证据确凿。熊秉坤在《武昌起义谈》编造虚假情节，所言“程继射一枪中陶腰部，此即首义第一声也。”亦纯属欺罔之言不可信。

四、冯天瑜以假成真

冯天瑜在《辛亥首义史》246页有以下记述：

“工程第八营分前后左右四队（连），前、后两队共驻一幢营房，后队驻营房楼上。后队三个排九个棚（班），一至三棚为第一排，四至六棚为第二排，七至九棚为第三排。每棚一间房，三棚、四棚之间为司书室、一排长室、队官室、队官室侧即楼梯口。熊秉坤为三棚正目，金兆龙为六棚正目，程正瀛为五棚兵士，蒋楚杰在第七棚。”

据以上文字所述，冯天瑜应该知道在《武昌起义谈》一文中关于“二排长陶启胜竟不听乃弟劝，反举护兵二名，迳奔余栅，意欲先发制人，呵下士金兆龙曰：汝造反乎？金答曰：老子即造反，汝将奈何？陶唤捕，

1. 见中国近代史资料丛刊《辛亥革命》（五）90页。

金与陶扭，金不能胜，即呼曰：吾辈今不动手，尚待何时？同棚程定国应声起，以枪托击陶头部血淋，陶释金逃，程继射一枪中陶腰部，此即首义第一声也。”纯属熊秉坤编辑的虚假情节。

冯天瑜却从熊秉坤所编演故事中拣出适合自己需要的文字，在《辛亥首义史》250页有如下记述：

“熊秉坤1918年在上海撰《武昌起义谈》仍肯认程正瀛打响第一枪。该文称，八月十九1911年10月10日夜，金兆龙与陶起胜扭打，“同棚程定国应声起，以枪托击陶头部血淋，陶释金逃，程继射一枪中陶腰部，此即首义第一声也”。“此陈述肯定第一枪由程正瀛打响，”

冯天瑜应该知道“余棚”“同棚”“下士”所指具体内容。熊秉坤在《武昌起义谈》编演虚假情节中不可能有真言存在。冯天瑜所写是《辛亥首义史》，容不得弄虚作假。冯天瑜如此以假成真地论证程正瀛打响第一枪于自己与后人均无益处。

五、考辨结语

2011年，冯天瑜著《辛亥首义史》既不大胆地宣示铭文所写有误，还将1995年1月，自己所写《辛亥首义发难处纪念亭记》之铭文收录在《辛亥首义史》中。

2011年，冯天瑜在书写《辛亥首义史》中关于1911年10月10日晚，工程第八营打响枪声一事时，却回避了《辛亥首义发难处纪念亭记》中晚八时打响枪声的文字表述，将晚八时打响枪声的文字记述变换为1911年10月10日傍晚，程正瀛打响枪声。时至2011年，冯天瑜却采用古代计时法表述近代史历史事件发生的时间，真让人难辨真伪。

1911年10月10日晚八时，武昌地域上塘角辎重十一营革命党人罗全玉打响信号枪才是武昌起义第一枪。1911年10月10日晚九时，工程第八营打响第一枪仅属工程第八营第一枪，不能代表武昌起义具体第一枪。历史事实不能因为一帧石碑上刻有“公元一九一一年十月十（辛亥年八月十九日）晚八时许，坐落于湖北省垣武昌城南的新军第八镇工程营营房，蓄势已久的革命党人打响了锋锐直指清王朝的枪声”之铭文而随意改变历史。

共抢楚望台与智取汉阳

盛宣怀致瑞澂电

宣统三年八月二十日（1911 年 10 月 11 日）北京

汉口速送"楚豫"兵轮瑞制军：申。效、号电悉。洋报统制已亡，是否的确？鄂军一镇一协是否全畔？现闻先调一协，两三日内火车送汉，惟铁路、兵工厂均须保护，海军已派四兵船来。云帅走否？其所调粤军两营，甫由长江抄回上海，如要调汉，请电奏。宣。二十。[1]

瑞澂致内阁、军咨府等电

宣统三年八月二十一日（1911 年 10 月 12 日）汉口"楚豫"兵轮上

内阁、军咨府、海军部、陆军部、度支部、邮传部均鉴：辰。窃照鄂省兵匪构乱一案，业经两次电陈，计已上达圣鉴。二十日三点钟，瑞澂亲率兵轮、雷艇进攻省城，因无陆队，迄未得手。夜间派该兵轮等上下逡巡，以防省匪偷渡，不料是夜驻防兵工厂之新军一营乘夜复变，围踞该厂，复有派往沔阳州弹压饥民之新军一营无故潜回，与之相应，竟将龟山占据，安设炮座，以为久守之计。又，驻扎汉镇硚口之新军一营，内有两队亦叛，分窜滋扰。探闻省中另有新军二营当时并未同叛，嗣被兵匪围逼始从，该营旗兵全遭惨杀，实行排满主义。刻由匪党与湖北咨议局公推原派混成协统领黎元洪为首，并以议员为主谋，安民告示即用鄂省大都督称，并悬白旗，上书"举汉灭满，悬赏拿官"字样。叛兵约有四五千人，益以党匪，当以万计。现在兵工厂、军械库、藩、盐各库、官钱局悉数被占据。综计全省新军，除去调赴川省暨列防宜昌、郧阳、施南各处外，其未叛者仅此辎重

1. 见《辛亥革命前后》184 页。

营一营、步队一队、马队一队而已。此皆升任总督张之洞费十数载之经营，糜数十万之库帑，辛苦选练，而不料其均为匪用也。今日湘、豫两军均赶来，分派豫军其统带张永汉率带两队严防车站，张彪率带辎重队会合湘军，相机进攻汉阳龟山，期复大江北岸。瑞澂亲率兵轮由水路进攻，兼顾江面及汉口车站。匪众我寡，利钝难料，惟有竭尽血诚，继之以死，以待援军之至。

近接部电，已蒙钦派荫昌率带一镇来剿，该匪闻之，自当气慑。第叛兵系久练之卒，为数甚众，兼有乱匪为之四应，若非厚集兵力，似难迅速扑灭。合无仰恳天恩，加派劲旅，多带山野炮营及机关枪队，随同荫昌来鄂剿办，并饬海军部转饬萨镇冰多带得力兵轮、雷艇会剿，庶可一举荡平。一面请饬度支部筹拨银二三百万，以备饷械、悬赏等项之用。

再，第八镇统制张彪于所部标兵作乱，事前既毫无防范，临时又种种畏葸，应如何严加惩处，伏乞圣裁。

又，湖北布政使连甲、提学司王寿彭、交涉使施炳燮、巡警道王履康均已微服出城，提法司马吉樟、劝业道高松如、盐道黄祖徽尚无的耗，合并陈明，谨乞代奏。瑞澂叩。[1]

解读瑞澂电文：上述电文可知瑞澂在宣统三年八月二十一日（1911年10月12日）清晨，向朝廷重臣报告八月二十日（10月11日），“驻防兵工厂之新军一营乘夜复变，围踞该厂”，表明革命军于八月二十日（10月11日），占汉阳兵工厂，于龟山安设炮座事实。现兵工厂、军械库、藩、盐各库、官钱局悉数被革命军占据。瑞澂电文中没有谈及枪炮战斗之事。

汉口访事致盛宣怀电

宣统三年八月二十日（1911年10月11日）汉口

匪据汉阳铁厂及制造厂，并汉口华界，铁路警军均向匪党。今晨汴军抵汉时，匪党去迎接，汴军不从，随即返回武昌。匪党中亦有抢掠者。美领事已前往援救美教士。有洋人名惠斯林斯者，由武昌城上悬篮逃出。

1. 见《辛亥革命前后》192页。

居民均纷纷迁离。制宪带卫军暂驻兵舰。匪势甚炽，满人被杀者二三百人，汉人所失无多，监犯均已放出。[1]

解读汉口访事电文：宣统三年八月二十日（1911年10月11日），朝廷派往武汉访事员致电盛宣怀称，革命军占领汉阳铁厂及汉阳制造厂，亦未提及枪炮轰击之事。

载泽、盛宣怀致瑞澂电

宣统三年八月二十一日（1911年10月12日）北京

申密。本日谕旨，公革留，仍以总督会同荫昌办理，已调陆军一镇分批运汉。顷接汉电："兵工、钢药厂已被占，今夜有毁路之信。"若桥路毁断，则北军难渡，大局不堪设想。望速饬标统张永汉尽力防护铁路，自汉溵起至黄河桥止，武胜关、山洞各大桥尤要注意。须悬重赏以期得力，勿违为要。泽、宣。个。[2]

解读载泽、盛宣怀电文：宣统三年八月二十一日（1911年10月12日）下午三时，盛宣怀于北京致电瑞澂，我们已经接到关于汉阳兵工、钢药厂已被革命军占领的报告。经皇上批示给予瑞澂革职留用处分，希瑞澂尽力防护铁路安全戴罪图功。

汉口访事、盛宣怀与瑞澂所书电文共同确认10月11日晚革命军占领了汉阳，未曾记载占领汉阳过程中两军发生枪战事实。

1911年10月12日，英国传教士计约翰在日记中有如下记载："昨夜，革命军占领了汉阳，汉阳兵工厂和汉阳铁厂的警卫和全厂当地员工参加了革命军的行动。……进攻汉阳兵工厂看来像这次运动的其他行动一样，经事先周密策划。由五百名士兵组成的一个连一早就渡江，向兵工厂挺进。他们没有遇到任何阻击。接着他们又向汉阳铁厂进发，同样也很顺利。汉阳城被轻易拿下，革命军立即占领了府衙门和县衙门。据说这两个衙门

1. 见《辛亥革命前后》190页。

2. 见《辛亥革命前后》193页。

的长官已逃走，但城内又传说县官未出逃。府台是满洲人。现在，革命军在筑工事巩固他们的阵地。他们从兵工厂调出了一些野战炮，架设在汉阳冈上。这些看上去很新的炮已被架设在这座山冈二侧，面临汉口和武昌，各炮相距二十码左右，每门炮有二名士兵操作。县城内的居民相安无事，似乎对事态变化感到高兴。买卖一如既往，不过那些商人已把家属送往乡下。龟山脚下聚集着一大群人，但哨兵禁止他们上山。”[1]

计约翰在10月12日日记中所记：昨日，由五百名士兵组成的一个连一早就渡江，向兵工厂挺进。他们没有遇到任何阻击。接着他们又向汉阳铁厂进发，同样也很顺利。汉阳城被轻易拿下，革命军立即占领了府衙门和县衙门。表明革命军光复汉阳时没有发生战斗。

李维格日记

李维格，盛宣怀的心腹。时任汉冶萍总公司经理兼汉阳铁厂总办，武昌起义后回汉阳处置铁厂事宜。李维格八月二十二日（10月13日）日记全文如下：

“二十二日，晴。早，到刘家庙，知大智门尚可下车，故车仍前进到汉，始知铁厂尚未侵及，所谓两厂已失者，兵工、钢药两厂耳。当即到厂，悉兵工厂被踞后，即架炮于大别山，昨有官军兵轮驶至山前，山炮轰击之。我厂同人出避，厂即停工，目前最要者，发给匠工之工食非现银圆、现铜钱不可，无论市已停止往来，无款可挪，纵使有款，银圆、铜钱亦无处可兑，即外国银行亦只有锭银，而无银圆，此实棘手之事。阁臣云，出事后即已电沪，嘱陈止澜速运银圆、铜钱各四万济急，日内应可到汉，只好姑俟之。一面设法办米，一面暂发匠工每名每日钱一百五十文，以举炊火，且顾目前。余即检束厂矿地契、山契送至汉口，觅妥便带沪。”[2]

李维格日记记载，革命军没有占领官督商办汉阳铁厂事实，表明革命军与官督商办汉阳铁厂相安无事。证明革命军没有采用武力强攻汉阳。

以上事实，表明革命军智取汉阳兵工、钢药两厂，放弃全线攻击汉

1. 见《近代史资料》总72号118至119页。

2. 见《辛亥革命前后》221页。

阳战术。革命军智取汉阳保全生产设备维护正常生产，既保障枪炮弹药供给，又减少人员伤亡。

《中国革命纪事本末》记载:“八月二十日……汉阳于武昌,势如犄角。既得武昌,即遣军渡汉阳。先至兵工厂,声称张彪派来保护之兵,厂中信之。民军分守各地，仍令照常工作。及瑞澂派人到厂领取枪弹，民军却不允付，厂中始知被民军所占，纷纷鼠窜，总办王寿昌潜走上海。民军仍开厂，广招工人，优给工资，昼夜赶造，以供军事之用。”[1]

《戈承元事略》记述：“该厂守厂之警士甚众，先生伪为奉命弹压者，每有警士一名，即派兵士二人与俱，布置妥善。先生即将平日实弹射击时积留之子弹数百粒，分给谢君开山、罗君春城、姜君安桂等十余人，命在兵工厂西厂门发击号枪。而厂内之第五正队长张君步瀛，始行暴动，顷刻已据兵工厂。”[2]

《戈承元事略》所述史事佐证《中国革命纪事本末》的记载：革命军既得武昌，即遣军渡汉阳。先至兵工厂，声称张彪派来保护之兵，厂中信之。民军分守各地，仍令照常工作一事所述属实。

计约翰早上在汉口所见革命军一个连渡江至汉阳之事，《中国革命纪事本末》记载：“既得武昌，即遣军渡汉阳。”相互佐证，表明有支队伍神速地渡过汉水智取兵工厂，占领钢药厂，收复汉阳事实。

1911年11月7日，亚泠著《论革命成功之速》一文：

呜呼！盛衰之理，虽曰天命，岂非人事哉。观于今日满清政府之所以亡，革命军之所以兴，已可恍然于其故也。孟子曰：“得天下有道，得其民斯得天下矣；失天下有道，失其民斯失天下矣。”今满清政府覆亡若是之速者，无他焉，民心尽去，大局随即而瓦解，虽有善者亦无如之何。二百六十余年之基业忽然澌灭，非他人亡之，实清政府自亡之也。至此次革命军之成功，有数大特色焉。

自武昌首义以来，不匝月而直捣北京，黎庭扫穴，用兵神速，若迅雷之不及掩耳，其特色一也。

1. 见《中国革命纪事本末》8至9页。
2. 见《武昌起义档案资料选编》中卷200页《戈承元事略》。

法兰西之大革命也，变乱数十年之久，贵族平民互相屠戮者百数十万人，原野厌人之肉，川谷流人之血，至今言之，犹有余栗。乃今者革命党起事，未尝妄戮一人，兵威所指，箪食壶浆以迎之，几若有征而战，其特色之二也。

夫今日为火器盛行时代，与古代揭竿而起事者不同，人心虽固，不能不藉炮械之力。今一旦举事，外人严守中立，虽欲购置而无从。兵械不敷，斯兵威难振，此最棘手之事也。乃革党布置完密，眼明手快，一得武昌，即据汉阳军械厂，次若上海、若南京之制造局亦先后据获，使清兵无一械可用，一筹莫展，其特色三也。

夫兵事一兴，杀机四起，军纪稍有不严，危及外人之生命财产，则足以召外人之干涉，而办事棘手矣。今革党之倡义也，先注意于保护外人，首承认外国前时与清政府订立之约，继续生其效力，以安外人之心。办理外交，手腕灵活，外人啧啧称道革军举动之文明，其特色四也。

亿兆之众，同心同德，举国人民，一闻革党起义，共表同情，故两旬以来，各省之云合响应，倡率独立者不谋而协。董仲舒有云："民所归往谓之王。"民心所归，天命斯在，其特色五也。

故此次成功，外人亦动色而起，肃然改观，为之咋舌。吾中国泱泱之前途，从兹以往，国威之宣扬，国力之发展，又乌能测其所至哉。

革命军智取汉阳后汉阳钢铁厂正常生产之情景，该照片由外国使者拍摄

结语：武昌起义时，方兴策划工程第八营左队率先抢占楚望台军械库，促成武昌起义成功的战迹，给革命党人以启示。第二天，革命党人便

以迅雷不及掩耳之势智取汉阳兵工厂和钢药厂；革命军凭借汉阳兵工厂、钢药厂源源不断地供给枪、炮、弹、药与清军官兵火拼四十一天，致使清军主力部队深陷阳夏战役泥潭之中，人困马乏转战无能；南方各省义军效法武昌起义率先夺取枪炮弹药之源，趁势宣告独立；亚洲第一个共和国应时立国，统治中国二百六十余年的清王朝寿终正寝，延续两千多年的君主专制政体退出中国历史舞台。武昌起义成为我国历史上引发社会巨变的一座里程碑，革命军率先抢占楚望台军械库，智取汉阳史实为武昌起义在辛亥革命历史中的贡献和地位提供了史实依据。

民国第一支敢死队史迹考辨

问题的提出：

《辛亥首义史》中称："汉口失守，鄂军敢死队亦随之结束"。冯天瑜为了证实所述有据，在该文页下注释中言之凿凿地称："鄂军敢死队情况见《方兴革命事略》《武昌起义档案资料选编》中卷第207~208页。"[1]

在《武昌起义档案资料选编》中卷第207~208页《方兴革命事略》中却有如下记载：初六日，退守张美之巷，敌烧汉口。时黄兴为总指挥，知汉口不可守，调敢死队驻扎汉阳。二十六日，我军由琴断口搭浮桥渡襄河，恢复汉口，分左右翼进攻。兴领敢死队属右翼，湘军属左翼。湘军王统领所带皆训练兵士，奋勇异常；甘统领带招募新兵，故开枪声辄自相蹂躏。湘军溃，兴顾谓队员曰："我辈经营多年，始有今日。汉阳不守，武昌必不支，大局何堪设想！宜战死，以挫敌锋。"时敌已四面围攻，弹如雨下，众寡卒不敌。及退汉阳，则敢死队已死伤过半也。总指挥黄兴慰劳有加，择敢死队之尤奋勇者，编成敢死军。兴言于黄兴曰："敌趋重上游，下游防守必疏，宜一路由琴断口进攻，一路由青山潜袭，出敌不觉，首尾夹攻，必可破也。"兴由是带领敢死军，于十月初二日夜半，至青山，渡江半，敌觉之，弹锋阻，不能进，转至汉阳。虽无功，黄兴颇壮之。

1. 见《辛亥首义史》432至433页。

初四日，敌由仙女山、琴断口攻我，夺我仙女、美粮、锅底诸山。兴遂偕黄天骥等至汤家山，与金兆龙、黄斌等规复仙女、美粮、锅底诸山，终以军心不固，敌进我退而败。时吴兆麟为战时总司令部，驻洪山，令兴纠合敢死队队员，编成战地稽查，监视各处炮台及战地火线。寻属于军务部。

《方兴革命事略》中，明确地记载汉口失守后，敢死队并未结束。方兴率敢死队不仅参与了反攻汉口战斗，反攻汉口失败后，还为保卫汉阳坚守汉阳汤家山五天五夜，在方兴指挥下敢死队曾夺回汉阳仙女、美粮、锅底诸山。汉阳失守后，黄兴离鄂，吴兆麟任总司令，命令敢死队担任战地稽查，敢死队仍旧在火线上战斗。

冯天瑜写《辛亥首义史》时称“汉口失守，鄂军敢死队亦随之结束”，并出示鄂军敢死队情况见《方兴革命事略》《武昌起义档案资料选编》中卷第207~208页。此举确实令人费解，是非难辨。为厘清敢死队史迹本相，必须对《辛亥首义史》中，关于敢死队的记述进行考辨。

冯天瑜在《辛亥首义史》第六章《阳夏战争》第三节《协助民军参战的各种战斗组织》中有以下记述：“阳夏战争期间，与帝国主义、买办势力支持清军恰成对比的是，全国民众海外侨胞都热烈援助民军，各地种种志愿战斗组织，竞以决死、敢死为名参战，对民军抗击清军颇有帮助。

“一、鄂军敢死队

“鄂军敢死队，最初由方兴、马荣二人发起组成，队员大半为原工程八营士兵，许多人宁愿充敢死队员，不作队长排长等官，其奋勇杀敌的精神，令人景仰。敢死队第一队队长方兴，副队长徐兆斌；第二队队长马荣，副队长程正瀛。现有敢死队名册全称是：中华民国鄂军敢死队，封面印有十八星旗。册内不到一百人，所列队员，只有姓名、年龄、籍贯，没有职别。第一队副队长徐兆斌阵亡，金兆龙继任；方兴辞队长职，金兆龙升队长，后陈新龙继任，陈去，蒋楚杰继。第二队队长马荣汉口阵亡，程正瀛继任队长，所遗副队长职由杨金龙继任。敢死队开始主要是打前阵，后来兼负督战责任。汉口失守，鄂军敢死队亦随之结束。”

“鄂军敢死队情况，见《方兴革命事略》《武昌起义档案资料选编》

中卷第 207~208 页。”[1]

一、《辛亥首义史》中称：“鄂军敢死队最初是由方兴、马荣二人发起组成”这则文字记述与史不符。

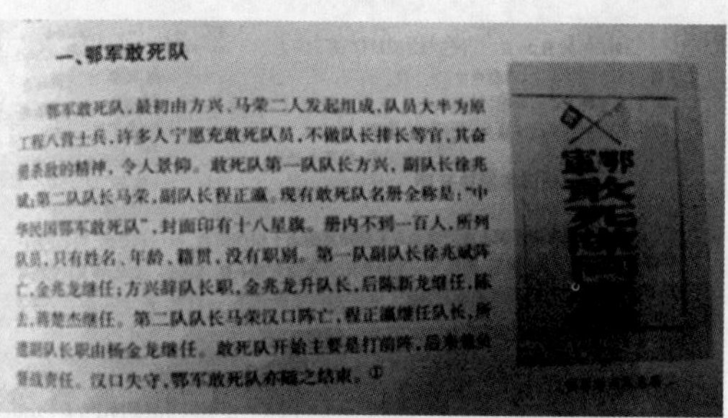
一、鄂军敢死队

鄂军敢死队，最初由方兴、马荣二人发起组成，队员大半为原工程八营士兵，许多人宁愿充敢死队员，不做队长排长等官，其奋勇杀敌的精神，令人景仰。敢死队第一队队长方兴，副队长徐兆斌；第二队队长马荣，副队长程正瀛。现有敢死队名册全称是："中华民国鄂军敢死队"，封面印有十八星旗。册内不到一百人，所列队员，只有姓名、年龄、籍贯，没有职别。第一队副队长徐兆斌阵亡，金兆龙继任；方兴辞队长职，金兆龙升队长，后陈新龙继任，陈去，蒋楚杰继任。第二队队长马荣汉口阵亡，程正瀛继任队长，所遗副队长职由杨金龙继任。敢死队开始主要是打前阵，后来担负警戒责任。汉口失守，鄂军敢死队亦随之结束。①

见《辛亥首义史》432 页

《方兴革命事略》记述方兴“二十日，瑞澂、张彪遁，火督署，武、汉肃清。时孙武以制炸弹，伤头部，就诊汉口医院。兴往言，曰：‘昨假传公命令，兴之罪也！’孙武曰：‘子不闻将在外，君命有所不受乎！相时而动，子之功也，何罪之有！宜速返建设。’兴至武昌，工程营公举兴为管带。兴固辞，旋召集义士中之勇悍者二百余人，编敢死队。”[2]

从《方兴革命事略》中上述文字可知：辛亥八月二十日（1911 年 10 月 11 日），方兴发出组建敢死队保卫武昌之倡议。

敢死队队员黄天骥在《黄天骥革命事略》中有如下记述：“二十五日，吴兆麟组织敢死队，方兴为队长，徐兆斌副之。”[3]

《黄天骥革命事略》这段文字可知：辛亥八月二十五日（1911 年 10 月 16 日）经湖北军政府时任副参谋长吴兆麟下令组建的敢死队正式成立。

熊秉坤造送湖北革命实录馆《张文经》一文中有以下记述：“旋以方兴、蔡国祯（济民）等组织敢死队，自愿投入该队队员。八月二十六日，二十七日，至九月初六七等日，开赴汉镇，专任前敌，连战于谌家矶、刘家庙、三道桥、姑嫂树、歆生路等处，且有胜负，夺取枪炮无算。”[4]

张文经系工程第八营右队一排副班长，由湖北共进会会员张伟介绍加入湖北共进会。起义后自愿加入敢死队，张文经这段文字可知：旋以方兴、蔡国祯（济民）等组织敢死队，并未提及马荣组建敢死队之事。文中记述自辛亥八月二十六日（1911 年 10 月 17 日）开始至辛亥九月初七日（1911 年 10 月 28 日）方兴率领敢死队在谌家矶、刘家庙、三道桥、

1. 见《辛亥首义史》432 至 433 页。
2. 见《武昌起义档案资料选编》中卷 207 页。
3. 见《武昌起义档案资料选编》中卷 607 页。
4. 见《武昌起义档案资料选编》下卷 132 页。

姑嫂树、歆生路等处连续战斗十一天之事。

熊秉坤造送湖北革命实录馆《九团三营十二连连长魏忠强》一文中有以下记述:“二十五日,有测绘学生方绳修,组织敢死队,遂迁入敢死队,充当传达长。二十八日,奉都督命令,出发刘家庙防守。”[1]

魏忠强系工程第八营后队二排一棚兵士,八月二十五日(1911年10月16日),投入敢死队,魏忠强文中所述:辛亥八月二十五日(1911年10月16日),测绘学生方绳修,组织敢死队,亦未提及马荣组建敢死队之事。文中表明八月二十八日开始方兴所率敢死队赴刘家庙投入战斗。

熊秉坤造送湖北革命实录馆《方光弼(即子衡)》一文中有以下记述:“二十二日,管带马荣兴与陈宗银命往汉口、汉阳等处,招募新兵,成九标三营。”[2]文中所记管带马荣兴即马荣。

熊秉坤造送湖北革命实录馆《九团三营十一连三排排长黄复汉》一文中有以下记述:“二十二日,五协统领派汉与汪长林、尹金魁、钱正国四人至汉阳招募新军,募成委杜伍库充九标统带,马荣任三营管带。二十四日,马管带委汉充当右队司书。”[3]

从方光弼称,马荣命他往汉口、汉阳等处,招募新兵,成九标三营。黄复汉称募成委杜伍库充九标统带,马荣任三营管带。两则史料相互佐证可知:武昌起义占领武汉三镇后,八月二十二日,马荣任九标三营管带(营长)。

熊秉坤造送湖北革命实录馆《阵亡敢死队副队长,前工兵八营一正队四支队副长马融传》一文中有以下记述:“因辞管带不居,将所属领编成敢死队,遂于九月初五日立请都督,给与大令,督率前驱,凡在战地官兵,不准稍形退却。”文中马融即马荣。[4]

从上述文字可知:辛亥九月初五日(1911年10月26日)马荣辞去管带后,呈请都督下令将所属之营编成敢死队。熊秉坤时为民军五旅旅长,马荣系熊秉坤属下,马荣职务变迁熊秉坤属于知情人。马荣先任管带,后

1. 见《武昌起义档案资料选编》下卷93页。
2. 见《武昌起义档案资料选编》下卷127页。
3. 见《武昌起义档案资料选编》下卷100页。
4. 见《武昌起义档案资料选编》下卷51页。

辞去管带，1911年10月26日，将所属之营编成敢死队，三证俱全真实有据。

考辨结语：1911年10月11日（八月二十日），方兴发出组建敢死队的倡议。1911年10月16日（八月二十五日），中华民国历史上第一支敢死队正式成立。湖北军政府参谋部任命方兴为敢死队队长，徐兆宾为副队长，黄斌为军需官。自1911年10月17日（八月二十六日）开始，敢死队赴谌家矶、刘家庙、三道桥、姑嫂树、歆生路等处连续战斗十一天。

1911年10月13日（八月二十二日）马荣时任九标三营管带，1911年10月26日（九月初五），马荣辞去管带，请黎元洪批准将所属之营改编为敢死队，俟后，都督下令，任命马荣为第二敢死队队长。

依此可鉴最初发起组建敢死队只有方兴一人。冯天瑜在《辛亥首义史》中称"鄂军敢死队最初是由方兴、马荣二人发起组成"与史不符。

二、冯天瑜称"敢死队开始主要是打前阵，后来兼负督战责任"此说与冯天瑜将敢死队纳入"协助民军参战的各种战斗组织"序列，相互矛盾。

据《革命真史》记载，"民军第一线渐次前进，占领农务试验场以北一带，彼此猛烈射击。民军新兵不善利用地形，行进迟缓，死伤甚众。一般新兵，见死伤之惨，心生畏缩，忽呈动摇之象，唯敢死队在后，俱系老兵，知识甚高，各在后面鼓励指道，向敌射击。至午后三时许，民军复前进约五六百米达，两军相距渐近，射击亦猛。清军利用散民壕不退，民军敢死队兵士均增加火线，何统领又命炮队派一部前进占领阵地，向敌人右侧施行猛烈射击。"[1]

考辨结语：《革命真史》中，上述记载表明革命军与清军在汉口首次交战，敢死队在战场上担负指导并带领新兵打仗的责任。

冯天瑜把敢死队归并于协助民军参战的战斗组织序列，却称"敢死队开始主要是打前阵，后来兼负督战责任"，敢死队既属协助民军的战斗组织，敢死队打前阵岂不扰乱民军攻击阵线。敢死队既属协助民军的战斗组织反而兼负督战正规军打仗的责任，岂不本末倒置。冯天瑜此说自相矛盾实为不妥。

三、方兴所率敢死队是民军正规部队，不是协助民军参战的战斗组织。

---

1. 见《革命真史》中109页。

据《方兴革命事略》记载："兴至武昌，工程营公举兴为管带。兴固辞，旋召集义士中之勇悍者二百余人，编敢死队。军务部壮之，令兴为正队长，徐兆宾副之，黄斌为军需官。"[1]

据敢死队司务长陈龙在《鄂军步兵八旅十六团团长陈龙革命实录》中记载："八月二十一日，奉都督及邓玉麟命，率带老同志郭楚胜等十八人，前往金口、清滩口、牌洲等处，招降洋船十余艘回省。后奉命成敢死队一队，以方兴为代表，委龙充当司务长，受吴兆麟、邓炳三、马骥云等君指挥，渡江。"[2]

据敢死队军需官黄斌在《黄斌革命事略》中记载："汉口失守，返武昌，领发军饷。时副队长徐兆斌战死，饷银亲给其家属，并代禀都督从优议恤。"[3]

上述三则史料证明：方兴所率敢死队系奉军务部之命组成，军务部下达领导班子人事任命：队长方兴、副队长徐兆斌、军需官黄斌、司务长陈龙。军务部管理敢死队兵士。敢死队所需军用物资配备、后勤供给、军饷发放、死伤抚恤属于军务部管理。

熊秉坤造送湖北革命实录馆《九团三营营长前工兵八营革军二正队副队长金兆龙》一文中有以下记述："二十八日，奉军令部命，防御汉口刘家庙，头道桥一带。次晨，乡民报滠口有敌人数十。副队长徐绍斌派龙为侦探长，进至二道桥，见敌人着灰服，徒手无武器，以枪击之，敌遁逃，不敢进。探过三道桥，敌军千余人，以二机关枪射击，副队长徐绍斌枪毙，兵士王国宝枪伤。"[4]

熊秉坤造送湖北革命实录馆《九团三营十二连连长魏忠强》一文中有以下记述："二十八日，奉都督命令，出发刘家庙防守。二十九日，何锡蕃命副队长徐兆宾带敢死队，乘火车侦探到头道桥。下车闻听土人言，二道桥有敌人，又随兆宾同到二道桥，果有敌人，约有二三十名。敌人见敢死队到，弃枪逃走，随即进攻三道桥。不料敌人沿堤隐藏，虽然敌众我

1. 见《武昌起义档案资料选编》中卷 207~208 页。
2. 见《武昌起义档案资料选编》中卷 343 页。
3. 见《武昌起义档案资料选编》中卷 625 页。
4. 见《武昌起义档案资料选编》中卷 71 页。

寡，犹敢与敌。无奈敌人之机关枪利捷无双，不敢与敌，遂退守二道桥。二十九日，敢死队调过省城休息。”[1]

《革命真史》辑录：

指挥官命令八月二十九日午前十一时于造纸厂发

一、敌人在滠口一带陆续增加军队，现用机关枪炮队，堵塞三道桥北端隘路口。

二、本军本日拟于造纸厂一带防御。

三、步队第二协占领造纸厂附近，右翼由造纸厂东端，左翼至三道桥南端。

四、步队第四协欠第八标之一营占领阵地，右翼与步队第二协联络，左翼至藤子岗附近。

五、炮队第一标占领第一道桥堤防附近，但派一部占领戴家山，以能射击三道桥北端一带为要。

六、工程队附属炮队。

七、马队警戒我军左翼。

八、步第八标之一营及敢死队为预备队，在造纸厂西南端集合。

九、本指挥在造纸厂。

指挥官张景良[2]

以上三则史料证明敢死队军事行动受军务部指挥和调动。

《方兴革命事略》记载：“九月初二日，督战于歆生路一带。我军猛烈异常，敌累战累却，乃多方设间，诱我总指挥张景良，遂纳款于敌，命军械官罗家炎押子弹，暗济敌。张景良益指挥前进，敌忽枪炮齐击，毙者不计其数，我军遂溃，二队队长马融死之。众军知为张景良所误，执而诛之。兴遂命黄天骥、吴宗汉、罗维等缚罗家炎，磔之武昌。义士愤不泄，多剖取心肝食之。”[3]

1. 见《武昌起义档案资料选编》下卷 93 页。

2. 见《革命真史》中 82 页。

3. 见《武昌起义档案资料选编》中卷 207~208 页。

《黄天骥革命事略》记述："九月初二日，剧战华景街、歆生路一带。时张景良为总指挥，忠于清，按兵不动。军械官罗家炎扣留子弹，分运北军，遂败绩。二队长马荣死之。天骥与吴宗汉、罗维等，急缚罗家炎送武昌枭首，歆生路遂为敌有。"[1]

《前工兵八营革军录事员沈志桓》一文中有以下记述："初六日，在车站拿获汉奸罗家炎、张景良等，解省充办。"[2]

以上三则史料表明在汉口保卫战中，军械官罗家炎克扣敢死队子弹，援助清军，被敢死队发现后，依法交军务部处死一事。这一史事证明敢死队枪支弹药由军务部派专人配送。

《革命真史》辑录："九月初十午前九时，黄兴、宋教仁、田桐、李书城等自沪来武昌。九月初十晚，黄兴偕杨玺章、查光佛、蔡济民、徐达明等渡江，在汉口满春园设总司令部办事处，即检查在汉口所有队伍，兹将所检查之军队开引于后：

一、步队第二协，兵额约两千人。

标统胡效骞。

标统刘廷福。

协统何锡藩，伤，以罗洪升代。

标统姚金镛，病，以刘廷福代。

二、步队第四协第七标，兵额约一千人。

协统张廷辅，伤。

标统胡廷佐。

三、步队第五协兵额约两千人。

协统熊秉坤。

标统杜武库。

标统伍正林，督队官方汉农。

四、步队第一协林翼之之一标。

1. 见《武昌起义档案资料选编》中卷 607 页。

2. 见《武昌起义档案资料选编》下卷 105 页。

五、马队一营，管带黄冠群。

六、炮队约一标。

标统尚安邦。

七、工程队一营，管带李占魁。

八、敢死队约一二大队。

队长方兴。

队长杨金龙。

九、季雨霖之团防兵一千余名。[1]

是晚黄兴在汉口检查军队完毕，即发如左之命令：

总司令命令九月初十日午后九时于汉口满春茶园发

一、清军仍占领大智门新停车场附近。我湘军已有步兵两协，业已出发，不日来鄂援助。

二、本军今晚拟在原占领阵地，以战斗队形过夜。

三、步队第二协警戒线，右翼由歆生路后城马路起，左翼至查家墩以东火车站之堤防一带。

四、步队第五协警戒线，右翼与步队第二协联络，左翼至玉带门一带。

五、其余各队之集合地如左：

步第七标在满春以北空地。

马队一营在满春西端。

炮队一标在满春西北端附近。

工程一营在满春北端附近。

敢死队二队防御满春本司令部。

六、步队第一标及季雨霖标警戒汉口市街各要地。

七、各队给养，用军政分府预备之粮秣。

八、本总司令在满春茶园。

总司令黄兴

注意今夜口号“复汉”[2]

1. 见《革命真史》中112页。

2. 见《革命真史》中113页。

《革命真史》辑录一九一一年九月二十四日（1911 年 11 月 14 日）午前九时，黄兴总司令集合各部队长官在司令部开军事会议，规定进攻计划，指示各部队应准备之事件如后：

一、工程第一营管带李占魁，赴东亚制粉工厂附近，侦察渡河点，准备架桥材料，架设桥梁。

二、炮队团统带曾继梧，派炮队两营准备渡河，其余仍在原阵地援助进攻步队。

三、步队第四协协统张廷辅，准备船只及小火轮，即由原阵地准备渡河，向汉口市街攻击。

四、步队第六协协统杨载雄，准备小火轮及民船，由汉阳东北岸前进，向汉口龙王庙登陆，攻击敌人左翼。

五、湘军第一协同第二协，及步队第五协，马队一队，炮队两营，敢死队一营，均准备渡桥攻击。

六、步队第四标，防御兵工厂及钢药厂。

七、各兵须携带子弹百粒，干粮一日份，先派人至归元寺领取。

八、战斗时各部队应需粮食，由粮台司令王安澜派员补充，应需弹药，由辎重营管带胡恢汉补充之。

以上各件，各部队须限于明二十五日准备齐全，以便施行攻击。[1]

敢死队队员吕中秋在熊秉坤造送湖北革命实录馆《吕中秋》一文中有如下记述："九月二十五日，奉黄总司令命令，开往昭忠祠驻扎。二十六日，又命我军队至琴断口架设浮桥，过汉口，攻桥口一带；又命我军自小河下抄围敌人右翼。战至二十七日，退还汉阳驻扎。"[2]

熊子贞著《方兴革命事略》文中有如下记载："二十六日，我军由琴断口搭浮桥渡襄河，恢复汉口，分左右翼进攻。兴领敢死队属右翼，湘军属左翼。湘军王统领所带皆训练兵士，奋勇异常；甘统领带招募新兵，故开枪声辄自相蹂躏。湘军溃，兴顾谓队员曰：'我辈经营多年，始有今日。汉阳不守，武昌必不支，大局何勘设想！宜战死，以挫敌锋。'时敌已

1. 见《革命真史》中 190 页。

2. 见《武昌起义档案资料选编》下卷 121 页。

四面围攻，弹如雨下，众寡卒不敌。及退汉阳，则敢死队已死伤过半也。总指挥黄兴慰劳有加，择敢死队之尤奋勇者，编成敢死军。”[1]

上述史料表明九月二十四日，黄兴到汉口检阅部队，部署防务，调动军队投入反攻汉口战斗均把方兴所率敢死队作为主力部队。

《革命真史》辑录十月初二日午后七时黄兴于花园发布各部队宿营地命令中有如下记载

各部队今晚占领阵地如左：

湘军第一协在琴断口至郭家湾一带。

湘军第二协在锅底山及扁担山附近。

步队第七标与湘军第二协联络在花园附近，但派一部夜袭仙女山及美娘山之敌。

敢死队一营在汤家山附近，掩护该山炮队。

步队第四协（欠第七标）在南岸嘴至兵工厂东端。

步队第四标在兵工厂。

步队第五协在兵工厂与钢药厂之间。

步队第六协在梅子山、黑山及割丝口一带。

炮队团仍在大别山、汤家山原阵地。

工程第一营在十里铺。[2]

《革命真史》辑录，十月初四日午前四时，黄兴在十里铺发下如左命令：

民军总司令官命令十月初四日午前四时于汉阳十里铺

一、汉阳之清军，现占领锅底山、仙女山及美娘山附近，汉口之清军，仍在龙王庙至玉带门一带。

二、我军拟以一部迎击汉阳之敌，以一部防御南岸嘴至黑山附近。

三、步队第四协统领张廷辅，率该协本日午前四时须占领花园至扁

1. 见《武昌起义档案资料选编》中卷 207~208 页。
2. 见《革命真史》中 207 页。

担山之线，迎击前面之敌。

四、湘军第一协统领王隆中，率该协本日午前四时，须占领琴断口郭家湾之线，与步队第四协联络，迎击前面之敌。

五、步队第三标统带刘廷福，率该标本日午前四时在南岸嘴至铁厂一带防御。

六、步队第五协统领熊秉坤，率该协本日午前四时，右翼与第三标联络，左翼至西月湖北端一带防御。

七、步队第四标统带胡效骞，率该标本日午前四时在钢药厂一带防御。但须与步队第五协联络。

八、步队第十四标统带黄申芗，率该标本日午前四时占领钢药厂以北防御，须与步队第四标联络。

九、步队第六协统领杨载雄，率该协本日午前四时，右翼与第十四标联络，在黑山至割丝口之线防御。

十、炮队团长曾继梧，率该团炮队，本日午前四时仍占领原阵地，但扁担山、汤家山炮队，须射击锅底山及美娘山附近为要。

十一、敢死队队长方兴，率该队在汤家山附近掩护炮队。

十二、湘军第二协统领甘兴典，率该协并其余各队为预备队，在金龙岭附近集合待命。

十三、学生军本日午前四时在扁担山、花园、琴断口、郭家之线督队，迎击前面之敌。

十四、予本日午前四时以后在十里铺。

总司令黄兴[1]

敢死队队员吕中秋在熊秉坤造送湖北革命实录馆《吕中秋》一文中有如下记述："至十月初一夜，黄总司令又令我队开往三眼桥及汤家山死守。初六日，敌由右翼抄我归路，不得已，退回归元寺。初七日晨，保护黄总司令回省。"[2]

---

1. 见《革命真史》中 215~216 页。
2. 见《武昌起义档案资料选编》下卷 121 页。

敢死队队员卫占鳌在熊秉坤造送湖北革命实录馆《卫占鳌》一文中有如下记述："至十月初一夜，黄总司令命我队开往三眼桥及汤家山死守。至初六日，敌由右路抄至十里铺，将粮台烧毁，断我归踣。不得已，由水路退回归元寺。初七日晨，力保黄总司令回武昌城。"[1]

敢死队队长金兆龙在熊秉坤造送湖北革命实录馆《九团三营营长前工兵八营革军二正队副队长金兆龙》一文中有如下记述：十月"初二日，湘军王统领命护守炮队，而黄总指挥以汤家山为必争之地，不可复失，乃调炮队并命龙率敢死队一三两队死守七昼夜，未尝解衣就寝。食不知味，坐不安席，徒耳闻枪声炮声，目注敌势，心察敌情，虽困乏亦不计，悲惨也不辞也"。[2]

以上史料表明方兴所率敢死队按黄兴命令宿营，按黄兴命令投入保卫汉阳战斗史实。

考辨结语：1911 年 10 月 17 日（八月二十六日）开始，方兴率领敢死队投入保卫汉口战斗，1911 年 11 月 2 日（九月十二日），汉口失守。1911 年 11 月 14 日（九月二十四日），黄兴命令方兴率领敢死队参与反攻汉口战斗。1911 年 11 月 22 日（十月初二日），敢死队全力投入保卫汉阳战斗。

依据湖北军政府关于敢死队组建、长官任命、建制编籍、武器配置、后勤供给、伤亡抚恤、军饷发放、营地安排、战斗命令等文案史料综合考辨认定：方兴所率敢死队属于革命军建制中第一支以敢死队命名的正规部队。方兴所率敢死队不是协助民军参战的民间战斗组织。

冯天瑜称方兴所率敢死队属于"协助民军志愿战斗组织"与史不符。

四、冯天瑜在《辛亥首义史》433 页，言之凿凿地称"现有敢死队名册全称是：中华民国鄂军敢死队，封面印有十八星旗。册内不到一百人，所列队员，只有姓名、年龄、籍贯，没有职别。"冯天瑜此说不实。

据 1912 年，郭孝成编《中国革命纪事本末》一书中记载："八月二十八日黎明，两军复战。清军依据停车场，民军出步队一营、炮队一营、

1. 见《武昌起义档案资料选编》下卷 122 页。
2. 见《武昌起义档案资料选编》下卷 72 页。

马队一营，并敢死队一千人攻之，临时复得精兵五千人，相战约一时许，清军退。”[1]

《辛亥革命史资料新编》第一册246页《南北春秋》文中有以下记载：“二十八日，民军与北军再战于刘家庙，民军大胜。民军都督黎于二十七日夜拟派敢死队一千五百人往刘家庙对敌，畏死者勿去。”[2]

考辨结语：冯天瑜自称现有敢死队名册全称是：中华民国鄂军敢死队，封面印有十八星旗。理应在书中出示中华民国鄂军敢死队名册图片，以示册内不到一百人之说有根有据。可是，在《辛亥首义史》433页处，刊印的图片却是《鄂军敢死队同志录》，印有两面旗帜。真可谓百虑输一忘，百巧输一诚。

保卫汉口

首战汉口三战三捷

备战汉口

1911年10月11日，方兴到汉口同仁医院探视孙武。孙武躺在病床上首肯方兴因时而动组织发动武昌首义功绩，告诫方兴清军即将南下，要求方兴迅速返回武昌组织革命军继续战斗！

是日，革命军总指挥吴兆麟着手组建革命军队伍，构筑武汉防务，准备与清军打一场保卫武汉之战。为弘扬武昌首义革命精神，将首义元勋团队——工程第八营命名为革命军工程第一营。由兵士公选新任革命军工程第一营营长。

方兴回到武昌，正值工程第八营推举营长之时。方兴首义功绩在工程第八营有目共睹，方兴侠义为人在工程第八营有口皆碑，众士兵公举方兴当营长。方兴向众兵士行抱拳礼说：众位兄弟如此抬举方某，方某谢谢大家！革命尚未成功，我们还要战斗！我们必须用生命和热血打赢

1. 见《中国革命记事本末》22页。
2. 见《辛亥革命史资料新编》第一卷246页。

这场战争！为了推翻帝制创建共和政体我们组建一支敢死队如何？！话音刚落工程第八营义士们纷纷响应。工程第八营总共300多人，有200多人报名参加敢死队。

在《武昌起义档案资料选编》下卷资料中查找到工程第八营徐兆宾、金兆龙、程正瀛、翁国福、孙松轩、蒋楚杰、李松山、魏忠强、周全胜、蔡国桢、张文经、汪臣普、邹振中、汪幼恺、卫占鳌、胡朗山、熊志刚、吕中秋、殷万茂、王佐臣、杨金山、贾威汉、蔡品山、王正甲、舒天鹏、沈志恒、余栋臣和徐文斌等人志愿投入敢死队将革命进行到底。金兆龙放弃后队一排排长任职，翁国福放弃司书生任命，沈志恒放弃书记长职衔，程正瀛放弃队长职务，先后加入敢死队充当队员。

方兴倡建敢死队的消息传遍武昌城。许多热血青年学生闻讯后纷纷来到工程八营方兴驻地，自愿报名参加敢死队，为革命捐躯，死而不悔。黄斌，测绘学堂学生，祖籍汉川，两代人世居武昌。听闻方兴组建敢死队，立即到敢死队驻地报名参加敢死队。方兴问黄斌："你到敢死队来，想担任什么职务？"黄斌说："决战疆场，马革裹尸，鄙愿如是而已"。[1]

湖南义士胡襄，上知天文下知地理，无党无派，结交豪杰宣传正义，穿着一身军装，几经周折找到方兴驻地，慕名而来志愿报名参加敢死队。方兴考问说："如今革命成功尚未成定局，随时都可能牺牲生命，你可要想清楚！"胡襄说："偷生畏死非丈夫也！宜文武互用，效命疆场始痛快。"自告奋勇地说："襄不武，愿随君一战。"[2]

黄天骥字朗如，湖北汉川人。黄天骥的父亲早逝，失去父爱养成黄天骥果断坚强的性格。青年时，黄天骥选择了入伍当兵，投入三十一标任下士。常与方兴、田智谅、雷振声、金兆龙等宣传革命，组建革命队伍。从八月二十五日（10月16日），黄天骥投入敢死队开始，"未几，分敢死队为二，马荣为二队队长，程正瀛副之。天骥则始终从方兴战。"[3]

1. 见《武昌起义档案资料选编》中卷625页。
2. 见《武昌起义档案资料选编》中卷541页。
3. 见《武昌起义档案资料选编》中卷607页。

1911 年 10 月 14 日前，都督府军务部针对革命军扩充兵员，新兵不会射击，战事紧急没有时间训练。酌留基本队伍以便战斗时指导新兵督战之用。于是，决定采纳方兴倡议，将工程第八营及步队二十九标老兵组成敢死队，直属军务部。任命方兴为敢死队队长，原工程第八营前队正目徐兆宾为副队长，黄斌为军需官。1911 年 10 月 15 日前，中华民国历史上第一支敢死队正式成立。

二十四日（10 月 15 日）午后八时，黎元洪在咨议局召开湖北军政府会议，部署迎战清军南下战事。发布命令："三、步队第二协统领何锡蕃，率该协马队一营、炮队一标（欠一营）、工程一队、敢死队两大队，于明二十五日在汉准备去攘刘家庙大智门附近之敌，逐次向北进攻。"[1]

二十五日（10 月 16 日）午前九时，军政府第二协所有队伍各到命令所指定地点集合，向北警戒，一面派侦探详细搜索，何锡蕃与谢元恺、姚金镛、吴兆麟等都系同学，军事素养有研究。此次进攻步队因新兵太多，诚恐展开后不易指挥，故未开始进攻以前极为慎重，先同在实地察看敌情及地形，当在实地研究协商后，乃命令各部队前进。[2]

计约翰 1911 年 10 月 16 日　星期一日记（辛亥八月二十五日）

"今天，这里一名有资格获得官方消息的绅士得到可靠消息说：身着灰色制服的一万二千名清军将从直隶首府保定府出发。他对我们保证说，这条消息千真万确。据称，这支部队中的部分士兵已出发。其余士兵一伺车厢备齐即登火车出发。这支部队当时是去永平府进行秋季演习的，接到北京的命令后转向汉口而来。这些清军士兵的精良装备仅是一些现代武器而已。队伍中有一军用气球（baloon），据说是装备的一个部分。这支武装力量配备有炮队和马克西姆机枪……

"革命党人看来也在采取等待猎物上门的办法。他们大概想在组织好自己的兵力后再发动进攻。现在他们还在向江对岸招募大量新兵，

1. 见《革命真史》中 59 页。
2. 见《革命真史》中 64 页。

昨天新兵在武昌的学校和兵营操场上精神抖擞地操练。一些过江去的外国人看到大批革命军正在渡江，溯汉水远去，有一些船载着野战炮。这一调动的目的是个谜。革命党人声称，他们已完成了打击满军的计划。

“昨天晚上，汉阳的龟山上有小规模枪战。山上有革命军守卫。他们发现有四名探子向他们的阵地爬来。他们作好应付准备，擒获了这几名探子。此后，这支进犯小队撤退了。”[1]

……

计约翰 1911 年 10 月 17 日　星期二（辛亥八月二十六日）

“武昌的渡船已由革命军征用运送部队。此外，还见到一艘大汽艇‘立新（LiShin）’号上飘着共和旗帜。

“革命党人悬赏收买武昌旧政府官员的首级，瑞澂总督、张彪统制的首级为 1000 元。

……

“北方派来的一营清军或称“新军”最后在十公里车站处安置扎营，加上身着旧军服的士兵，共有三千之众。据可靠消息，北京和保定府正在向此地革命中心派出 25000 士兵，有炮兵、骑兵及步兵。到底是陆军部的荫昌率军来，还是袁世凯来，目前尚不得知。”[2]

《南北春秋》记载：

“二十六日，民军自武昌出发，预备与北军开战。……嗣闻刘家庙一带，已为逃官张彪与陈得龙等所据，又得萨镇冰之兵轮与直隶永平来兵二千，以为之助。民军虽劝其归降，而彼不从，故由武昌派大队军士出发渡江，至汉阳码头，渡河至汉口。经新筑马路过中国赛马场，而至火车路，以预备与北军大战也。”[3]

1. 见《近代史资料》总 72 号 123 至 127 页。本文引用时有删节。
2. 见《近代史资料》总 72 号 123 至 127 页。本文引用时有删节。
3. 见《辛亥革命史资料新编》第一卷 245 至 246 页。

编者注：

所谓阳夏，阳即汉阳；夏，汉口古称夏口；时两地合称为阳夏。革命军在汉阳和汉口地域上与清军展开四十一天的战斗，称之为阳夏战役。武昌起义和阳夏战役引发各地革命军与清军进行战斗，故称这场波及全国最终导致皇权专制寿终正寝的武装斗争为阳夏战争。

革命军奔赴汉口刘家庙前沿阵地

首战告捷

计约翰 1911 年 10 月 18 日　星期三日记（辛亥八月二十七日）

“于是，在夜幕掩护下，黎派出了二千名士兵和四门炮。这些士兵几乎都是新兵，天刚亮他们就发起了进攻，有点乱开枪炮，至早餐时分，他们已在返城途中回来吃饭补充弹药。至此，观看交战的外国人断定，革命军在战斗中毫无进展，可是士兵们并没有丝毫泄气。整个上午他们评判了革命军新兵说：早晨进攻之所以不能奏效，是因为新兵急躁鲁莽，一旦有训练有素的士兵投入战斗，那么情况就会完全不同了。

“三时，重新开战，双方一直激战至天黑。外国人注意着这场战斗，他们在战场各个不同部位观战，因此对战果所作结论也各不相同。有几个人认为清军打赢了，还有人认为双方不分上下，但是事实无争辩地证明，革命军占了优势。他们把对方从跑马场赶到了十公里车站一线。这场枪战主要特点是，双方损失按所消耗弹药比例来看尚不严重。萨统制战舰对这次战斗保持最佳纪录。五艘巡洋舰和二艘炮舰对着架设在铁道中段的一门野战炮，连续发射炮弹达一小时又十五分，但未能将其摧毁。

“战斗打响时，一片混乱，清军以二三十人一组懒散地小跑出来，革命军一直保持游击战。起初清军后撤，但是上午过后，他们重新聚集起来守住了阵地。如果当时革命军投入下午兵力和清军相当，又有野战炮兵连后援，那么他们无论如何会把敌人击溃。可是，当时他们只有四门野战炮而且步兵的子弹不久就用完了。他们无可奈何只得撤退。首批回汉口的一些革命军士兵显得灰心丧气。他们说，他们的长官第一个离开战场。这些士兵大多数是新兵，后来有一批经过训练的武昌士兵到达阵地，又鼓起了他们的勇气。

“正当耗尽弹药的革命军退守汉口，另一批革命军来到，出城入平原。清军没有追击他们，这使得那些革命军得以重整队伍。白天枪声断断续续，下午过后，得知一场真正的枪战已开始了。革命军的增援部队到达后使该军的总兵力达到五千人左右。他们至少出动了十四门野战炮准备开火。3时至4时之间，那支已在平原上各个据点占领阵地的炮兵小队发现了他们的炮击目标。……在汉口附近的那一头，外国人可以看到当时发生的一切。一队正规的革命军占据了离跑马场很近的一个阵地，但遭到二支炮队的抵抗，一支炮队在高尔夫总会的球场上，另一支在跑马场的南面。前一支炮队的一些炮弹准确地落在敌兵群中，遭到榴霰弹猛烈地射击。清军带着炮队退到跑马场的南面，转移至靶子塔的附近。此后，这支炮队再向前转移，在更纵深之地占据一阵地，以铁路路堤作掩护躲避已开火的炮舰打来的炮弹。……据跑马场靶子塔的瞭望人员说，革命军被迫撤退。据另一些在美孚石油库顶上的目击者说，革命军只是在铁路路堤的掩护下向前占据了一个更纵深的阵地——只有一支炮队除外，它在战斗中始终坚守铁路上的阵地。这一炮队和另外几支自跑马场推进过来的炮队向清营发射了一阵毁灭性的炮火。

“从美孚石油公司油库上看，很清楚，清军已被逐退回兵营，营地仍在遭到革命军尽情的打击。此时，有些革命军离开了战场，但不知道他们是想躲开战舰上打来的炮火还是想返家喝茶，那就不清楚了。快到汉口县城时，他们大声欢呼打了胜仗。”[1]

……

《辛亥革命征信录》记载：

闻革军今日（二十七日）已与荫军开始宣战，革军气势不可当，荫军小挫，暂已却退。（辛亥八月二十七日）

汉口电云，大智门之车站，二十七午后，陷入革党之手，现有革军巡逻，将为遏制北京火车之故。（辛亥八月二十七日）

今日（二十七日）由九江开来援兵六百名，已降革党，临时军政府，出示劝民，保守秩序，扶助军事，勿伤外人。并悬赏格，如有报知前任湖广总督瑞澂之下落者赏银千两。（辛亥八月二十七日）

敢死队队员亲历记：

《张文经》记述：

“八月二十六日，二十七日，至九月初六七等日，开赴汉镇，专任前敌，连战于谌家矶、刘家庙、三道桥、姑嫂树、歆生路等处，且有胜负，夺取枪炮无算。”[2]

《杨金山》记述：

“二十六日，投入敢死队。是日奉都督命令，开至汉口，攻击敌人，追至三道桥。九月初七日，至三道桥抵敌，不利。初八日败回武昌。”[3]

《王正甲》记述：

“二十六日，投入敢死队。当奉都督命令，开往汉口，攻击敌人，至三道桥。”[4]

《邹振中》记述：

邹振中任敢死队粮秣科收发事务。“二十六日，投入敢死队。当奉都督命令，开往汉口，攻击敌人，敌败至三道桥。”[5]

---

1. 见《近代史资料》总 72 号 127 至 130 页。本文引用时有删节。
2. 见《武昌起义档案资料选编》下卷 132 页。
3. 见《武昌起义档案资料选编》下卷 120 页。
4. 见《武昌起义档案资料选编》下卷 117 页。
5. 见《武昌起义档案资料选编》下卷 125 页。

《革命真史》记载：

"民军各部队受命令后，即令队伍先在原地展开，按照指定进攻地段占领完好，然后指挥前进。第一次行至竞马厂以北，刘家庙之敌，步兵即开始射击，民军步炮队齐向敌还击。

"同日正午，民军马队探得清军步兵约二百余名，由丹水池向刘家庙之敌右翼增加，占领阵地。民军接此报告，料是清军后方援应队伍赶到，意欲从速驱逐前面之敌，否则敌之队伍陆续增援，又系久练之师，我军恐难收效也。于是命敢死队二大队，一在步队第四标后面展开，一在第三标后面展开，督同步队前进。午后一时余，民军第一线渐次前进，占领农务试验场以北一带，彼此以猛烈射击。民军新兵不善利用地形，行进迟缓，死伤甚众。一般新兵，见死伤之惨，心生畏缩，忽呈动摇之象，唯敢死队在后，俱系老兵，知识甚高，各在后面鼓励指道，向敌射击。至午后三时许，民军复前进约五六百米达，两军相距渐近，射击亦猛。清军利用散兵壕不退，民军敢死队兵士均增加火线，何统领又命炮队派一部前进占领阵地，向敌右侧施行猛烈射击。

"是日，天气阴暗，彼此对峙射击，战至午后四时余。清军派火车一列，步兵一标，炮队一营南下，向刘家庙前线增加。正行至刘家庙附近，预备停车时，民军炮队对火车瞄准，各炮齐发，即将清军一列车击翻轰然一声，俱倒于车轨之外。时民军与附近参观百姓见火车击倒，齐声喊杀，而火车内清兵向窗外逃命，死伤枕藉。民军炮火愈烈，于是何统领又令预备队向前增加，一面命号兵吹冲锋前进号音，民军复齐声杀敌，声如雷震。清军自火车逃命之兵，即向后溃。而清军之在散兵壕者，见后面溃逃，亦向后退却，民军追杀益猛。附近参观百姓，各持扁担器具同来助战。于是清军大败，不可收拾。民军节节追蹑，直至京汉铁路三道桥方止。清军退至滠口时，天已黑，两军各在三道桥之两端对峙宿营。是役也，民军死四百余人、伤数不知。清军败溃时，一列火车物品全弃于刘家庙，民军获得武器、被服、粮食甚多，约在一标军需以上，唯子弹颇少。军政府得此捷报，遂令所获军需物品，尽赏于战斗各部队，以示鼓励。"[1]

1. 见《革命真史》中 65 页。

“驻汉英、俄、法、德、日领事，公派英人盘恩持一公函至武昌军政府，面晤黎都督。说明：各国甚欢迎中国国民军之勇武文明。在汉之外侨，又承军政府之保护，极为感激，故特承认民军为交战团，各国严守中立。云云。”[1]

“是日，各国领事既承认民军为交战团，宣布严守中立。军政府即将领事公函原文由都督遍出布告，一面通电上海及各省。唯民军两日以来，既在汉口战胜，又因外人承认，精神更为之一振，以为成功不远，无不喜形于色。于是反对革命之黎元洪，至此亦转忧为喜，笑容可掬。”[2]

敢死队首战刘家庙时间考订：《计约翰日记》所记八月二十五（10月16日）和八月二十六（10月17日）两日在汉口地域上没有大型战事发生。八月二十七（10月18日）早晨，革命军向清军发起进攻，刘家庙之战首开战局；

敢死队队员们所写回忆录称“八月二十六（10月17日），开赴汉口；”

《中国革命纪事本末》记载：“八月二十六（10月17日）下午十二点钟，民军发行，约步兵一标，布列车站附近”；

《南北春秋》记载：“二十六日，民军自武昌出发，预备与北军开战”；

《武汉战纪》八月二十四（10月15日）、八月二十五（10月16日）和八月二十六（10月17日）三天无战事记载。

据上述史料考订革命军敢死队应于八月二十七（10月18日）早晨，向清军刘家庙阵地发起攻击。故《革命真史》所记八月二十五（10月16日）革命军首战刘家庙之时间有误。

史料考：

《计约翰日记》记载：“早晨进攻之所以不能奏效，是因为新兵急躁鲁莽，一旦有训练有素的士兵投入战斗，那么情况就会完全不同了。”

《革命真史》记载，“民军新兵不善利用地形，行进迟缓，死伤甚众。一般新兵，见死伤之惨，心生畏缩，忽呈动摇之象，唯敢死队在后，俱系老兵，知识甚高，各在后面鼓励指道，向敌射击。至午后三时许，民

1. 见《革命真史》中69页。

2. 见《革命真史》中70页。

军复前进约五六百米达，两军相距渐近，射击亦猛。清军利用散兵壕不退，民军敢死队兵士均增加火线，何统领又命炮队派一部前进占领阵地，向敌右侧施行猛烈射击。”

《革命真史》所记战况与《计约翰日记》记载外国人目睹汉口战况可以互相佐证，以示《革命真史》所记战事史料，除时间有误之外，所记战斗全貌真实可信。这两则相互佐证之史料，表明方兴所率之敢死队始则指导新兵投入刘家庙战斗，继而带领新兵冲锋陷阵追击清军退至三道桥，夺取刘家庙首战告捷的战斗史迹。

再现敢死队首战刘家庙战迹：

八月二十五（10月16日）晚，清军密探探获黎元洪下命攻击刘家庙情报，连夜向朝廷密电告急请求支援。朝廷急电冯国璋派兵援应刘家庙。冯国璋命令马继贞带领步兵一个团，炮兵一个营，乘火车于10月18日午前赶到汉口增援刘家庙。因物资装车延误，火车于午前十一时才从河南信阳出发。

八月二十七（10月18日）午前七时，敢死队立即进入督战阵地，指导新兵抢占有利地形保护自己，持枪卧倒、着肩贴腮、瞄准击发，射杀敌军。午后一时余，革命军第一线渐次前进，占领农务试验场以北与清军交火，彼此猛烈射击。革命军新兵不善利用地形，行进迟缓，死伤甚众。一般新兵，见死伤之惨，心生畏缩，忽呈动摇之象，敢死队在后鼓励指导，向敌射击。至午后三时许，革命军前进约五六百米，两军相距渐近，射击亦猛。清军利用战壕作战不退，革命军敢死队队员身先士卒投入火线带领新兵发起冲锋。

下午四时，清军运兵火车被击翻。就火车被击翻一事，史书上有两种表述：有称火车被大炮轰击而翻；亦有称铁路工人及附近百姓拆除轨道致使火车翻倒。编者赞同百姓拆除轨道致使火车翻倒之说。敢死队一见火车翻倒，立即吹响冲锋号，敢死队队员以身示范冲锋在前，率领新兵高声呐喊英勇前进。火车里的清军乒士落荒而逃扰乱清军攻防阵线，致使清军全线崩溃。敢死队夺取刘家庙首战告捷。

革命军奔赴汉口刘家庙前沿阵地

欢庆大捷

计约翰 1911 年 10 月 19 日　星期四日记（辛亥八月二十八日）

“革命军于星期三下午夺得汉口和十公里车站之间大平地上的一个坚固阵地后，扩大了他们原有的优势。今天上午他们继续推进，一路上仅遇到一些零星的小对抗。推进到十公里车站时，他们高兴地发现一座清兵的空营。他们小心地前进，恐遭埋伏，结果发现清兵确已逃跑，于是革命军猛扑营帐，拔起后送回到指挥部。革命军还夺得六节无盖货车车皮，内装清军的给养和弹药。清军撤离后，他们的炮舰也向下游驶离而去。这样，革命军完全控制了至七里湾的整个乡村。清军撤离的原因似乎想等援兵到达后，以更大的优势兵力对付敌人。可是从他们丢下一切物资这一现象看来，说明他们的撤退并非是慎重而周密的调动，其中有些人是非常匆忙撤离。当时革命军中间以及大多数完全拥护革命的当地乡民中间举行欢庆。

“右边扎下八顶营帐，空无一卒。在去五十码开外的车站路上，可以听到附近的步枪声。车站上没有兵卒。铁路线两侧的兵营内也不见有士兵。这是怎么一回事？火车站空空荡荡。仅在电话机房内有三名战战兢兢的中国人。这三名惊恐不安的可怜人，看到外国人后才高兴起来。他们解释道，他们最怕的是官兵。这些官兵向平民索钱，倘不给就砍去脑袋。整个交谈过程借助手势进行，叙述生动。但对于清军似乎用不着如此害怕，因为那里根本见不到一个清兵的影子。经询问后，几位当地人讲了驻扎在那里的两个团那天早晨突然逃离的情况。这两个团沿着铁路迁移到下一个车站，即二十公里车站，那儿可能有较多的清军。……与此同时，铁道线两边的革命军都在留神察看以防中了引诱之计。我们把从电话机房内三个受惊吓的人那里听到的消息告诉了铁道上的那些革命兵，他们听后都高兴地欢呼起来，几名侦察兵立即奔向那被放弃的车站。那些营帐立即被拆下捆扎好，用杠棒抬回革命军的指挥所，但那几位革命军士兵自己却还是继续小心翼翼地过去。他们不时打着枪，想让隐藏着的敌人受惊后暴露出来。一路上他们还搜查了十公里车站四周的民房。此后他们确信清军没有在民房内设埋伏，就放起火来，一二百幢民房霎时间都烧了起来。此时虽已清清楚楚营内已无一兵一卒，但他们仍然很小心地警戒着。此时，指挥队的一位军官声嘶力竭地向他的部下大声嚷着，命令他们不得向外国人的住房放火，士兵们听从了。……清兵遗弃了三车皮军需品，其中有大量用作兵饷等的银锭，三车皮行李和弹药。战利品中有大量的稻米和二三千双靴子以及其他各种军用品，另外还有牙刷袜子一类物品。一些看上去和士兵们同样喜悦的苦力们立即把军需品搬入汉口去。数千名当地人成群结队地沿铁路线尾随着革命军部队，他们全都笑逐颜开，有的一边拍着手一边哧哧地笑着说：‘好、好。’……革命军们吹着喇叭，放了无数鞭炮，通宵庆祝他们的胜利。”[1]

《甘绩熙自述》记述：

“嗣此以后，均日坐参谋部办公。予则任测绘地图事，未敢远离。未几，以我军与北军战，三战三捷，予欢欣鼓舞，不可言状。”[2]

甘绩熙系湖北陆军测绘学堂革命党人，武昌首义后任湖北军政府参谋。

《南北春秋》记载：

“二十八日，民军与北军再战于刘家庙，民军大胜。民军都督黎于二十七日夜拟派敢死队一千五百人往刘家庙对敌，畏死者勿去。令下，告

1. 见《近代史资料》总72号130至133页。本文引用时有删节。

2. 见《武昌起义档案资料选编》中卷258页。

奋勇愿往者顷刻而足，黎乃于二十八日晨率队渡江至刘家庙，亲自督战。是时，敢死队外又有精兵五千、步炮马队各一营以助之，与北军激战一点钟，北军溃散。民军直逼其营垒，至则阒无其人。民军占据之，获火药六车，子弹数十箱，快枪千余枝，白米二千余包，银圆十四箱，军装号衣皮靴皮带及一切器物不可胜数。乃整队至汉口，商团俱举枪致敬，军乐队亦作乐欢迎。”[1]

《中国革命纪事本末》记载：

“八月二十八日黎明，两军复战。清军依据停车场，民军出步队一营，炮队一营，马队一营，并敢死队一千人以攻之，临时复得精兵五千人，相战约一时许，清军退。民军直攻清军营垒，至则空无一人，民军据之。搜缉营中，得所遗火药六车，其他辎重无算，计快枪千余枝，子弹数十箱，白米二千余包，银圆十四箱，新式皮靴、军装、号衣、皮带及一切军用器物，不可胜计。”[2]

《革命真史》记载：

“清政府又因近畿需兵防御，所有队伍，均不敢调遣，其余军队，均在永平秋操，即以秋操军队第二镇、第六镇调往南下。但一镇之军，由京汉单轨铁路输送，至少需时一星期，且永平秋操之兵，均无子弹，即令集中信阳，须待子弹运到，方能作战。往返运输，途中极形拥挤，直至八月二十五日，始运到步队两标。以一标驻武胜关，以一标驻信阳，以致河南军到汉多日，既不敢进，又不敢退，虽张锡元日日密电请援，终无以应。迨至二十四日探得军政府对河南军已下攻击令，甚为恐慌，连夜向荫昌告急，万急密电，发如串珠。谓：‘军政府已派两混成协准于明早向我军攻击，我军步兵两营，与张彪统制所带之辎重第八营，及步兵四十二标之一队，并马队一队已占领刘家庙以南固守。敬乞冯军统速派步炮各队，准明日午前到刘家庙援应。’云云。冯国璋接此急电，即命马继贞带兵一标，及炮兵一营，准明日午前赶到汉口刘家庙，与河南军协力防御掩护大队集中，云云。

1. 见《辛亥革命史资料新编》第一册246页。

2. 见《中国革命纪事本末》22至23页。

“马继贞奉令后，即令该标队伍准备上车，不期各军队天曙准备不及，手忙脚乱，延至午前十一时始开火车，至午后四时方抵刘家庙，突遇民军炮击，全车倾覆。加以民军炮火猛烈，步队与四围百姓齐声喝杀，声震天地。马继贞不知真相，以为中计，死伤狼藉，各自溃逃。逼至滠口方止，时已天黑，民军不及穷追，否则清军即全军覆没也。马继贞遭此大败，不责自己疏忽，反骂张锡元、张彪等不应请其在刘家庙下车，即将大败情形急电冯国璋转报荫昌。于是荫昌、冯国璋及其随员并所带军队，皆相惊失色，士气沮丧，不但不敢进攻，并时时防御民军前进。马继贞急欲退回武胜关，而张彪与张锡元执不可，谓滠口险要，前有三道桥，长逾一里，一夫当关，民军万难前进，况左有大江，右有大湖，宜固守此处以待大军来援，再图恢复。张锡元更电冯国璋即派大军前来。”[1]

《武汉战纪》记载：

“八月二十八日，革军来犯，二十二标及河南步队第五十八标之一营湖北巡防三队，辎重一营，第八营犄角相拒。混成三协背洲列阵，合力并击，革军败还，进据刘家庙。”[2]

史料考：

计约翰日记记载：“今天上午他们继续推进，一路上仅遇到一些零星的小对抗。推进到十公里车站时，他们高兴地发现一座清兵的空营。”

《南北春秋》记载：“是时，敢死队外又有精兵五千、步炮马队各一营以助之，与北军激战一点钟，北军溃散。民军直逼其营垒，至则阒无其人。”

《中国革命纪事本末》记载：“相战约一时许，清军退。”

《武汉战纪》承认“革军败还，进据刘家庙”。

上述四则史料表明：八月二十七日，敢死队主力部队参与决战，八月二十八日，黎元洪派敢死队一千五百人大部队往刘家庙只进行了一些零星战斗。俟后，革命军便沉浸在欢庆胜利之中。汉口商家和市民，把酒、肉和馒头送到战线犒赏革命军。汉口军政分府和各商家备有红彩鞭炮，

1. 见《革命真史》中 73 至 74 页。

2. 见中国近代史资料丛刊《辛亥革命》五 231 页。

鸣鞭放炮庆祝革命军大胜。

第二天清晨，武汉三镇报童举着各类报纸，高声吆喝：号外！号外！革命军刘家庙大捷！一连三天，在武汉三镇广为传诵。街头上悬红挂彩，庆贺革命军胜利。武汉三镇父老乡亲箪食壶浆欢迎革命军。

清军帐篷营地

乘胜追击

计约翰 1911 年 10 月 20 日　星期五日记（辛亥年八月二十九日）

“今天一早，约有三百名革命军带着六门野战炮从十公里车站出发去七里湾。北军只是后撤。革命军继续挺进，在过造纸厂那边的一个地方驻扎下来。3 时半左右，革命军炮兵向据守着第二铁路桥的一队清军步兵开火。乱炮打了约四十五分钟，革命军派出了侦察队。据侦察队报告，该地区已无障碍，革命军遂决定要向第二铁路桥推进。他们一字儿展开，稍稍推进后便打起了排枪。随队的一名外国人看不到有一名清兵，但那个中国军官说，相距甚远的地方有一些身着灰军服的清军官兵。5 点过后不久，革命军占领了那座桥。同时，自汉口方面开来一列火车载有一千余名革命军的援兵，其中有几个骑兵团。……”[1]

1. 见《近代史资料》总 72 号 133 至 134 页。本文引用时有删节。

《南北春秋》记载：

“二十九日，民军与北军续战于刘家庙，民军胜。初，萨镇冰所率兵舰已退至下游，是日见民军与北军战于七里河，萨所率之兵舰复向前助战。嗣因武昌之炮台、汉口之陆军两面来攻，萨之兵舰不能抵御，遂退。兵舰一退，北军之势益孤，民军猛击之。其大队向铁路西退，民军中之敢死队，更携大炮四尊追击之。遇荫昌之前部军，又击退之。直至三道桥，北军已四散无踪，民军即乘火车至刘家庙驻扎。”[1]

《武汉战纪》记载：

“八月二十九日：民军阵汉口江岸，是晚以千人来袭，标兵以无援败走。我军之驻刘家庙者，混成三协之一部牵率惊溃。”

史料考：

《计约翰日记》记载：“今天一早，约有三百名革命军带着六门野战炮从十公里车站出发去七里湾。北军只是后撤。”

《南北春秋》记载：“兵舰一退，北军之势益孤，民军猛击之。其大队向铁路西退，民军中之敢死队，更携大炮四尊追击之。遇荫昌之前部军，又击退之。直至三道桥，北军已四散无踪，民军即乘火车至刘家庙驻扎。”

《武汉战纪》记载：“我军之驻刘家庙者，混成三协之一部牵率惊溃。”

上述三则史料互为佐证，表明方兴所率敢死队携大炮穷追猛击，清军牵率惊溃逃至三道桥以北，敢死队二战告捷的战斗史迹。

汉口附近革命军炮兵阵地

1. 见《辛亥革命史资料新编》第一册 246 页。

三战三捷

《南北春秋》记载：

“三十日，民军与北军三道桥附近交战。民军与北军遇，民军中之敢死队奋勇前敌，以十六人伏一堤下，弹击北军。北军阵于山上，炮弹向下轰击，皆落堤后水中。敢死队每发皆命中，歼北军无算。北军乃败走，民军复奋力击之。有乡民趋告民军，谓北军伏于三道桥下以图邀击，民军乃改为节节进攻法向前攻击。为时不久，即越三道桥，直入滠口。时北军大集，号称一万五千余人，而民军仅二千余人，相战颇剧。厥后北军大溃，投降者三千余人。”[1]

《中国革命纪事本末》记载：

“八月三十日，民军与清军战于三道桥。敢死队奋勇前敌，十六人伏一堤下弹击清军。清军阵于山上，炮弹向下轰击，皆落堤后水中。敢死队发皆命中，歼清军无算。清军败走，民军奋往击之。乡民趋告清军伏于三道桥，邀击民军。乃改为节节进攻法，向前攻击。为时不久，即越三道桥，直入滠口。时清军大集，号称一万五千余人，而民军仅二千余人，相战颇剧。其结果，清军投降者三千余人。”[2]

《武汉战纪》记载：

“八月三十日黎明，混成三协统领王占元收集散亡，退至滠口。”[3]

史料考：

《南北春秋》记载：民军中之敢死队奋勇前敌……民军即越三道桥，直入滠口。

《中国革命纪事本末》记载：敢死队奋勇前敌……为时不久，即越三道桥，直入滠口。

《武汉战纪》记载：王占元收集散亡，退至滠口。

这三本史书，就敢死队冲过三道桥击溃清军，以及清军败退滠口战

1. 见《辛亥革命史资料新编》第一册 246 页。
2. 见《中国革命纪事本末》23 页。
3. 见中国近代史资料丛刊《辛亥革命》五 231 页。

迹的相关记载互相佐证。表明八月三十日（10月21日），以方兴为队长的敢死队奋勇前敌，冲过三道桥北追击清军，清军不得不承认收集散亡，退至滠口之败迹。此乃刘家庙之战三战三捷。

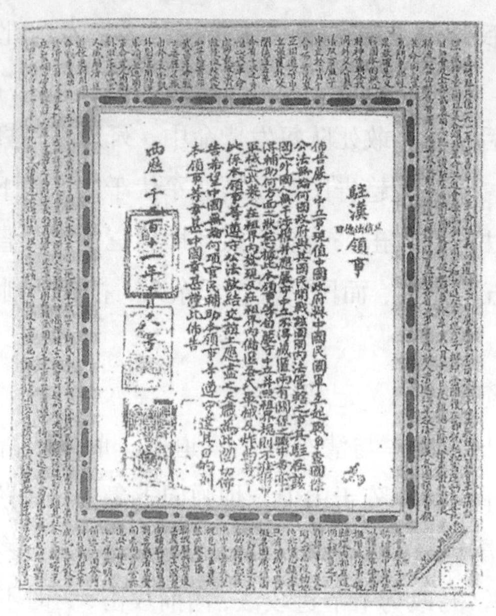

駐漢 英俄法德日 領事

佈告嚴守中立事現値中國政府與中國民國軍互起戰爭查國際公法無論何國政府與其國民開戰該國國內法管轄之事其駐在該

驻汉各国领事布告中立

武昌倡义，天下胪欢。虽汉口租界外人，素以奴隶轻视我者，见我汉人一旦觉悟，力争自由，兴师独立，莫不额手致敬。故于起义后第八日，即一致严守中立，承认民国军与异族军交战，已知有新陈代谢之势矣。前照即汉口五国领事严守中立之告示也。

汉口五国领事严守中立之告示

痛失战友徐兆斌

《汪臣普》记述：

“九月初一日黎明，同徐兆宾、金兆龙、王得胜由头道桥侦探三道桥，敌人隐匿布置放列，徐兆宾毙命，王得胜受伤。普与金兆龙伏水，行至二道桥，炮队接应，即掩护炮队。”[1]

《卫占鳌》记述：

“九月初一日，同志十八人追敌至三道桥外，副队长徐兆斌中弹身亡，损伤数人，我军不利。”[2]

1. 见《武昌起义档案资料选编》下卷129页。
2. 见《武昌起义档案资料选编》下卷123页。

《方兴革命事略》记载：

“二十八日，领队渡江，据三道桥，与敌对垒，剧战两昼夜。徐兆宾战死，以金兆龙为副队长。九月初二日，督战于歆生路一带。”[1]

《武汉战纪》记载：

“九月一日，两军以炮队交击，日正午，革命军步队约一标向三道桥北进战。至未（下午一点至三点），革军不克而还。”[2]

徐兆斌牺牲时间考订：

敢死队队员汪臣普称，九月初一日，在徐兆宾率领下投入争夺三道桥战斗，汪臣普既是这一战斗的亲历者，又是徐兆宾牺牲时的见证人。

卫占鳌亦系徐兆宾所率敢死队队员。二人文中记述，徐兆宾于九月初一牺牲。

《方兴革命事略》记载：金兆龙为副队长。九月初二日，督战于歆生路一带。

《武汉战纪》中记载：九月一日，革命军步队约一标向三道桥北进战，革军不克而还。这一记载与《革命真史》记载除兆斌带队前进，行至第三道桥中间，清军用机关枪堵塞隘路口，向敢死队猛烈射击，除兆斌中弹牺牲的战况具有一致性。

据以上四则史料的记载，考订徐兆宾壮烈牺牲时间为：九月初一日。

《革命真史》记载：“又据由阳逻来汉同志多人报告，该处已停泊兵船五只，民军第二协何统领因正面三道桥有一里余长，是一极险之隘路，右翼是湖，左翼是扬子江，海军又在阳逻，照地形观察，不易进攻。若由敌之右翼进攻，非行大迂回法不可，现在所辖队伍，俱是新兵，其一切后方接济，都不完备，困难殊多，能否照命令动作，不可知也。遂命各队暂在造纸厂防御，一面将以上困难情形报告黎都督。黎阅报告，即开军事会议，当决定令该协在三道桥南端一带作防御准备，再图攻击。

“是时一般不知兵者，又谓不应取守势防御，未免示弱，当乘敌新

1. 见《武昌起义档案资料选编》中卷 207 页。

2. 见中国近代史资料丛刊《辛亥革命》五 231 页。

败之余，向前进攻，以便占领武胜关。又有谓何锡藩胆小，始终靠不住者。于是若辈同至汉口造纸厂参观。一面要何统领下令向敌攻击，又一面在部队鼓吹，大说何锡藩无用，谓区区清军儿戏之众，不难一鼓荡平，说得极为容易。时有敢死队队长徐少斌，愿告奋勇，进击滠口之敌，何统领许之。旋挑选各部队随同敢死队进攻。兹将所派进攻队伍，揭示如左：

“一、敢死队二大队。

“二、步队一营。

“三、炮队一营。

“以上各队挑选组织后，即以谢元恺为司令，以徐少斌为前卫司令，其余第二协所辖各部均在造纸厂准备，如进攻滠口之队伍得手，即跟随前进。

“同日午后一时，谢元恺命徐少斌带第一敢死队为前卫，第二敢死队为援队，步队一营为预备队炮队。一营在第二道铁桥沿堤附近布置放列，以援助敢死队前进。

“少顷，徐少斌带队前进，行至第二桥以北，即命队伍开始射击，而滠口清军亦不还击。徐少斌以为无敌人在此，遂率敢死队猛进，进至第三桥中间，清军即用机关枪堵塞隘路口，向敢死队猛烈射击。徐少斌当即阵亡，尸落水中，同时阵亡兵士十余人，伤二十余人。旋即退却，但炮队系山炮，虽向清军射击，亦少命中。至午后四时，各队仍退回造纸厂。”[1]

《黄斌革命事略》记载：“时副队长徐兆宾战死，饷银亲给其家属，并代禀都督，从优议恤。后金兆龙继徐兆宾为副队长，黄指挥兴调往汉阳。”[2]

《革命真史》记载：“是晚第二协各部队仍在原阵地防御，并将本日派队进攻情形，及徐少斌等阵亡情况，报告黎都督。唯一般热心过度之门外汉，仍谓何锡藩怕死，迟迟不进，应乘敌败退之时，直追至三道桥以北，免我军进攻隘路，发生危险。又谓：“为指挥官者，当身先士卒，奋勇先登。”众喙纷纭，群责何锡藩贻误戎机，不能当此重任。同时张景良谓何锡藩是

1. 见《革命真史》中 75 页。

2. 见《武昌起义档案资料选编》中卷 625 页。

彼部下（张系二十九标统带，何系二十九标第一营管带），愿到汉口杀敌，为民国立功云云，而一般神经过敏之人，因张景良既被看管，然究系汉人，资格较何锡藩尤深，如能将汉口之敌攻退，即不咎前嫌，并论功行赏，大众遂在黎都督前要求委张景良为汉口指挥官。

“所有在汉军队，悉归节制。张景良奉命为汉口指挥，即到汉口组织司令部，以萧开桎为参谋，其司令都设在刘家庙车站。当通知第二协各部队，及军政分府，并在汉各机关，一面计划攻击汉口之敌。”[1]

勇夺敌炮

《方兴革命事略》记载：“九月初二日，督战于歆生路一带。我军猛烈异常，敌累战累却。”[2]

《中国革命纪事本末》缺失九月初一、初二两天战事记载。

《南北春秋》关于初二全天战事，仅有“民军占领江西九江府”记载。[3]

《武汉战纪》记载：

“九月二日未初，（下午一至三时）革军施巨炮连环射击，我阵坚，且有蔽，弹不能中。寻侦知我山炮队药弹将罄，驱敢死士六百人出三道桥来猛扑，步队动几不支。四标三营管带田某，搏战至酉（下午五至七时），革军不得前，唱军歌而返。”[4]

《革命真史》记载：“九月初二日，军政府派工程营李占魁率该营到汉口附属炮队，筑设防御工事。又派敢死队全体到汉增加，又在武昌武胜门外凤凰山将炮台设置完好，并将要塞炮安置于三道桥江岸，用测量镜测准距离，以便向清军射击。”[5]

史料考：

《方兴革命事略》记载：九月初二日，督战于歆生路一带。我军猛烈异常。

1. 见《革命真史》中 76 页。
2. 见《武昌起义档案资料选编》中卷 207 页。
3. 见《辛亥革命史资料新编》第一册 246 页。
4. 见中国近代史资料丛刊《辛亥革命》五 231 页。
5. 见《革命真史》中 91 页。

《武汉战纪》提供了敢死队勇夺清军大炮细节史料：九月二日未初，革军施巨炮连环射击，我阵坚，且有蔽，弹不能中。寻侦知我山炮队药弹将罄，驱敢死士六百人出三道桥来猛扑，步队动几不支。四标三营管带田某，搏战至酉，革军不得前，唱军歌而返。

《革命真史》记载，九月初二日，敢死队全体赴汉口参战事实。

以上三则史料表明九月初二日，方兴奉军政府之命，率领全体敢死队队员赴汉口参战。下午一时开始，革命军与清军双方展开炮火攻击。双方炮战不久，方兴发现敌炮炮弹用完，立即率领六百敢死队队员勇夺敌炮战迹不属虚构。

历史回放：

九月初二日(10月23日),方兴奉军政府之命,率敢死队全体队员出征,支援汉口炮队前沿阵地，协助革命军工程第一营修筑防御工事。按军政府部署，敢死队赴三道桥江岸一带协助炮营安置大炮。方兴率领敢死队按时到达炮队阵地，修筑炮台，架设大炮。军政府给各门大炮都配备测量镜，各炮炮手准确测算射击距离，精准攻击清军大炮阵地。

下午一时开始,革命军与清军两军在汉口地域展开一场猛烈的炮战。是日下午二时左右，革命军两地大炮一高一低，循环向清军汉口炮兵阵地射击。凤凰山炮台居高临下，射击距离测量准确，势如破竹，炮炮命中。凤凰山炮台炮声一息，三道桥江岸要塞炮马上响起，不给清军留下喘息时机。清军山炮窝于洼地，兵士虽能隐蔽防身，山炮炮筒短小射程难及目标，弹弹虚发。两军炮战往复不久，清军山炮突然哑然无声。方兴探知清军山炮弹药用尽。当机立断，一面发出信号令革命军停止炮击，一面亲率六百名敢死队员手持枪械，背伏双份弹药，跃出三道桥炮兵阵地，迅速猛扑清军山炮阵地。清军炮兵有炮无枪，突见敢死队杀来，丢弃山炮闻风而逃。清军步队四标三营立马出兵救援。下午五时许，敢死队与清军步队四标三营展开一个多小时枪战，敢死队弹药充足，穷追猛打赶跑清军援军。时值夕阳西下，方兴带领敢死队队员们，拖着山炮，高唱敢死队军歌：“今夕、今夕、今夕、今今夕，黄沙万里一片战斗声，一二三四，一二三四！”凯旋。

革命军缴获清军山炮

再战刘家庙

炮火交战

计约翰 1911 年 10 月 24 日　星期二日记（辛亥九月初三日）

“天亮时到达前线的一些经过训练的士兵。今天上午又来接替这些新兵。当天色变得足以使双方都看清自己的对手时又打了起来。革命军约有一千人，就隐约所见而论，清军只是革命军的一半，不过他们在离铁道路堤约一里远的地方架起了一门远程炮，轰击位于二号铁路桥前约二百码处的革命军侧翼。双方步兵进行枪战的同时，大炮开始介入，一发接一发的炮弹极其准确地落在革命军队中。革命军忍受了一小时的痛击然后撤退到造纸厂。清军乘其撤退时向前挺进。革命军想从造纸厂用他们的野战炮反击来打哑对方致命的大炮，可是弹弹虚发。与此同时，他们还遭到致命的榴霰弹弹雨。革命军仅剩下一架野战炮在射击，而且尽管 11 时左右有骑兵来增援，他们还是不得不再一次撤退，一直退到亚细亚油公司的油库。看来他们好像企图在那里停下再抵挡一阵，可是渐渐地革命军仍然只得继续退却，至二时他们全部退到了十公里车站的防线范围内，从而清军占领了造纸厂。在这场战斗中，清军的步兵很少参战，只是在革命军撤退时，步兵才三三两两地四处巡查，占领撤空的阵地。他们最远没有过造纸厂。战死的人数是不少的，伤亡全在一方。下午，革命军积极地从武昌调来生力军。这些军队乘坐由汽船拖带的驳船而来，总共增加了几千名精兵。清军整个下午在仔细检查铁路线和铁路桥的情况，显然想要确定这段铁道上是否可以安全行车。革命军已派人去汉口要求发运大炮来同对方决战。

“外国的海军将军和一部分海军军官昨天在观战。”[1]

《中国革命纪事本末》记载：

“九月初三日早八点，民军先由二标二营兵士与清军互相开炮，各有损伤。民军伤队官一人，什长一人，兵士九人，清军乘间夺炮。经一标三营勇往直前，清军望风而遁。转夺敌军炮台，相持至九点钟。清军雇民船二艘，潜由西湖下，将袭民军之后，作夹攻势。至三道桥口，为民军守堤兵所见，开炮轰击，二船俱沉，死十余人。而清军炮之弹，落于民军伏炮处，民军无重伤者。已而土壕炮兵争起，连放数炮，清军被伤无数。”[2]

《南北春秋》记载：

“初三日，汉口北军袭民军，为民军击败。是晨八时，民军先由二标二营兵士与北军互相开炮。民军伤一队官，什长一人，兵士九人。北军拟乘间夺炮，经一标三营勇往直前，北军望风而遁，转将北军炮车夺下，至九点钟。北军雇民船二艘，暗由西湖而下，欲袭民军之后，作夹攻之计。至二道桥口，为民军守堤兵窥见，开炮轰击，二船俱沉，死十余人。而北军之炮弹落于民军伏炮处，民军微伤，已而土壕炮兵奋起，连放数炮，轰伤北兵无数。”[3]

《武汉战纪》记载：

“九月三日禁卫军管退炮一营至，军心一振。时我军兵不足两镇，而粮糗药弹，又多未储备，乃定次第进攻策。”[4]

1. 见《近代史资料》总72号135至136页。本文引用时有删节。
2. 见《中国革命纪事本末》23页。
3. 见《辛亥革命史资料新编》第一册247页。
4. 见中国近代史资料丛刊《辛亥革命》五231页。

备战三道桥

计约翰 1911 年 10 月 25 日　星期三日记（辛亥九月初四）

“今天下雨，使得想夺回造纸厂阵地的革命军不得不停止行动。在十公里车站，一队坑道工兵正忙着加固阵地，挖掘战壕以防枪弹，架设大炮保护有可能遭到进攻的地点。在造纸厂，清兵似乎也在作这样的战前准备。中午时分，曾在昨天的战斗中重创对方的远程野战炮运过二号桥进入了阵地。昨天革命军仓惶逃离时遗弃的运输车也归了他们。”[1]

……

《南北春秋》记载：

“初四日，湖北民军与北军战于七里河，民军初败后胜。”[2]

《革命真史》记载：

“初三初四两日，革军与清军一面在三道桥对峙，一面准备进攻。”[3]

计约翰 1911 年 10 月 26 日　星期四日记（辛亥九月初五日）

“十公里车站的防御工事现将完工。各个方向都挖了战壕，大炮用小竹子和长在各个拐角处的灌木丛巧妙地隐藏，同时所有可用的房屋都被军队用作宿营地。所有外侧战壕内人源不断，每人手持步枪，随时准备热烈欢迎露面的敌人。一些远程炮的增加，大大增强了防卫力量。在前几次的战斗中，战场上的大炮太小难以对付对方的炮火，现在有了战场上的这些大炮，战斗将不再像星期二所发生的情形那样一边倒了。……今天下午的大部分时间是前哨互相狙击。士兵的踪影一出现在射程范围内，砰砰的枪声就响起来。

“其时，清军也不闲着。据一名探子报告，清军已在头道桥上筑垒，

1. 见《近代史资料》总 72 号 136 至 137 页。本文引用时有删节。
2. 见中国近代史资料丛刊《辛亥革命》五 231 页。
3. 见《革命真史》中 97 页。

并布有四门野战炮防卫。看来双方采取同样的策略，潜伏着等待对方发动首次行动。

“革命军军官几乎买下了能买到的所有望远镜。

“革命军声称现已控制了五省省会——广西的桂林，江西的南昌，江苏的南京还有湖北和湖南的省会。而且他们断言，扬子江上的四大要塞——江阴、九江、湖口和武昌已属于他们。

“停泊在黄州下游巴河的四十艘载有大炮的帆船现已升起爱国旗子，遣派代表团愿向黎都督效劳。”

……[1]

亲历者的记述

《九团三营十二连连长蒋楚杰》记述：

“相持前月至九月初五日，杰率十八人攻二道桥，冒死前进，夺获敌炮。追至三道桥，敌军大队加增，杰只身前探，竟为敌所围，伏水始逸。是日我师败绩，乃退守歆生路数日。”[2]

《九团二营六连连长魏忠强》记述：

“九月初五日早八点钟，渡江到汉口水塔。忠强奉命督同胞前进。攻两次，因敌悍，同胞不能御敌，由是退下。忠强执令督同胞不准散队，因危险已到十分，同胞均已退却。忠强犹不忍退，遂于次初六日上午，执命令同步队四人渡江回省。”[3]

《汪臣普》记述：

“初五日夜，开往大智门，攻击刘家庙。”[4]

《中国革命纪事本末》记载：

“初五日，清军进攻江岸停车场附近，前哨已抵一道桥，民军以其重要之地，守兵千余，列炮数门，尽力抵御；清军大队未至，卒为民军击退。”[5]

《武汉战纪》中，关于初四、初五两日战事无记载。

---

1. 见《近代史资料》总72号137至138页。本文引用时有删节。
2. 见《武昌起义档案资料选编》下卷90页。
3. 见《武昌起义档案资料选编》下卷93页。
4. 见《武昌起义档案资料选编》下卷129页。
5. 见《中国革命纪事本末》23页。

血战刘家庙

计约翰 1911 年 10 月 27 日　星期五日记（辛亥九月初六日）

“……黎明时分，清军开始袭击十公里车站。晚间，一支大军越过了桥，隐蔽在革命军宿营地周围。步兵和炮兵来到铁路的两侧。全部兵力大概至少有一万人，尽管大约只有四千人参加作战，但他们炮兵队有的几门大炮比革命军所拥有的任何那一门炮的威力大得多。革命军营内大约有三千人。我们很早就到场，发现尽管敌人的榴霰弹落下并在革命军中造成严重伤亡，但革命军仍充满信心坚守阵地。革命军掩蔽在胸墙后面，确实占了有利的地势，而清军想借助步兵狙击和大炮的远程射击，沿着旷原向前进击。

“中国炮舰的行动有些令人费解，他们来到战场的对面，然后又顺流而下，似乎不打算参战了。革命军中有些人看出了这一点。有几个革命军兵士说，其中一艘炮舰升起了白旗。显然，他们旨在使革命军放松警惕。大约九时许，炮舰再次出现，这次是为尽责而来。他们对着十公里车站的革命军宿营地开火，炮弹很快落在敌军阵营中。埋伏在一排排灌丛后沿胸墙处的炮队开炮回击，但革命军的大炮大大不行。就能看到的来说，革命军的几发炮弹落在炮舰附近，对炮舰损害甚微。

“革命军遭到两面炮火的夹攻，判定那地方遭到炮火太猛烈，榴霰弹从头上、陆上以及从铁路线前面来，接着马克西姆机枪又开始猛烈射击，弹如雨下。撤退开始了——是出于奉命撤退，还是出于相互谅解，这就不得而知了。

“把革命军赶跑的炮舰顺流而下。陆上的清军队伍整齐，继续战斗。骑兵以疏开队形越过平原而来，后方的大炮同时又使得敌人手忙脚乱。战线仍保持着，似乎这不是一场真枪实弹之战，而是一场模拟战。

“革命军幸亏在铁路与水路之间有一条完全畅通无阻的退路。当清兵逼近十公里车站时，他们好像都到铁路的陆路一边去了。因而，革命军能不为前进中的清军注意退回汉口。清军士兵小心翼翼地跟上前来，因为他们知道可能会有一支军队等着从堤后向他们射击。撤退持续了近一个多小时，撤退的队伍中有些人奔跑着，而大多数人则沉着地走着，另有一些人则停下来搀扶起伤员，将他们去躲避起来。当清军先头部队出现在铁路路堤上时，他们几乎已不在射程之内了。

……

“在撤退看来已经结束时，清军骑兵的探子来到租界边界线附近，看看他们取得了什么战果，只见一支约三百人的革命军正从跑马场向铁路线的陆路一边行进。看样子他们不可能没有头领。四名一直注视着他们的外国人，看见那些兵显然是毫无目的地从一大堆茅屋中暴露出来。在铁路的另一边的一队清军骑兵在他们的射程之内，一场紧张的小规模战斗眼看就要发生。可是，注视这些莽干兵的几名外国人马上看到他们急匆匆撤退。后来得知，这是一支“敢死队”，他们曾起誓为革命事业牺牲自己的生命。他们好像已决定要为更大的革命利益在另一天作出牺牲。据城内革命军指挥部估计，在作战的几小时内，已有几百人失去战斗力。未受伤的士兵坐在路旁，有什么就吃什么。他们虽准备——其中有些人急着要重上战场，但是一面又狠狠抱怨领导。从革命军指挥部传来消息说，士兵逮住了自己的将领，带他到指挥部来，要求下午换上新的指挥官。他们还控告负责战场上弹药的军官未能不断供应弹药。

“在十公里车站，革命军留下他们的宿营设施、十六门大炮及一列专门运载落伍者的火车。清军夺得了这些东西。还俘获五十名敌军，并将他们向北解往新扬州。清军方面的伤亡较小，大概全天是三五百人。

“下午对清军阵地的进攻几乎无望。早晨曾经历了那些毁灭性炮火的革命军又回去作战，谁都禁不住要钦佩他们这种勇气。当然，这是徒劳的。革命军再次溃退，但仍没有惊慌的迹象。2时，清军来到十公里车站和跑马场路之间的半路上，他们派出一支骑兵分队进入曾遭到隐藏在莽莽野草丛中一队革命军突然袭击的地区。骑兵躲在一所小屋后作掩护一直到步兵跑步到来，经一场小规模激战后，革命军被击退。同时，前进中的清军遇到了驻在跑马场并显出极大决心坚守阵地的革命军。双方步枪激烈地交战了近半个小时，在清军一方再加上马克西姆机枪枪弹和炮火从十公里一车站飞来。三时半左右，清军的主力从十公里车站涌出，但未来到危险区内。四时，革命军开始慢慢撤退，留在阵地上的伤亡者比预计的少。清军追了上去，冲过一块空地，占领了跑马场路。革命军带来了一支有2门炮的炮队，继续在敌人中准确地落下炮弹，但没有能阻止清军稳步前进。这样反复作战，直到革命军被赶至大智门车站。清军炮弹如下雨般落在车站。一会儿工夫，步枪、马克西姆机枪和快射炮的格格声，加上发射炮弹的爆炸声，使人震耳欲聋。天转黑时，革命军开始沿着租界和铁路线后面朝城内退去。他们撤退得相当缓慢，毫不惊慌。清军在后紧追，一面继续射击，直到能看清遭攻击地方后，过了很长时间，才停止射击。……革命军进行的最硬的一仗是在新打靶场。新打靶场是在中午刚过后被一队革命军占领的，他们不顾榴霰弹连续不断在头顶上爆炸，仍一直坚守到黄昏日落时他们离开新打靶场，并借助马克西姆机枪扫射开路返回了铁路线那边。清军占领了车站。”[1]

亲历者的记述：

《九团三营九连连长李松山》记述：

“九月初六七两日，与清军血战刘家庙。”[2]

《王正甲》记述：

“九月初七日，又至刘家庙、三道桥抵敌。至初八日下午，败回武昌。”[3]

《贾威汉》记述：

“九月初三日，开往汉口刘家庙，被诈降兵轮开炮击我军，是以不利，至九月初七日失守，初八曰，退回武昌，扎江夏高等小学堂。”[4]

《胡朗山》记述：

“直至初六日，前进，被诈降兵舰发射数炮，我军不利，遂退守大智门。初七日，汉口失守，返回武昌。”[5]

1. 见《近代史资料》总72号138至141页。本文引用时有删节。
2. 见《武昌起义档案资料选编》下卷92页。
3. 见《武昌起义档案资料选编》下卷117页。
4. 见《武昌起义档案资料选编》下卷117页。
5. 见《武昌起义档案资料选编》下卷123页。

《方兴革命事略》记载：

"初六日，退守张美之巷，敌烧汉口。时黄兴为总指挥，知汉口不可守，调敢死队驻扎汉阳。"[1]

《南北春秋》记载：

"初六日，汉口民军复与滠口北军交战于刘家庙。是日晨六点钟时，滠口驻屯北军向前进发，抵二道桥，与民军守兵相遇，小战片刻，民军即退。北军遂进至一道桥与民军战。北军炮队轰击车站，民军之炮队还击，两有死伤。惟北军发炮之术尚精，弹多命中，故民军不利，遂至退却。北军即进占江岸及戴家山一带之五陵，布炮多门，向车站开击；同时，停泊于阳逻之军舰，楚有、海容、海筹等亦驶向车站开炮。江边民军原有炮队守护，见兵舰来，亦向开炮，惟多不中，于是军舰无甚损害。江岸车站，水陆两面受敌，虽竭力防御，而北军进攻势甚猛，遂退至日租界之后，北军又进迫。有顷，民军又出与剧战一次，以兵力薄弱，卒不支，遂沿铁路线退往大智门。北军遂占领江岸车站，获得大炮枪械若干。是役也，午前七时开战，约战三小时，北军之数约五千人，民军之数约二千人，死伤各百余人。午后一时许，民军由武昌来援兵六百人，炮数门，再向江岸车站进攻。北军得信，即布队迎击，一面用野炮向大智门开发。民军冒弹猛进，一军出跑马场，一军沿铁路线出日本租界后，并力进攻。北军炮队于铁路线上排列机关枪，专击沿线来攻之民军。民军遂退伏跑马场两旁，以俟北军之至。北军大队又分两路进迫，民军即开枪攻击，其势猛烈，子弹如雨。北军大受损伤，仍猛进不却。炮队由铁路线还击，助大队之进行，于是两军遂大战约二时许，民军稍疲，北军乘势冲突。民军重振精神，不稍退让，遂至互用兵刃，接近奋斗。有顷，民军不利，退至大智门。北军乘胜大进，民军不及守，又舍大智门而退，北军乃占大智门。时已晚，遂露营附近以守。此次之战，两军兵数，民军约二千六百余人，有野炮十二门、机关炮二门，死伤者六百余。北军兵数约六千余人，为第四镇与第三混成协之兵队，有野炮、机关炮共数十门，死伤者七八百人。是役也，为民军与北军开战以来所未有之大战也。"[2]

---

1. 见《武昌起义档案资料选编》中卷 207 页。

2. 见《辛亥革命史资料新编》第一册 247 页。

《武汉战纪》记载：

“九月六日，我军度三道桥，进攻刘家庙，王占元率混成三协趋铁路东，王遇甲率四镇趋铁路西，人各携二日粮，克期进击。抵造纸厂，敌兵次煤油罐鏖战，久之，步队七协不能当。某急率一营（第八镇第十六标第三营）驰入阵，战至午，敌攻益猛，而蛇山及塘角之炮，萃击我军，弹索索雨下。急檄海筹、海容诸舰，驶至丹水池江岸，侧击刘家庙，我军乘势勇搏，且攻且前，敌炮声渐微。战三时，窜跑马厂，合军蹑击，遂得刘家庙。是役也，毙革军八百余名；虏二百余，获山炮三十六尊，枪械子弹无算。”[1]

《革命真史》记载：

“初六日拂晓，清军乘我军未前进时，一由造纸厂，一由姑嫂树，分两路附机关枪多杆，亦向民军攻击。民军各部队已在刘家庙占领阵地，两军火力相持，射击极为猛烈。民军谢元恺令该标前进，其余亦随之前进。民军新兵不善利用地形，被清军机关枪扫射，死伤颇众。至午前十时火力益形猛烈，空中子弹飞过之声，如风卷木叶。民军无机关枪，又无管退炮，民军所用之山炮子弹，效力不大。清军管退炮效力甚著，两军在刘家庙与造纸厂相持。清军由滠口陆续增加兵力约一镇以上，火器又较民军精锐，人数又相等，清军又系久练步队，善利用地形，秩序较民军整肃。而第一火线布满机关枪，民军迭次前进，均受伤过重。是日，两军相持一日，战斗最烈。但刘家庙附近地势平坦，民军伤亡极多。是日午后五时，清军用炮队援助机关枪，由姑嫂树向戴家山方面前进，向民军侧击。民军第四协统张廷辅受伤，该协左翼伤亡太多，遂后退。而与左翼接近之队伍，见其后退，亦随之后退，唯敢死队在后督队，不准退后。无如新兵过多，既退之后，秩序渐乱，不易指挥，在战线上极为散漫。且协统受伤，其部下各级军官亦难负责维持。战至天晚，火力渐息，民军各部队陆续向大智门新停车场附近退却，占领阵地宿营，清军即前进占领刘家庙附近一带。”[2]

---

1. 见中国近代史资料丛刊《辛亥革命》五 231 页。
2. 见《革命真史》中 101 页。

铲除内奸

计约翰 1911 年 10 月 27 日　星期五日记（辛亥九月初六日）

“其中有些人急着要重上战场，但是一面又狠狠抱怨领导。从革命军指挥部传来消息说，士兵逮住了自己的将领，带他到指挥部来，要求下午换上新的指挥官。他们还控告负责战场上弹药的军官未能不断供应弹药。”[1]

《方兴革命事略》记载：

“我军猛烈异常，敌累战累却，乃多方设间，诱我总指挥张景良，遂纳款于敌，命军械官罗家炎押子弹，暗济敌。张景良益指挥前进，敌忽枪炮齐击，毙者不计其数，我军遂溃，二队队长马融死之。众军知为张景良所误，执而诛之。兴遂命黄天骥、吴宗汉、罗维等缚罗家炎，磔之武昌。义士愤不泄，多剖取心肝食之。”[2]

《黄天骥革命事略》记述：

“九月初二日，剧战于华景街、歆生路一带。时张景良为总指挥，忠于清，按兵不动。军械官罗家炎扣留子弹，分运北军，遂败绩。二队长马荣死之。天骥与吴忠汉、罗维等，急缚罗家炎送武昌枭首，歆生路遂为敌所有。”[3]

《南北春秋》记载：

“闻近日民军战事之不利，一由于奸人张景良、罗嘉言之反攻，一由于新招之兵与老兵相间。新招者用枪多不如法，致多伤同队之人。军政府乃收回新兵，重新训练。旋得湖南派来精兵数千，全军精神，为之重振。”[4]

《武汉战纪》记载：

“初革军指挥何锡藩受重伤，不能军，黎元洪以张景良代之。张景

1. 见《近代史资料》总 72 号 140 页。
2. 见《武昌起义档案资料选编》中卷 207 页。
3. 见《武昌起义档案资料选编》中卷 607 页。
4. 见《辛亥革命史资料新编》第一册 248 页。

良者黄陂人，初为湖北新运营标统。武昌变作，景良力言朝廷已宣告立宪，不宜存种族见，再言革命。革党皆怒，请杀之，元洪囚之府中。至是乃请赴前敌自效，且以家口为质，元洪信之，俾代锡藩，遂与其将罗家炎、刘锡祺、宋锡全筹谋反正。是日之战，饬前敌勿多发子弹，火竭即绕阵大呼曰，我军败矣，率之而奔。元洪得其状杀之，从容就死曰：吾今日可以报大清矣。见者为之流涕。是日奉旨：袁世凯授为钦差大臣，一切水陆各军，均归调遣节制；荫昌召还京，以冯国璋接统第一军，驰抵大智门，进规汉口。”[1]

《革命真史》记载：

“是晚，甘绩熙即回军政府报告战斗情形，谓谢元恺、蔡德懋、李忠孝、马荣诸将校同时阵亡，何锡藩受伤，以及军队退至歆生路各种情况。军政府一般同志，闻之不觉泪下，极为愤激。黎都督则甚为惶恐，谓此日之战，何至死伤许多将校，汉口无人维持，恐难保守。遂召集军事紧急会议。一面令张景良维持各部队秩序，无如张景良索性疏忽，更因败退，心气俱灰，不知隐于何所，复由军政分府派人在后城马路将张景良寻着。又见第八镇正参谋官刘锡祺在场，同志甚为疑惑，于是即请张景良、刘锡祺二人到军政分府。刘锡祺不肯行，大众强制执之，张景良与刘锡祺遂至军政分府。詹大悲问刘锡祺曰：‘你由何处来？’刘答曰：‘由湖南来。’詹又问日：‘往湖南何为？’刘答曰：‘往湖南办公事。’詹云：‘今既回鄂，为何不到军政府投到？’刘曰：‘我是满清官员，如何要在军政府投到？’詹云：‘你现在还不投降吗？’刘云：‘万不能投降。’詹云：‘你既不归顺，你就是汉奸。’刘云：‘我是汉奸，你们还是土匪呢！’于是詹大悲饬人将刘锡祺监禁后，又问张景良曰：‘你既是汉口民军指挥官，为何不照料队伍？’张景良答曰：‘各部队不受指挥，我亦无法照料。’詹云：‘你既无法照料，就应向军政府辞职。’张云：‘我从此不干。’又云：‘各部队如听我指挥，我真要切实办理，早已攻过武胜关了。’詹云：‘既如你说，岂不是故意为坏？’亦将张景良看管，一面将刘锡祺、张景良二人所说之词，报告都督，黎亦未置可否。后来汉口同志节节败退，詹即将该二人正法。”[2]

1. 见中国近代史资料丛刊《辛亥革命》五 232 页。

2. 见《革命真史》中 106 页。

编者注：

连日来，清军累战累败，于是用金钱引诱总指挥张景良，张景良接纳敌款后，命军械官罗家炎押送子弹暗送清军。罗家炎掌管军械大权，只给每位敢死队员发放二排子弹，共计十颗。名曰与敌交锋，实则使敢死队束手待毙，敢死队遂溃。方兴查明罗家炎通敌实情，遂命黄天骥、吴宗汉、罗维等将罗家炎绑缚武昌，交军政府审判，磔之武昌。

突击济生堂庙

计约翰 1911 年 10 月 31 日　星期二日记（辛亥九月初十日）

“今天的战斗只是两声炮响和一阵嗒嗒的枪声。大智门十字路口的大炮向汉阳山发射了一二次炮弹。有二次小规模战斗，清军大败。一天结束时，战斗情况还是像一天开始时那样：清军占领铁路，革命军占领汉口城。

“据报道，似乎革命军在小规模战斗中占了优势。清晨，一小队清兵被派去进攻中国跑马场的革命军阵地，但是在清军主要凭借马克西姆机枪进行的一场时间很短交战之后，清军溃退至歆生路。这天唯一的另一场战斗发生在下午 4 时，一队革命军包围了济生堂庙，那里约有 500 名清兵。一支计有 200 人的“敢死队”正面攻击清军，同时 500 名湖南军到达后方。战斗只持续了很短时间，北方军就逃跑了，在战场上留下 200 具尸体。”[1]

……

《中国革命纪事本末》记载：

“九月初十日，清军之第一军第三协步兵，分布于铁路两面；炮队列阵于玉带门车站附近，及大智门车站附近，炮口均向华界民军，严阵以待，汉阳炮台亦置炮预备。民军因汉口为汉阳之外蔽，汉口如失，汉阳即危，故抗击十分猛烈。两军接战，愈接愈近，战至距离内相去二百米远时，民军之敢死队伏而不动，及清军进至一百米远，乃奋起冲突，清军共死三千五百余人，全军几歼焉。

---

1. 见《近代史资料》总 72 号 144 至 146 页。本文引用时有删节。

“九月初十日以后，两军连日无战事。惟清军在汉口纵火，数日不熄，商民房屋，成为焦土。汉口除北军外，惟外人及赤十字员而已。”[1]

《武汉战纪》记载：

“九月十日薄晓，再攻汉口市街，十四十五标兵战革军马队于循礼门，逐之，趋入市街。敌匿列肆墙屋中下击，我军多死伤者。适三协兵至，层层逼索，战移时，敌知不可守，焚所储药弹粮秣，延烧数里。协兵蹈火夺由义门，战至申（下午三时至五时），由义门东至江岸，西至铁道悉为我有。”[2]

《革命真史》记载：

“初十日午前九时，黄兴、宋教仁、田桐、李书城等自沪来武昌，军政府派军乐队及一般同志到汉阳门江岸欢迎。即至军政府，经过武昌城内，沿街百姓均放鞭为礼。旋武汉三镇都已知之，以为黄兴是革命首领，必是非常之人。料汉口稍失之地，不难夺回，勿论老幼男女，对于黄兴之希望，莫不额手致敬。黄兴到都督府与黎元洪相见时，黎极欢迎。二人握手后，旋即谈汉口日来战争情形。黎请黄兴主持，黄亦不辞，以天下为己任。

……

“是晚，黎都督一面将以上各情通电各省，一面发出布告，并通令各军队咸知，一时武汉军民群相庆贺。是晚清军在汉口侦察民军阵地，并知谢元恺、蔡德懋等阵亡消息。因清军自入寇汉口以来，最畏谢元恺、蔡德懋、马荣、方兴、徐兆宾等。既知民军良将阵亡，自不及以前之整肃勇敢，故趁民军援应未到之时，继续进攻，将汉口完全占领，再谋攻武昌。一面清军照会驻汉各外国领事，谓：‘汉口障碍甚多，进攻困难，拟将全镇房屋烧毁，以便施行攻击。倘有侵害外人财产之处，清国政府愿赔偿损失’等语。各领事接得照会，极为反对，舆论大哗，谓各国已严守中立，关于租界附近，不得侵犯。并云民军起义后，始终保护中外人民之生命财产，真是文明仁义之师。惟清政府今仍是野蛮，不顾舆论，无怪中国各省皆与之反对。”[3]

1. 见《中国革命纪事本末》25 页。

2. 见中国近代史资料丛刊《辛亥革命》五 233 页。

3. 见《革命真史》中 110 页，本文引用时有删节。

史料考：

《计约翰日记》记载：这天唯一的另一场战斗发生在下午四时，一队革命军包围了济生堂庙，那里约有500名清兵。一支计有200人的敢死队正面攻击清军，同时500名湖南军到达后方。战斗只持续了很短时间，北方军就逃跑了，在战场上留下200具尸体。

《中国革命纪事本末》记载：抗击十分猛烈。两军接战，愈接愈近，战至距离内相去二百米远时，民军之敢死队伏而不动，及清军进至一百米远，乃奋起冲突，清军共死三千五百余人，全军几歼焉。

《武汉战纪》记载：敌匿列肆墙屋中下击，我军多死伤者。

《计约翰日记》和《中国革命纪事本末》两则史料共同确立九月初十日，敢死队以突击战之战术歼灭清军战迹。《武汉战纪》承认清军多死伤于肆墙屋中下这一事实。证明九月初十日敢死队在济生堂庙与湖南友军协同作战全歼清军，战场上留下清军200具尸体战迹有根有据。

休战十日

计约翰1911年11月1日　星期三日记（辛亥九月十一日）

“我收到清军统领一封来信，不许任何外国人走出租界。要求是合乎情理的，我相信所有英国国民将照办，凡忽视命令擅出租界者，应由军事当局逮捕。

火烧汉口城

“今天凌晨，清军火烧汉口城，只见熊熊火焰从十来处升起，整条马路烟柱滚滚。每隔很短时间就着起火。正在刮起的一阵猛烈的东北风推动火焰，将它们送出很长距离，只要火焰一接触高层建筑，就好像抱住了它，几分钟后，高楼就成了一只烈火燃烧的大火炉。已有好长一段时间没下雨了，每样物品都十分干燥。这个情景是骇人的，很快就可看出汉口城命运已定。阳光透过来夹有可怕火光的烟雾照耀着，一想到在街上逃命的不幸居民们以及被人抛弃、听天由命的妇女老少，还有无谓牺牲的宝贵财产，包括一些华丽的商店内的东西、储藏在仓库里的大量货物，就令人情不自禁地会咬牙切齿。好像这还不够似的，清军炮队还不断朝着注定毁灭的汉口城倾泻炮弹。与此同时，各租界也都受到惊恐。清军在大智门十字路口和老高尔夫球场架设十来门大炮已有好几天，他们在那里以租界作掩护，使不受汉阳山上炮台和武昌的炮火袭击。革命军的炮火要想达到清军的这些炮队，必须穿过英租界，没有射到目标的所有炮弹都落在租界内。从此炮弹还在整天往下落。在这些落弹中很少生路，幸亏没有一个外国人丧命。汉口城内的大火整天继续在烧，烧毁面积的速度是如此之快，以致当夜幕降临时，已有三分之二被烧毁。整夜火光冲天，照亮了方圆几英里的整个地区，但近黎明时分，风势减弱，大火开始熄灭，各地区的火势被隔水墙制止。”[1]

……

《南北春秋》记载：

“九月十一日，南北两军止战。自初十战后，汉口之领事团照会南北军，于十五日以前彼此不得有战事，故于是日始止战焉。”[2]

《武汉战纪》记载：

“九月十一日黎明，西北风暴作，火势愈烈，我军遂队入烟焰中，节节扫除。战至未（下午一时至三时），汉镇始阒然无一敌踪。混成三协及四镇之七协，占领沿襄河一带，革军遣援卒趋襄河南岸争渡，与八协隔河对击。而黑山大别山之炮攒射我军，迭进迭退，卒夺玉带门及渡口，据而守之。革军既败窜渡江，冯国璋分饬各军沿江警备，防革军偷渡；沿途车站，皆分兵护守；严禁各军士卒，肆出扰民；商民有携枪械者，悉令献军中，不得私藏。乃休兵十日，掩死吊亡，奖劳旌善，军气益张……”[3]

《革命真史》记载：

“十一日晨，黄兴即往前线察看情形，拟向清军施行攻击，正与杨

---

1. 见《近代史资料》总 72 号 146 至 148 页。本文引用时有删节。
2. 见《辛亥革命史资料新编》第一册 250 页。
3. 见中国近代史资料丛刊《辛亥革命》五 233 页。

玺章等商议，选定攻击地点，准备下攻击令，而清军已于午前六时由王家墩向民军攻击，炮火机关枪均极猛烈。民军利用堤防固守，清军逐渐接近，火力愈猛。民军亦令预备队向第一线增加，黄兴率敢死队督阵，不准后退，有退者即用军刀斩决。民军即利用堤防竭力抵御，清军不敢接近，恐与民军冲突。

“午前十时许，清军藉歆生路附近房屋掩护，多用机关枪，渐渐与民军右翼接近，用机关枪猛射，民军受伤过重，即向后退却。清军即乘机前进放火，将歆生路房屋焚烧，加以炮火乱射，使民军不能依托房屋掩护。于是民军右翼队伍节节后退，而民军正面及左翼队伍，见右翼火起，友军退却，亦藉抬伤兵往后陆续退却。黄兴在后阻止，并手刃数人，于是兵士等即往两翼潜退，俾免黄兴阻之。

“至午后二时，民军前线队伍人数渐渐减少，黄兴无法维持，遂下命令使各部队退却至玉带门一带防御。清军则节节纵火烧民间房屋，烧一段则进一段。”[1]

红十字会医生王培元的记述：

汉口失守是武汉攻守战中最大的悲剧。汉口红十字会医生王培元，目睹革命军反攻汉口壮烈情形后，给上海该会理事长沈敦和写信叙述革命军悲壮情形：“革军勇往直前，誓死不回。出队后徒步三四天，忍饥蜷伏，必欲达其目的而后已。及受枪后，忍痛前进，不肯就医。及经红十字会援救抬入医院后，神经错乱，尚不忘战争。枪伤未愈，力求出外，因之伤口复发，终至不治。”信中还说到清军残暴滥杀无辜：“官军逢人便杀，积尸遍地。悬揣死亡之数，约计五六千人之多。受伤兵士，呻吟道侧，卧不能起饥寒交迫。苦无生理时，野狗狂噬啖肉，伤兵无力抵拒，惨状至不忍睹。已腐之尸及死马，堆如土阜。苍蝇、野狗、飞雀相率聚食，残骸遍地，臭气四达。”汉口灾民致上海商会函说：“初十（10月31日）以后，冯军统国璋纵令士兵放火焚烧，肆行抢劫，并不准保安会救火，有救火者，当场被枪毙三人。连烧三昼夜，自硚口以至蔡家巷，统计不下数万家。该处为汉口最繁盛之区，其间财产，都系21省之客民居多，乃均一焚而

1. 见《革命真史》中114页。

无遗，且伤者伤，死者死，凡老幼妇女之被枪毙焚烧者殆不可以数计。”清军在汉口烧杀之惨，更使武汉妇孺皆知：“清军不好！”

清军冯国璋纵兵火烧汉口

决堤未成

计约翰 1911 年 11 月 2 日　星期四日记（辛亥年九月十二日）

“上午，由于布斯医生的努力，一大队外国人和本地红十字会人员，抬着担架开始沿马路走去，去看看医院是否依然矗立，如果还存在的话，打算抢救院内病员。一路上情景可怜，满目凄凉。一度繁荣的街衢，仅剩一堆火烧后的废墟；过去人群拥挤的地方，现在只见一些不幸的人趴在灰烬中，那里曾是他们的家园。男女老少的尸体遍地，其中许多已被烧成灰烬，所有尸体都有被邻近的野狗咬过的痕迹，这一切增添了恐怖的景象。在路的拐弯处，红十字会旗子清晰可见。无论怎么说，看得见的那部分院子还在。一路上只见一队队清兵，没有设岗，他们似乎都很自信，认为不会遭到革命军的攻击。革命军一个不见，被清军缴获的步枪是他们留下的唯一标记，而清军多得不得了。最后，到达医院，很快就完成了伤员的转移。”

……[1]

1. 见《近代史资料》总 72 号 148 至 149 页。本文引用时有删节。

亲历者的记述：

《九团三营十二连连长魏忠强》记述：

“十二日，复开往汉阳，随带锄头铁锹，至十里铺、琴断口渡江，掘枯桐树堤埂，奈敌人防守甚严，事未达目的。”[1]

《九团三营营长前工兵八营革军二正队副队长金兆龙》记述：

“详察地势，欲决水以灌敌军。因侦探回报，敌已防御完备，遂止。”[2]

《南北春秋》文中有以下记载：

“十二日，清旨令着袁世凯至京。”[3]

《武汉战纪》九月十二日（11月2日）始，至九月二十日（11月10日）九天，无战事记载。

史料考：《九团三营十二连连长魏忠强》和《九团三营营长前工兵八营革军二正队副队长金兆龙》两则史料，就九月十二日，敢死队欲决堤引水阻击清军一事相互佐证。表明方兴所率敢死队有以水代兵的战术理念。

反攻汉口

冒雨进入阵地

计约翰 1911 年 11 月 13 日　星期一日记（辛亥年九月二十四日）

“有很多拖着驳船的汽艇往来于汉阳与武昌之间，运送的显然是兵和弹药。清军虽然整天很少行动……

“武昌方面正在广积粮，因此如果一旦被围，革命军将有备无患。他们自称准备的粮食足以维持一二年。”[4]

1. 见《武昌起义档案资料选编》下卷 93 页。
2. 见《武昌起义档案资料选编》下卷 72 页。
3.《辛亥革命史资料新编》第一册 250 页。
4. 见《近代史资料》总 72 号 158 至 159 页。本文引用时有删节。

亲历者的记述

《汪臣普》记述：

“二十三日，开往汉阳黑山防守。狂风骤雨衣履均无。”[1]

《杨金山》记述：

“二十三日，开往汉阳昭忠祠驻扎。”[2]

《九团三营十二连连长魏忠强》记述：

“二十三日扎兵工厂，守龙灯堤、钢药厂一带火线。”[3]

《武汉战纪》记载：

“九月二十三日，雨尤暴注，甲支队分水陆进，泥深没胫，颠踬不能前，宿东山河岸。工程二营管带李长泰，挟布舟三十支，六营管带劳谦光，挟布舟四十支，连合装置，尾二十一标以进。行半时许，雨倾盆下，风迎面，相搏击，波浪汹涌，篙楫不克。将卒衣履皆淋湿，饥寒殆惫，无复人状。二营布舟年久渗漏，又负载重，为雨水浇注，行至孙家台，沉入水中。（距孝感十五里）急拽之登岸投宿民庐。”[4]

架桥琴断口

计约翰 1911 年 11 月 16 日　星期四日记（辛亥年九月二十六日）

……

“在中国，现在的情况似乎有点混乱。在武昌是革命军被清军围困，清军又在南京坚守而革命军则竭力想攻克。”……[5]

亲历者的记述

《前工兵八营革军第二正队五支队长程正瀛》记述：

“二十五日，奉总司令黄君兴命令，开过汉阳，驻扎昭忠祠。二十六日，

1. 见《武昌起义档案资料选编》下卷 129 页。
2. 见《武昌起义档案资料选编》下卷 72 页。
3. 见《武昌起义档案资料选编》下卷 93 页。
4. 见中国近代史资料丛刊《辛亥革命》五 235 页。
5. 见《近代史资料》总 72 号 159 至 160 页。本文引用时有删节。

又命至琴断口架设浮桥。完竣后，又命瀛带敢死队自下流抄围敌之右翼。”[1]

《卫占鳌》记述：

“至九月二十五日，奉黄总司令命令，开往昭忠祠驻扎。二十六日，又奉命我队至琴断口架设浮桥，过汉口攻击硚口一带，黄总司令又命我军自小河下抄围敌人右翼。”[2]

《殷万茂》记述：

“二十六日，至琴断口架设浮桥，渡过汉口，抄围敌之右翼，不克即退。”[3]

《吕中秋》记述：

“二十六日，又命我军队至琴断口架设浮桥，过汉口，攻硚口一带；又命我军自小河下抄围敌人右翼。”[4]

《黄天骥革命事略》记述：

“二十六日，由琴断口架浮桥进攻汉口，敢死队为右翼，湘军为左翼。”[5]

《方兴革命事略》记载：

“二十六日，我军由琴断口搭浮桥渡襄河，恢复汉口，分左右翼进攻。”[6]

《中国革命纪事本末》记载：

“九月二十六日，民军于午后四点钟渡江与清军交战，时值大雨，进行甚艰。战至晚三点钟，炮声始停，清军退守，民军占守硚口。先是清军在德国美最时购木桶七百个，大钉一桶，铁皮数捆，又于祥泰洋行购洋木数百根，预备搭浮桥过汉阳。经民军查悉，报告军政府，由外交部与外人交涉。德领事照覆，辞意歉婉，并谓已通知各商，此后严守中立，恪遵国际公法。”[7]

《武汉战纪》记载：

“二十六日行十里，泊二十一标营侧，重建四湖觜浮桥，次第以济。

---

1. 见《武昌起义档案资料选编》下卷 114 至 115 页。
2. 见《武昌起义档案资料选编》下卷 124 页。
3. 见《武昌起义档案资料选编》下卷 121 页。
4. 见《武昌起义档案资料选编》下卷 121 页。
5. 见《武昌起义档案资料选编》中卷 608 页。
6. 见《武昌起义档案资料选编》中卷 608 页，207 页。
7. 见《中国革命纪事本末》28 页。

行至四叉河，距四湖背三十里驻军。是日革军千余人，架桥琴断口，复谍知敌由舵落口渡河者三千人，群集襄河北岸。冯国璋檄乙支队，二十二标统带张敬尧率一营（第三营）及机关枪队，（机关枪第六队之半队）迅赴王家墩，冒雨行泥淖中。”[1]

《革命真史》记载：

“二十六日，是日午前七时，黄总司令派骑兵队长王作宾率骑兵一排，搜索敌情。又派朱树烈率便衣军士数人并间谍数人赴汉口，由租界登岸，搜索汉口之敌情。又派敢死队长方兴率兵一队，各带手枪，潜至汉口由租界登岸，于本晚到车站附近，扰害汉口清军……午后五时。我军架设桥梁，业已完竣。”[2]

琴断口之溃

计约翰 1911 年 11 月 17 日　星期五日记（辛亥年九月二十七日）

“两周的佯装交战后两军已正式决战。在夜幕掩护下，革命军派遣大部队过汉水向清军炮兵阵地及大智门车站的营地进发。战斗在凌晨 1 时打响，好像在下午 3~4 时结束。前几个小时革命军勇猛前进，穿越旷野。他们像是在离韩家店上游一段距离的地方登陆，并作了很大的迂回，从西面攻击清军的防线。他们夺得了一直到跑马场路为止的一块阵地后才被制止。待清军调动了军队才渐渐击退了革命军。一天战斗结束，两军所处的阵地大致与战斗开始时相同。双方都有重大伤亡。看到好几十名伤残的清军退下来，估计伤亡足有二三百。

“清军方面声称革命军自己估计 3000 人被全歼。据称战斗中死伤数百人，500 人在试图渡汉水时淹死。”[3]

……

《前工兵八营革军第二正队五支队长程正瀛》记述：

1. 见中国近代史资料丛刊《辛亥革命》五 235 至 236 页。
2. 见《革命真史》195 页。
3. 见《近代史资料》总 72 号 159 至 160 页。本文引用时有删节。

“二十七日下午，为左翼湘军无意退却，我队势力因之单薄，亦退还汉阳。”[1]

《卫占鳌》记述：

“至二十七日下午，我军因左翼湘军忽然而退，我队火力单薄，难以抵抗，只得退回汉阳驻扎。”[2]

《杨金山》记述：

“二十六日，奉黄总司令，开往十里铺驻防。二三点钟，随令开往琴断口，渡浮桥，赶至水电公司，天已明亮，与敌右翼接战。至下午一点钟，退回汉阳。”[3]

《吕中秋》记述：

“战至二十七日，退还汉阳驻扎。”[4]

《汪臣普》记述：

“二十七日，寻木板一块，乃得冒险渡河。”[5]

《黄斌革命事略》记述：

“二十六日，由琴断口进攻汉口，正值预备交战，湘军忽退，军心乱，敌乘胜前攻，我军遂溃回渡汉阳。”[6]

《方兴革命事略》记载：

“二十六日，我军由琴断口搭浮桥渡襄河，恢复汉口，分左右翼进攻。兴领敢死队属右翼，湘军属左翼。湘军王统领所带皆训练兵士，奋勇异常；甘统领带招募新兵，故开枪辄自相蹂躏。湘军溃，兴顾谓队员曰：‘我辈经营多年，始有今日。汉阳不守，武昌必不支，大局何堪设想！宜死战，以挫敌锋。’时敌已四面围攻，弹如雨下，众寡卒不敌。及退至汉阳，则敢死队已死伤过半也。总指挥黄兴慰劳有加，择敢死队之尤奋勇者，编成敢死军。”[7]

1. 见《武昌起义档案资料选编》下卷115页。
2. 见《武昌起义档案资料选编》下卷124页。
3. 见《武昌起义档案资料选编》下卷120页。
4. 见《武昌起义档案资料选编》下卷121页。
5. 见《武昌起义档案资料选编》下卷129页。
6. 见《武昌起义档案资料选编》中卷625页。
7. 见《武昌起义档案资料选编》中卷207至208页。

《武汉战纪》记载：

“二十六日行十里……次日卯正始抵王家墩，据大白房子。革军出双墩河墩，猛击我师，而河北敌军萃攻我四镇右翼，战至巳，炮队及机关枪队，同时轰击，敌阵动。张敬尧突率两营围薄革军左翼，敌纷纷却走，我军连环迭进，追蹑至琴断口，遂占据土堤。列炮攒射。革军狂奔渡河，多溺死者。我军阻于黑山之炮，不能前，是晚露营土堤，休养兵力。”[1]

《革命真史》记载：

“二十七日午前三时，玉带门附近之清军向东北退却，我军前进，占领玉带门一带。黄兴复派员用电话通知各部队，谓汉口玉带门之敌业已被我军击退，望步队第四协同第六协必须奋勇渡河协攻，以收夹击之效。但第四协统领张廷辅派第七标统带胡廷佐，率该标由南岸嘴至高公桥附近渡河数次，皆被清军用机关枪击回，死伤亦重。步队第六协杨载雄，见第四协渡河不能登岸，亦不敢徒供牺牲，遂将危险情形与张廷辅报告黄总司令矣。

“是日午前九时，我湘军一二两协第一线已进攻占领居仁门之线。我第五协之第九标并敢死队两队，已占领王家墩之线，此时两军相距千余密达(一密达合华尺三尺一寸五分)。清军用排炮向我军射击，我军虽死伤甚多，犹沉着射击，清军步兵火力渐衰。至正午，清军渐次向北退却，我军尚未前进，仍在原阵地射击。

“是日午后二时，我军因战斗一昼夜，极为疲劳，黄总司令特令各部队食饭。各新兵不知战斗利害，一闻食饭，群往后争食。湘军第一协见他部队动摇，忽向后退。清军斯时察知我军后退，队伍紊乱，即前进用机关枪猛击，我军实时慌乱，纷纷后退。黄总司令命令停止，皆不听命，一时极为紊乱。清军乘机前进，向我军追击，于是我各部队因以瓦解，势如山崩。清军节节追击，复占领玉带门一带，向我军行射击追击，我军死伤颇重，旋渡桥回汉阳。时极拥挤，已将桥梁挤坏，当时跃水渡河因而溺毙者有五百余名，在汉炮队两营全失，军械子弹损失无算，共计伤亡约千人。元气大伤，军心不固，甚形危险，黄总司令垂头丧气，几不欲

1. 见中国近代史资料丛刊《辛亥革命》五 236 页。

生。田桐等在旁劝解，谓胜败乃兵家之常事，另行整顿，再图恢复可也。于是黄兴请吴兆麟速急计划布置防御，吴兆麟即令工程营先将桥梁拆毁，一面代黄总司令下命令，仍回守汉阳。”[1]

“是日，各部队在汉口与满军战斗，始极奋勇，已将玉带门一带之清军击退。向北退却时，清军总司令冯国璋以下均甚惶恐，准备车辆以备逃窜。倘民军于斯时处置得当，忍耐须臾，则汉口恢复，指愿间耳。讵料黄兴不明当时军队内之性质，以为清军既退，不足为虑。迨我军占领玉带门时，见兵士疲劳过甚，即令后方送饭，令兵士中餐，此战线上最危险事也。加以新兵太多，疲饿之余，一闻食饭，群相争食，以数协之众，战线过宽，一部动摇，则他部自然牵动，以致顷刻瓦解，自由退却，可惜亦复可危。幸清军败退之后，不敢轻动。

“所以各部队仍得以退回汉阳防御，若汉阳无襄河之险，则兵士亦无胆防御矣。

“是晚，黄兴即派李书城赴武昌报告黎都督，黎恐汉阳有失，又虑黄兴灰心，不愿负责，当派蒋翊武到汉阳慰勉黄兴，谓：‘汉阳有襄河之险，且系武昌保障，仍要同守，此时之败，不足虑也。一俟各省援军齐到，再图恢复可耳。’云云。

“是晚午后八时，各部队已按命令占领阵地，以战斗队形彻夜。但由南岸嘴至黑山沿襄河一带，两军枪声不息。黄兴请吴兆麟带参谋副官十余人分途往各部队察视战线，并安慰各军队。

“是晚午后十二时，总司令部收集各部队战后报告，知此次战斗军官死伤共五十七员，兵士死伤共七百几十二名，失去山炮十八尊、步枪六百余支、子弹约二千三百余箱（每箱一千粒）。”[2]

“是晚，接得汉口商绅宋伟臣报称，清军于昨日视民军进攻极为勇敢，惶恐异常，业已预备火车，施行退却。忽见民军自乱，向汉阳退，清军亦不敢前进追击，诚恐民军行诱敌之法。后见民军渡桥拥挤，并浮水而过，仍莫名其妙，于是逐渐前进，复占领玉带门。刻据清军所言：‘前

1. 见《革命真史》198 至 199 页。

2. 见《革命真史》200 页。

多日对于汉阳不取攻势者，一则因湘军来援，增加两协之众，且因湘军从前在国内颇有威名，故不敢攻击。二则因黄兴系革命首领，又系湖南人，海内驰名，加以各省陆续响应，若攻击失败，则危险曷堪言状，故亦不敢攻击。现在湘军一退，清军之士气又振，预备挑选敢死队向汉阳进攻，望民军好为防备。’云云。”[1]

孤军奋战大智门

自九月二十三日始，方兴奉总司令黄兴之命率领敢死队冒雨奔赴汉阳汉江前沿阵地琴断口筹攻汉口。方兴率领敢死队与革命军工程第一营协同作战，在寒凉刺骨的江水中架设浮桥为大兵团渡汉水强攻汉口作准备。

九月二十六日（11 月 16 日）上午七时，黄兴亲临敢死队驻地，命方兴率兵一队各带手枪，由租界登岸潜至汉口，埋伏在车站附近等待战机，一旦琴断口战火打响，敢死队立即袭击清军后方阵地，形成内外夹击之势，使清军首尾分离，招前难以顾后，为革命军大部队强渡汉水反攻汉口打开方便之门，从而顺利夺取反攻汉口之胜利。真可谓以奇兵扰敌之后，不可胜穷也。

九月二十六日，方兴从数百名敢死队员中挑选灵活机智枪法精准之士组成一个连队。人手一把手枪，备足子弹，便装打扮，短打行装。日暮之前，派员找来日本响导面谈行军事宜；部署金兆龙率领敢死队队员参与强攻汉口战斗。

计约翰 1911 年 11 月 17 日（九月二十七日）星期五日记记载：“在夜幕掩护下，革命军派遣大部队过汉水向清军炮兵阵地及大智门车站的营地进发。战斗在凌晨 1 时打响，好像在下午 3~4 时结束。”[2]

九月二十六日（11 月 17 日）晚九时，方兴率领手枪敢死队搭乘浮桥由日租界上岸与日人向导会合。趁夜幕之时，日人向导带路，穿越小巷经华景街到达大智门前沿。方兴将手枪敢死队分成三小队，成品字形梯队散开。各自利用墙头地角隐蔽下来等待战机。

1. 见《革命真史》201 页。
2. 见《近代史资料》总 72 号 160 页。

辛亥元勋喻育之老人九十八岁时与樊明讲述："汉口失守以后，方兴同学率领便衣敢死队，潜入汉口，扰乱敌人后方。"[1]

民军战时总司令官命令

九月二十六日午后五时二十分

一、清军仍占领汉口龙王庙、玉带门及刘家庙、大智门、刘氏堤防并水塔附近。

二、本军拟于本晚向玉带门一带攻击，先展开兵力于博学书院附近堤防一带之线。

三、湘军第一协统领王隆中，率该协为右翼进攻队，即时由军桥渡河前进，展开于博学书院北端至襄河左岸之间，须与湘军第二协联络。

四、湘军第二协统领甘兴典，率该协为中央进攻队，俟湘军第一协渡河毕，即由军桥渡河前进，与右翼进攻队联络，展开于博学书院以北堤防之线。

五、步队第五协统领熊秉坤率该协（欠第十标）为左翼进攻队，俟湘军第二协渡河毕，即陆续渡河前进，右翼与中央进攻队联络，向北展开。

六、炮队第一标统带尚安邦，率该标（欠一营）及工程一队即时准备渡河，须于博学书院西南端附近布置放列，以能射击玉带门一带为要。

七、工程第一营管带李占魁，率该营（欠一队）保护桥梁。

八、步队第十标及其余各队为预备队，赴博学书院西端家屋附近，集合待命。

九、于午后六时以后在博学书院。

总司令黄兴[2]

九月二十七日凌晨一时许，革命军开始攻打汉口。

---

1. 见《武汉文史资料》1986年第三辑31页。
2. 见《武昌革命真史》196页。

与此同时，方兴率领手枪敢死队袭击大智门车站与清军展开激烈地战斗。清军后方遭遇敢死队奇袭，前方又被革命军大部队强攻，惶恐异常，业已预备火车，施行退却。

九月二十七日午后二时，黄兴下令开饭。新兵太多，疲饿之余，一闻食饭，群相争食，以数协之众，战线过宽，一部动摇，则他部自然牵动，以致顷刻瓦解，向汉阳退却。清军忽见民军自乱，向汉阳退，清军亦不敢前进追击，诚恐民军行诱敌之法。后见民军渡桥拥挤，并浮水而过，仍莫名其妙，于是逐渐前进，复占领玉带门。

一时间，方兴率领手枪敢死队在大智门扰乱清军后方阵线反遭清军前后夹击沦为孤军奋战。清军大智门车站处机枪集中火力猛烈扫射手枪敢死队，方兴指挥手枪敢死队突出重围，激战之中手枪敢死队牺牲二十余人，日人向导同时阵亡。历经昼夜奋战方兴率领手枪敢死队在夜幕掩护之下返回汉阳驻地。

“九月二十七日晚，少顷，接得敢死队长方兴报告云，该队于昨晚九时到汉口，由日人指导前进，经华景街附近向大智门袭击时，被敌机关枪猛烈射击，我队死伤二十余人。该指导日人同时阵亡，其余兵士现已退回汉阳矣。”[1]

爱国男儿虽死犹生

1. 见《革命真史》200 页。

方兴率领手枪敢死队返回汉阳集合队伍，清理人数，发现敢死队队员在琴断口之战死伤过半，悲痛不已。黄兴慰劳有加，令方兴将舰船、炮队以及步队各路敢死队，组建成敢死军，方兴任敢死军指挥官杀敌复仇。

夜戏清军

计约翰 1911 年 11 月 18 日　星期六日记辛亥年九月二十八日

“……傍晚的喧闹程度如同白天一样安静。10 时左右，沿县城一面的长江岸边开始了极其激烈战斗，这可从枪炮声中判断出。从龙王庙及招商局仓库那面射来的清军步枪及机关枪子弹雨点般地射向江中的某个目标，而革命军在汉阳及武昌的炮队也竭力向清军的这些坚固的据点开炮。英租界再次挨到炮弹。炮弹到处横飞，有打掉屋角的，有在房屋穿洞的，也有把平坦的草地炸得高低不平。夜战特续到清晨。”[1]

《黄天骥革命事略》记述：

“九月二十八日，编成敢死军。”[2]

《九团三营营长前工兵八营革军二正队副队长金兆龙》记述：

“九月二十八日，正队长方兴辞职，公举龙代之，陈新龙副之。”[3]

《黄斌革命事略》记述：

“二十八日，队长方兴带领敢死军，由青山渡口，袭敌下游。”[4]

《方兴革命事略》记载：

“二十六日……及退至汉阳，则敢死队已死伤过半也。总指挥黄兴慰劳有加，择敢死队之尤奋勇者，编成敢死军。”[5]

1. 见《近代史资料》总 72 号 161 至 162 页。本文引用时有删节。
2. 见《武昌起义档案资料选编》中卷 607 页。
3. 见《武昌起义档案资料选编》下卷 72 页。
4. 见《武昌起义档案资料选编》中卷 625 页。
5. 见《武昌起义档案资料选编》中卷 208 页。

《中国革命纪事本末》记载：

“九月二十八日，民军于黎明分三路攻清军，会于硚口；午后互相攻击，相持未下。民军以渡船三四艘，系以绳，由汉阳沿江直放下游，至招商局。清军见有渡船沿岸而来，恐民军乘夜暗击，将硚口之兵，沿河列阵，一时机关炮、野战炮，纷向渡船乱击。然此类渡船，仍时时出没于江面，以故清军枪炮声，彻夜不绝于耳。而汉阳炮台，亦时以炮向汉口沿岸轰击，清军死伤甚多。歆生路清军炮台之大炮，亦发之甚急。至次晨四点钟，民军始将渡船收回，盖船中实无民军也。其时硚口之民军，早乘势进攻，将硚口之清军围住。清军子弹已尽，更无抵抗之能力。”[1]

史料考：

《计约翰日记》记载：傍晚的喧闹程度如同白天一样安静。10时左右，沿县城一面的长江岸边开始了极其激烈战斗，从龙王庙及招商局仓库那面射来的清军步枪及机关枪子弹雨点般地射向江中的某个目标，而革命军在汉阳及武昌的炮队也竭力向清军的这些坚固的据点开炮。

《中国革命纪事本末》记载：民军以渡船三四艘，系以绳，由汉阳沿江直放下游，至招商局。清军见有渡船沿岸而来，恐民军乘夜暗击，将桥口之兵，沿河列阵，一时机关炮、野战炮，纷向渡船乱击。然此类渡船，仍时时出没于江面，以故清军枪炮声，彻夜不绝于耳。

据上述两则史料所记，一致认定九月二十八日（11 月 18 日）晚至第二天清晨在武昌和汉阳的长江上进行了一夜枪炮之战。

《中国革命纪事本末》把当晚长江上枪炮之战细节记述明白，至次晨四点钟，革命军始将渡船收回，盖船中实无革命军也。其时硚口之革命军，早乘势进攻，将硚口之清军围住。清军子弹已尽，只得束手就擒。该文所记参与当晚战斗有水上舰船有炮队还有步队实属多兵种联合出击。

《黄斌革命事略》记述：二十八日，队长方兴带领敢死军，由青山渡口，袭敌下游。表明九月二十八日（11 月 18 日），方兴任敢死军指挥官后，曾在长江山指挥过一场战斗。

1. 见《中国革命纪事本末》28 至 29 页。

琴断口兵败之后，黄兴任命方兴为敢死军指挥官，指挥不同兵种的敢死队联合作战系方兴职责。方兴上任后，指挥舰船、士兵和炮队各部敢死队协同作战。首场战斗以空船为诱饵，引诱敌人开枪开炮，黑夜中炮火暴露清军炮位，为革命军炮兵敢死队提供射击目标，打一炮中一炮位。沿江清军连夜开枪不止，当清军处于筋疲力竭之时，革命军步兵敢死队以逸待劳奉命出击向清军发起攻击获取完胜为死难之敢死队员报仇雪恨。

夜袭汉口

《黄天骥革命事略》记述：

“十月初二夜，蔡济民带领由青山渡江，为敌所觉，无功而返。”[1]

《汪臣普》记述：

“十月初一夜，开往青山保险。蔡君济民先己渡河，普等次渡河之际，船忽遭险，身受水淹，幸得其生。”[2]

《方兴革命事略》记载：

“（方）兴言于黄兴曰：‘敌趋重上游，下游防守必疏，宜一路由琴断口进攻，一路由青山潜袭，出敌不觉，首尾夹攻，必可破也。’（方）兴由是带领敢死军，于十月初二夜半，至青山，渡江半，敌觉之，弹锋阻，不能进，转至汉阳。虽无功，黄兴颇壮之。”[3]

《武汉战纪》记载：

“二日，甲乙两支队掩护，我军架设军桥于上黄金口，日暮桥成。李纯下令，重编甲乙两支队，次晨进攻。是日海容海筹两叛舰，率鱼雷艇护敌步兵过青山，炮队击之，沉鱼雷艇，两叛舰亦受重伤，驶退杨罗。”[4]

史料考：

《方兴革命事略》记载，方兴于是带领敢死军，于十月初二夜半，

1. 见《武昌起义档案资料选编》中卷 607 页。
2. 见《武昌起义档案资料选编》下卷 129 页。
3. 见《武昌起义档案资料选编》中卷 208 页。
4. 见中国近代史资料丛刊《辛亥革命》五 237 页。

至青山，渡江半，敌觉之，弹锋阻，不能进，转至汉阳。

《武汉战纪》记载，二日，海容海筹两叛舰，率鱼雷艇护敌步兵过青山，炮队击之，沉鱼雷艇，两叛舰亦受重伤，驶退杨罗。

以上二则史料就革命军舰船由青山向汉口发动攻击未告成功之战事，相互佐证，表明敢死军指挥官方兴指挥水上舰船从青山启航袭扰汉口下游地域，使汉口清军腹背受敌，减缓清军攻击汉阳之势。此战未告成功，但史迹尚存。

保卫汉阳

清军抢占蔡甸

《武汉战纪》记载：

"二十八日，甲支队出蔡家台，弃舟登岸，分三路，进至新沟宿营。明日抵蔡甸。是日乙支队开赴舵落口，次韩家墩，黑山紫霞观诸山，暨沿河北岸，革军丛炮交射，我军阵土堤西南端，旷野无障敝。又甲支队未至，兵力单弱，战两时，退还土堤。"[1]

"三十日，乙支队（步队第二十二标机关枪一队半山炮一队）发土堤，改道沿南台湖，趋舵落口，人马踔泥水中，以水牛挽山炮，节节进。午正遇敌军，以两营当舵落口，正面攻击，以一营协其左侧，炮队复入阵激射舵落口、亚油房、琴断口，敌败退河南，我军蹑至河北岸而阵。"[2]

《革命真史》记载：

"三十日，午前八时，接得报告，谓诸兵混合之满军约二千余人，自孝感南下，由新沟渡河至蔡甸，设司令部于该处乐善堂，并在城头山构筑炮垒。另以民船载机关枪四杆，在该处登陆，又以一部占领舵落口，与下游汉口之清军相联络。而汉口之清军已备就帆布舟数十只，似准备架桥。又刘家庙江岸布置野炮十数尊，似防我海军攻击。"[3]

1. 见中国近代史资料丛刊《辛亥革命》五 236 页。
2. 见中国近代史资料丛刊《辛亥革命》五 236 页。
3. 见《革命真史》中 202 页。

汉阳诸山分布概况

汉阳位于汉口之南，两地仅一汉水（旧称襄河）相阻隔。

汤家山位于汉阳琴断口处，海拔 91 米；赫山（又名纱帽山）海拔 70.18 米；龟山（又名大别山）海拔 90 米。这三座山列于汉阳北，自西向东排列。汤家山为汉阳西北面最高山头。

米粮山（又名女郎山、美娘山、禹粮山），海拔 91.3 米；仙女山，海拔 105.3 米；锅顶山，海拔 112.6 米；扁担山位于汉阳东北，海拔 101.7 米；凤栖山又名凤凰山，现名磨子山，海拔 39.8 米。五座山峦列于汉阳南，自西向东依序排列。[1]

史料考：

《武汉战纪》记载，二十八日，甲支队出蔡家台，弃舟登岸，分三路，进至新沟宿营。明日抵蔡甸。

《革命真史》记载，三十日，满军约二千余人，自孝感南下，由新沟渡河至蔡甸，设司令部于该处乐善堂，并在城头山构筑炮垒。

这两则史料就清军抢占蔡甸战事相互佐证，表明清军在汉阳西北面抢占蔡甸，向汉阳发动攻击的动态。蔡甸位于汤家山西北，战事动态表明，清军从汉口发兵抢占汉阳蔡甸，座落在汉阳西北面的汤家山高地系两军争夺的战略要地。

敢死队抢占汤家山

计约翰 1911 年 11 月 21 日　星期二日记（辛亥十月初一日）

“……我们于星期一 10 时离蔡甸，当时清兵都在营帐里做早饭。迹象表明那天他们不会有进一步的行动。经汉水去汉口是不可能的，因为所有顺汉水下游而来的船只都要遭到双方炮火的射击。过了汉阳，我们遇到几千人的革命军大部队，他们在向蔡甸进军。”

1. 见《武汉志》武汉市按地貌形态划分（表 9）。

……[1]

亲历者的记述

《九团三营营长前工兵八营革军二正队副队长金兆龙》记述：

“十月初一，龙令副队长蒋楚杰率兵十余人，浮水进夺汤家山。初二日，湘军王统领命护守炮队，而黄总指挥以汤家山为必争之地，不可复失，乃调炮队并命龙率敢死队一三两队死守七昼夜。”[2]

《九团三营十二连三排排长翁国福》记述：

“十月初一日浮水进夺汤家山。”[3]

《前工兵八营革军第二正队五支队长程正瀛（即定国）》记述：

“十月初一日夜，命我队迎击三眼桥、汤家山之敌。次日，遂死守汤家山。”[4]

《卫占鳌》记述：

“至十月初一日夜，黄总司令命我队开往三眼桥及汤家山死守。”[5]

《武汉战纪》记载：

“十月朔日，甲支队发蔡甸，分两路进，敌守三眼桥，散布地雷，以拒我军，踏泥迎战。四平山敌炮弹，纷纷堕如陨雹。夜黑收兵，以左翼步二十二标之二营（少二队），归乙支队，抵下黄金口战却革军。”[6]

《革命真史》记载：

“十月初一日午前七时，接湘军第二协报告，谓清军兵力约一混成协，已由蔡甸渡河，向汉阳攻入。当渡河时，我军派往蔡甸方面部队努力防止之，惟敌人炮队威力甚大，弗克抵御，是以退回三眼桥附近防御。黄兴接报告后，仍命十里铺至三眼桥之部队严行防御。”[7]

史料考：

《武汉战纪》记载：“十月朔日，甲支队发蔡甸。”“乙支队，抵

1. 见《近代史资料》总72号161至164页。本文引用时有删节。
2. 见《武昌起义档案资料选编》下卷72页。
3. 见《武昌起义档案资料选编》下卷101页。
4. 见《武昌起义档案资料选编》下卷115页。
5. 见《武昌起义档案资料选编》下卷124页。
6. 见中国近代史资料丛刊《辛亥革命》五236页至237页。
7. 见《革命真史》中203页。

下黄金口。”蔡甸位于汉阳之西北，黄金口系汉阳西北面舵落口东南汉水一口岸。表明清军从汉阳西北面分二路进攻汤家山，甲路从蔡甸，乙路从黄金口出发企图夺取汉阳西北面高地汤家山。

汤家山坐落于汉阳西北最高山地，北邻汉水，向南可俯瞰汉阳全域，系阻击清军攻打汉阳的战略要地。

十月初一（11 月 21 日），金兆龙率敢死队抢占汤家山后，黄兴命令敢死队死守汤家山七天七夜，阻击清军由西北边攻占汉阳。

汤家山阻击战

计约翰 1911 年 11 月 23 日　星期四（辛亥十月初三）

“三周来最大规模的战斗，已于今晨刚过1点钟时打响。大批清军竭力想强渡汉水，夺取汉阳。天亮以前隆隆炮声及砰砰枪声一直不断。这次夜战，清军指挥官意欲打一场联合进攻战。周末从孝感派出约 3000 人的大军在上游 25 里处渡过了汉水。星期一他们向蔡甸进发，其方案是他们到下游会合袭击汉阳。另一支部队于星期二在上游七里处的舵落口渡过汉水。他们在汉水上架起一座浮桥，从而大批过了汉水。但他们都没能冲破革命军从汉阳以西沿小山冈低处防线布置的连绵不断的防守军。一个本地人（在战斗最激烈时在蔡甸的人）报告说，清军发起猛攻，用机枪扫射，但革命军像钉在战壕里一样坚守着阵地。他说清军损失惨重。在舵落口登陆的部队已被牵制。因此从汉口来的清军不得不独自杀出一条路来。大批清军已调到临近汉水下游的几个地方，但只在夜幕的掩蔽下行动，白天则躲在横穿旷野的堤岸后面近便的阵地里。当地人曾听到沿跑马场路上成千上万脚步声，看见路上密密地排满士兵，一夜又一夜地向汉水前进。据估计，为了这次的夜袭，在汉水附近调集了近万人。在夜幕的掩蔽下，弹药枪支也源源运往那里，还运去了几艘架设浮桥的平底船。据说沿马路铺设的轻便铁路作运输之用。星期三晚上，调动更明显了，所有可以打仗的人都送往前线，甚至平时在歆生路拐角处的哨兵也减少了。数列火车顺歆生路驶去，显然在那里卸了货。除这些活动外，夜格外寂静。然后午夜过后不久枪声又起，枪炮声几乎同时大作。到1点钟时双方所有的炮队齐发，犹如参加了“大合唱”——歆生路上及旷野以外的清军炮队；武昌、汉阳以及沿高地阵线向西的革命军炮队都参战了。同时从汉阳方向（显然是硚口的什么地方）传来一场最激烈的短兵相接的战斗声。战斗延续到黎明，天亮后就减弱了。过后枪炮声稀疏，炮声越来越少，只是偶尔听见枪声。武昌及汉阳的炮队几乎全部停火。但8时许，汉阳的大炮又开始向敌方炮队发射了几颗炮弹。炮弹落下的面很广，说明汉阳山仍未被攻克。据传一支清兵中计，在蔡甸被大批杀戮，今收到的本地报道证实了这条传闻。另有报道说，从舵落口开来的部队已被击退，伤亡很大。据说革命军在努力切断其退路。另又传说，清军已占领汉阳以西的两座较高的山冈，并拿下了部分革命军的炮台。当有人看见那些炮台又向汉水畔的清兵开火时，这一传说就不成立了。据估计清兵攻击部队有1000人失去了战斗力。革命军承认在前两天的战斗中伤亡约1000人。

“刚收到的几份电报称，南京已被革命军占领。”[1]

《南北春秋》记载：

“十月初三日，民军与汉口北军战于美娘山，互有死伤。

“汉口北军三千余人，由孝感对岸之新沟安设浮桥，私渡汉水，服装如民军，持白旗，与蔡甸来之北军会合，占雨霖山、美娘山。民军有五千余人迎击，战于美娘山，各死千余人。”[2]

《武汉战纪》记载：

“三日，乙支队夜渡黄金口军桥，桥梁队尾随二十二标，趋美娘山，夜黑暗不辨途径，湖泽泥泞，军行前后相失。黎明见美娘山脚，河阔十丈，河前小沟，宽六七尺。山上敌炮，猝射我军，桥梁队匿布舟沟内，士卒伏土堤堤下，张敬尧率奋勇兵，徙小沟布舟六只，渡河登山，持枪角击手投石子，毙革军数人，队向山腰窜走，乃架桥济师。二十二标教练官丁效

1. 见《近代史资料》总72号161至165页。

2. 见《辛亥革命史资料新编》第一册255页。

兰，督全军悉数渡河；十五标统带吴长植，亦济师南岸。革军退守仙女山，张敬尧攻其左，吴长植攻其右。炮队之阵长码头者，以快速巨炮注射四平山，击散仙女山敌兵左翼，以助步队进攻之势。步军战久，药弹罄，死者相枕，卒力格，至暮，抵山下露营。甲支队进攻三眼桥，敌死者众，乘势一鼓入敌阵，呼声震山。革军退山根垒中，遂逾通桥而阵。是日炮队三营分击大别山梅子山黑山，及四平山。又以重炮一部射击武昌，战最烈。故甲乙两支队，得藉之前进，占领四平山下一带。”[1]

《革命真史》记载：

“初三日午前五时，我步队第七标由花园开始进攻，至午前七时已占领仙女山东北部，我汤家山炮队，亦向仙女山、美娘山注射。清军损伤甚重，似有动摇之势，惟清军陆续派兵增加，其后面已派队督阵，勿论如何牺牲，不准后退。

……

“是日午后二时，清军逐渐增加，火力益猛，并派一部绕攻我右侧，由仙女山出击。我军因火力不支，即退占大吴湾西北高地，及扁担山、汤家山之线，清军遂前进占领锅底山。”[2]

史料考：

《计约翰日记》记载，清军“星期一他们向蔡甸进发，其方案是他们到下游会合袭击汉阳。另一支部队于星期二在上游七里处的舵落口渡过汉水。他们在汉水上架起一座浮桥，从而大批过了汉水。但他们都没能冲破革命军从汉阳以西沿小山冈低处防线布置的连绵不断的防守军。一个本地人（在战斗最激烈时在蔡甸的人）报告说，清军发起猛攻，用机枪扫射，但革命军像钉在战壕里一样坚守着阵地。他说清军损失惨重。在舵落口登陆的部队已被牵制。因此从汉口来的清军不得不独自杀出一条路来。”

《武汉战纪》二日，甲乙两支队掩护，我军架设军桥于上黄金口，日暮桥成。李纯下令，重编甲乙两支队，次晨进攻。三日，乙支队夜

1. 见中国近代史资料丛刊《辛亥革命》五 237 页。
2. 见《革命真史》中 210 页。

渡黄金口军桥，桥梁队尾随二十二标，趋美娘山，夜黑暗不辨途径，湖泽泥泞，军行前后相失。黎明见美娘山脚，河阔十丈，河前小沟，宽六七尺。

以上两则史料表明清军从汉阳西北的蔡甸和黄金口两地向汤家山发起攻击，被驻守汉阳西北汤家山敢死队牵制，清军迂回搭桥至日暮桥成，夜黑暗不辨途径，湖泽泥泞，军行前后相失。黎明见美娘山脚，河阔十丈，河前小沟，宽六七尺。

清军见汤家山久攻不下，留下兵力牵制汤家山高地。另组步队涉水搭浮桥，迂回作战，攻打仙女山、龟山、梅子山、黑山，清军因弹药不济只占领了四平山。表明三天以来，敢死队驻守汤家山阻击清军攻占汉阳战迹。

规复仙女诸山

《方兴革命事略》记载："初四日，敌由仙女山、琴断口攻我，夺我仙女、美粮、锅底诸山。兴遂偕黄天骥等至汤家山，与金兆龙、黄斌等规复仙女、美粮、锅底诸山，终以军心不固，敌进我退而败。"[1]

《黄斌革命事略》记述：

"十月初四日，敌分两路搭浮桥攻我，一仙女山，一琴断口。敌以全力猛攻，渡桥夺仙女、美娘、锅底诸山。时敢死队驻守汤家山，斌谓金兆龙曰：'事急矣，敌得仙女诸山，黑山不守，汉阳必瓦解。我宜据磨盘山，死守退敌。'后果如是进攻。初五日，夺回仙女诸山，终以军无斗志，湘军不战而退，敌锋难挫，我军竟纷纷逃窜。惟敢死队在扁担山连战一昼夜，后无应援，死伤无数，兵力益薄不支，敌遂夺我黑山。兵工厂不守，居高驭下龟山亦在敌掌握。"[2]

《中国革命纪事本末》记载：

"初三夜天将晓，民军敢死队复将小山夺回，乘间渡江，图占刘家庙。

1. 见《武昌起义档案资料选编》中卷 208 页。
2. 见《武昌起义档案资料选编》中卷 625 至 626 页。

至汉口，与清军战，愈逼愈近，清军已退至歆生路。”[1]

《武汉战纪》记载：

“四日甲支队仍阵三眼桥牵制汤家山敌军，以掩护乙支队右侧进攻。张敬尧率右翼驰弹火中，肉搏登山，挺刃而斗，敌辟易，窜锅底垒，垒厚，扼要隘，不能骤下。而紫霞观诸山交叉射我，弹火缤纷如织，锅底山革军乘机反攻，我军多死伤。炮队见之，移炮相击，战至申（下午三点至五点），敌炮熄，络绎走山后。步队乘之，立夺其垒。退入扁担诸山，潜遣别队，由滠口谌家矶登岸，虚袭我二道桥铁路。时大军集前敌，警戒部队单，难久持，驰檄第三协，抽步队一营，乘火轮近敌。抵头桥，革军舰坏车头机，我军下车藉纸厂荫蔽驰进，次二道桥谌家矶。革军千人，麇集于机厂，管带丁搏霄，严阵以待，桥北炮队击之，零星退走梧桐口。丁搏霄穿河浜小径抵机器厂，敌舰见之，转炮以击，我军卒冒险夺机器厂东端，敌悉走梧桐口，炮舰亦退泊下游。冯国璋曰：我营孤立江岸，敌夜袭之殆矣。急命移二道桥，益以十九标步兵，附桥而阵。”[2]

编者注：

仙女山、米粮山、锅顶山、磨子山、扁担山五座山列于汉阳南，由西北向东南逶迤相连，五座山与东南方一片片水洼地屏障汉阳。仙女山、米粮山、锅顶山、磨子山、扁担山，系保卫汉阳的战略要塞。

初四日，敢死军指挥官方兴，来到汤家山金兆龙所率敢死队阵地，首肯敢死队守卫汤家山阵地，打乱清军进攻汉阳的战术方案立下功绩。根据清军作战布局，位于汉阳南，由西向东南的仙女山、米粮山、锅顶山、磨子山、扁担山成为清军主攻方向，一旦失守，汉阳兵工厂也危在旦夕。于是，部署金兆龙率敢死队规复仙女诸山。

初五日，敢死队夺回仙女诸山，终以军无斗志，湘军不战而退，敌锋难挫，五座山得而复失。

---

1. 见《中国革命纪事本末》29 页。

2. 见中国近代史资料丛刊《辛亥革命》五 237 至 238 页。

死守汤家山五昼夜

计约翰 1911 年 11 月 25 日　星期六 26 日　星期日日记（辛亥十月初五、初六）

“攻占汉阳的战斗仍在进行。清军好像不遗余力要占领汉阳。目睹这一战况的人对清兵不顾重大伤亡，还是坚持攻城感到惊奇。绝对准确的消息无法获得，但从一本地人（他星期五夜路经蔡甸）那里得到的最可靠的消息说，当时清军仍在前天的阵地上。头三天战斗的总廓现在越来越清楚了。清军攻打三个地方——汉阳、舵落口、蔡甸附近某地。在攻打汉阳受挫的同时，在蔡甸的部队被击溃。蔡甸的老乡们讲述了清军四散的残部返回的情景。老乡们说，其中有些清兵为打了败仗而痛哭流涕。”……[1]

《九团三营营长前工兵八营革军二正队副队长金兆龙》记述：

“未尝解衣就寝。食不知味，坐不安席，徒耳闻枪声炮声，目注敌势，心察敌情，虽困乏亦不计，悲惨亦不辞也。初四日，吴参谋又派广东先锋队助之，听社会党杜林指挥。初六日，杜见事势危急，命预备小舟三十余，俄而敌人进攻，势不能敌，遂乘舟渡过河。龙至归元寺，而寺焚；至邬家巷，而营中无人。乃夜还武昌，而汉阳失矣。”[2]

《鄂军第三师第五旅执事孙松轩事略》记述：

“九月二十六日夜，攻取灰面厂，左足中弹受伤，为同志扶救回营。十月初五日夜，负伤死守汤家山一带火线。于初六日，汉阳失守，退守武昌。”[3]

《南北春秋》记载：

“初六日，汉阳民军与北军战，北军进占赫山、龟山等处，民军退守武昌。汉阳北军潜与民军台官张振臣通，战时赫山、龟山之炮遂止不

1. 见《近代史资料》总 72 号 167 至 168 页。本文引用有删节。

2. 见《武昌起义档案资料选编》下卷 72 页。

3. 见《武昌起义档案资料选编》下卷 83 页。

发，地雷火线亦截断。北军乃奋力进攻，占赫山、龟山、四平山、梅子山。夜民军渡江，退守武昌。”[1]

《武汉战纪》记载：

“五日甲支队进攻三眼桥，汤家山，敌军以死力支拒，炮循环发，弹火迸裂，不得前，遂与乙支队隔绝不相属。乙支队不敢以孤军深入，阵原地以觇敌情。……

“六日黎明……会甲支队破三眼桥，毁敌垒，夺汤家山，获陆炮七尊，枪械子弹无数。李纯飞檄吴金彪出之乙支队右翼，绕道包围敌之左侧，十里铺之革军。二十二标兵攻敌右翼于黑山之麓，复檄四镇步兵一营，机关枪一队，由水电公司渡河为之援。革军大部集黑山西南凹处丛林中，我炮队侦知向之射击，步队犄之，敌益蹙，仓皇溃走。汉阳我军追北至黑山七里铺而止。夜半敌来袭营，击却之。”[2]

史料考：

《计约翰日记》记载：蔡甸的老乡们讲述了清军四散的残部返回的情景。老乡们说，其中有些清兵为打了败仗而痛哭流涕。

上述史料表明，十月初四日，甲支队仍阵三眼桥牵制汤家山，十月初五日，甲支队进攻汤家山不得前，乙支队隔绝不相属，乙支队不敢孤军深入，阵原地以觇敌情。连续五天来，清军由蔡甸进攻汉阳的部队被驻守汤家山的敢死队击溃，清兵为打了败仗而痛哭流涕。

自十月初一日，黄兴命令敢死队死守汤家山七天七夜，副队长蒋楚杰率翁国福十余人，浮水进夺汤家山，阻击清军从汉阳西北面的蔡甸、金星口入侵汉阳。十月初四日，敢死队雄踞汤家山，清军甲支队只得驻守三眼桥牵制汤家山上敢死队。是日晚，金兆龙奉方兴之令分派敢死队队员趁夜规复仙女、美娘、锅底诸山，规复后，因驻守无力，敌进我退。十月初五日，清军大炮不停地轰击汤家山，敢死队冒着炮火攻击，仍坚守在汤家山上。五天五夜，敢死队员未尝解衣就寝，食不知味，坐不安席，目注敌势，心察敌情，虽困乏亦不计，一连五日，敌屡来攻，均经击走，

1. 见《辛亥革命史资料新编》第一册 255 页。

2. 见中国近代史资料丛刊《辛亥革命》五 238 至 239 页。

该处得以勿失。

敢死队副队长蒋楚杰记述："初六日，敌军渡汉江，炮队不击，致敌军侵夺黑山，而汉阳危矣。初七日，退回武昌严防。"[1]

敢死队队员翁国福记述："初六日杜林即命正队长金兆龙预备小舟三十余，而敌人进攻乘舟渡江，退至武昌。"[2]

敢死队副队长程正瀛记述："一连五日，敌屡来攻，均经击走，该处得以勿失。初六日，敌由我军右翼抄至十里铺，将粮台焚毁，断我归路，不得已，涉水退回汉阳。初七日保护黄总司令退回武昌。"[3]

敢死队队员卫占鳌记述："至初六日，敌由右路抄至十里铺，将粮台烧毁，断我归路。不得已，由水路退回归元寺。初七日晨，力保黄总司令回武昌城。"[4]

初六日黎明，清军甲支队夺汤家山。

初六日，敢死队队长金兆龙奉社会党杜林之命预备小舟三十余艘，撤离汤家山，是日退回汉阳。

初七日敢死队队员保护黄兴退回武昌。

汉阳失守

计约翰 1911 年 11 月 27 日　星期一日记（辛亥十月初七）

清军攻克汉阳

"今天，清军攻陷了汉阳城，赶跑了革命军，占领了兵工厂。同时攻下了龟山，山上有一所可俯瞰武昌城的指挥瞭望楼。这是顽强战斗一周的胜利战果。详细情况尚不清楚，清军的胜利好像是炮击赫山及梅子山的结果。……快到中午的时候，观察龟山的那些人看见一小队清军冲上山

1. 见《武昌起义档案资料选编》下卷 91 页。
2. 见《武昌起义档案资料选编》下卷 101 页。
3. 见《武昌起义档案资料选编》下卷 115 页。
4. 见《武昌起义档案资料选编》下卷 124 页。

顶，有一个兵挥动着红旗。红旗插在山顶后，整天留在那里。很多人误认为它是革命军的旗，然而这一边的清军炮队向山上和汉阳不打一枪一炮，说明这不是好兆头。傍晚从上游驶来一艘客轮，乘客的说法证实了向上游退却的报道。对那些向上游退去的兵的解释，好像是守卫汉阳的 2 万余人中的湖南人。他们显然是向家乡退去，其中，一些带了大包小包很多东西，每 4 人才带一支步枪。看见龟山后面几处起火，一处火势很猛。

"据清军指挥部公布，那天退却中击毙革命军 5000 人，但没有提到清军损失多少。据今晚从蔡甸来的一个可靠的本地人说，在他中午通过前线时，三孔桥那里的战斗还像往常一样激烈地在进行。清军把所有能用得上的兵力都用于攻汉阳，只留下约二三十个警戒哨守卫汉水上游的城镇。数百名乡民在三孔桥观战，但看不到多大情形，因为清军派出一队骑兵，将观战者拒之远处。"

……[1]

《中国革命纪事本末》记载：

"初七早，清军占龟山，即开机关炮攻射汉阳及武昌。十二点钟，清军入汉阳城矣。居民自初六晚，纷纷渡武昌，清军炮击江岸，逃民之被轰毙者，江为之塞，凄怆呼号，惨不忍睹。"[2]

《南北春秋》记载：

"初七日，汉阳民军与北军战，民军败，汉阳为北军所取。是日，汉阳北军与民军交战，北军焚归元寺。民军分数路袭击北军左翼，被击退，申时，汉阳遂为北军所得。"[3]

《武汉战纪》记载：

"七日，我军分三纵队，一队攻大别山，两队攻汉阳大别山，高控武汉。敌垒层层，环峙险峻，不可仰攻，弹石下掷，当者糜碎。我军冒炮火，衔队猱升，蹋尸以进，立破其防。汉阳革军阻于我两纵队，不能来援。我军抢上山头，手执红旗，四起四落，拔敌帜，树之大营，革军

1. 见《近代史资料》总 72 号 168 至 170 页。本文引用有删节。

2. 见《中国革命纪事本末》29 页。

3. 见《辛亥革命史资料新编》第一册 256 页。

分窜武昌沌口青山诸处。巳初（上午九时），我军入汉阳，唯一空城市尘，中间有伏枪潜击者。吴金彪以标一部，搜索城中匿党，以一部追击渡江之敌，多堕水而死。计我军克复汉阳，不满四时，而枪炮钢药诸厂，均完全收获，无一损失。当我军之至蔡甸也，张振武以新沟为蔡甸之咽喉，蔡甸为汉阳之门户，蔡甸不守，汉阳危矣，屡告黄兴，不省。及汉阳失，黄兴谋去武昌，守南京。张振武拔剑斫几曰：有言去武昌者，有如此几。黄兴默然。乃饬诸将士守城内外，为死抗计。我军营大别山，俯瞰武昌，炮击都督府，中三十余弹。杜锡钧、杨开甲等，挟黎元洪出城，避洪山卓刀泉下，行动不得自由，惟俯首流涕而已。於戏！黄以革命党魁，素不娴兵事。武汉之乱，贪天之功，以为己利，攘持军柄。表里山河，有险不能守，有兵不能用，一败而遁，委咎于人，其视瑞瀓张彪相去盖不能以寸耳。冯国璋承荫昌之后，值军心变乱之余，一战而取汉口，再战而克汉阳，登坛指挥，有如振槁。设当日者乘战胜之威，顺江东下，则金陵乌合之众，当不战自溃矣。惜哉天不竟耳功而止于斯也！是日午后，李纯下令，我军暂守汉阳，各领阵地，联络警戒，以备不虞。是晚革军二千携土炮四尊，入黄陂县城，以土塞门，凭堞墙而守，冯国璋檄混成十九标统带施从滨率所部往剿。”[1]

《革命真史》记载：

“十月初六午前十一时，清军渐渐前进，与我军相距约六七百密达，火力益猛，我军伤亡甚重。步队第三标第二营管带王殿甲阵亡，下级军官亦阵亡多员。是时，尚定邦、甘兴典之部队皆先退却，其余各部亦陆续后退。惟王隆中不知去向，其军队全退。但王隆中连日在汉阳战斗，极萎靡不振，身为将领，常匿民房不出，又不敢见黄兴之面，是日，竟胆敢不遵命先自退却，到武昌城内两湖书院集合。湘军第二协见第一协全行退却，亦陆续向汉阳鹦鹉洲退去，雇用民船退回湖南。是时，黄兴见湘军全行退却，殊形焦急。少顷，即得报告，谓湘军第一协已退到武昌矣。黄兴用电话报告黎都督，仍令第一协来汉阳作战。黎都督即派蒋翊武、李作栋至两湖书院与王隆中接洽，并赏给该协酒肉，仍请

1. 见中国近代史资料丛刊《辛亥革命》五 239 页。

其往汉阳参与战斗。王隆中面如土色，不肯前往。该二人回报黎都督云：‘湘军誓不再往汉阳，要退回湖南。’黎都督恐湘军退牵动全局，复亲赴两湖书院，令王隆中带队到汉阳加入战斗，再三劝勉并许以特别酬劳，王隆中卒不肯往。黎云：‘你既不往汉阳，请在武昌休息候命。’黎即返都督府，旋王隆中暗中掳民船甚多，亦潜回湖南。是晚，大家因湘军不辞而去，实属有危大局，均为愤恨。特电湖南谭都督，严加惩戒以肃军纪。惟甘兴典先到岳州，谭都督已派队将其拘拿正法，王隆中闻知潜逃矣。

“黄总司令又传命令，不准后退，并将后退者斩二十余人，犹不能止。各部队兵士即避开正面，往两翼退走。黄兴当派孙绳武、李翊东、吴兆鲤、赵学魁等到两翼督率，不许后退。各兵士不从，黄兴又将不用命者斩数人。同时清军见我战线动摇，即乘机前进，已占领十里铺我两翼阵地，遂向十里铺注击。

“午后一时，参谋部副部长杨玺章在十里铺督战阵亡，由吴兆鲤派兵将杨尸身舁至汉阳东门，旋运武昌平湖门外收殓。

“午后四时，我军在十里铺逐渐退却，清军已占领十里铺，向我军行射击追击。是时，睹此情形，不可收拾，汉阳顷刻难保。一面派员分传各队，利用地形抵抗，一面派涂金炳、罗子清到兵工厂急将枪弹搬运武昌，又命王安澜，将归元寺所余子弹悉搬运汉阳东门外船内运送武昌。

“午后五时，清军已过十里铺，进占梅子山、黑山等处，向我军追击。汉口硚口一带之清军，亦同时用炮火向我军集团射击。

“少顷，清军由汉口用民船输运步兵自硚口附近渡河增加助战，我第六协及步队第十四标亦渐向后退却。是时黄兴见情形危迫，即派第三标第一营管带郭炳坤，率该营在归元寺以北掩护。

“午后六时，黄总司令即退回昭忠祠司令部，向大众哭曰：“战事一败至此，官兵无一人用命。眼见汉阳已失，我亦无面目见一般同志，惟有一死以谢同胞。”云云。时田桐在旁哭劝，谓黄兴一身关大局安危，死不得，死不得。况胜负是兵家常事，请速急收容各队，至汉阳城内防守，背城一战。

“是时，黄兴欲破坏汉阳兵工厂，焚烧归元寺粮台，勿使资敌。其时吴兆麟阻止之，遂云：‘兵工厂建造殊非易易，目下已将紧要机件及枪支子弹搬运武昌矣。即令为敌所有，一时亦不能开工。查现在全国响应省份，我已占五分之四，扬子江已全为我有。我若在武昌划江固守支持半月，则各省援兵必到，再图恢复。若我将汉阳失而复得，是兵工厂又为我用。至于归元寺粮台，刻正搬运，如能搬尽，则毋庸焚烧。万一不能搬尽，再焚烧之，未为晚也。’黄兴遂止。

“是夜，我军各队俱已散漫于汉阳城及江岸附近，黄兴乃传令各部，在汉阳城附近整顿。午后九时，黄兴仍命将归元寺粮台纵火焚烧，一时火光烛天，子弹炸裂之声震动武汉。是晚清军亦未前进，仍占领黑山附近之线。

“是晚，黎都督闻黄兴愤不欲生，特派人至汉阳劝勉，请黄兴到武昌休息。于是黄兴即于是晚十一时至武昌都督府矣。

“是晚，在汉阳各部队均退至汉阳东门外整顿，皆无斗志，即由船政局监督张福麟同李翊东派火轮炮船输送至武昌。吴兆麟诚恐清军来袭，特派步队第四标第一营管带黄经猷率该营及辎重第一营队官黄甲率该队在汉阳城掩护。

“是晚，黎都督闻汉阳危迫，即拟电各省乞师。”[1]

“初七是日午前六时，我兵工厂及在江岸各部队，犹未退毕，清军即由黑山之线向汉阳城进攻，我掩护队即在城垣开枪射击，旋亦退却。

“午前十时，清军节节搜索前进，占领汉阳城，我军未渡江部队，皆由城外向汉阳鹦鹉洲退却，汉阳不幸入清军手矣。

“斯时有留日士官学校毕业志士萧钟英，湖北兴国州人，不忍见汉阳之失，危及武昌根本之地，奋不顾身，组织一班敢死之士，自武昌渡汉阳。龚国煌等阻之，不听，径至汉阳铁厂码头登岸，慷慨激昂，持枪向清军猛射，清军用机关枪扫射，萧钟英及一班敢死之士皆阵亡。”[2]

1. 见《革命真史》221 至 223 页。
2. 见《革命真史》225 至 226 页。

为保卫汉阳壮烈牺牲的革命军将士

汉阳失守检讨

计约翰 1911 年 11 月 28 日　星期二日记（辛亥十月初八）

……

“革命军的失败是由湘军和鄂军之间大大的不和所致，关于这一问题的报道已被平民中传来的消息所证实。湘军抱怨他们总是被派往前线打仗，即使他们占领了阵地，鄂军也守不住。星期日那天矛盾激化，当时清军进攻，情况已非常危急，最后湘军开始大撤退。到星期日夜，他们竟然已全部退到武昌岸边，开始从上游回家乡作长途行军。

“这样清军余下的任务就简单了。在守卫汉阳的部队撤退过长江时，清军在水厂所在地附近，架起一座渡汉水的浮桥。星期日夜，他们就利用浮桥渡过了汉水，向赫山进发再到汉阳。革命军说，清军在离汉水有相当距离的内地，走了一条人们不常走的路线，奇袭了留在汉阳山的一小支部队，但现在看来，他们原可以选择任何哪条路线都可以到。

“革命军几乎丢弃了所有的野战炮……但他们好像在离去之前，把这些大炮都拆坏了。那些视察的外国人，今天看到在龟山缴获的12门大炮，都没有炮闩。”[1]

……

1. 见《近代史资料》总 72 号 173 至 174 页。本文引用有删节。

《革命真史》记载：

“十月初七是日正午，黎都督召集各机关人员及各部队长官，齐集咨议局开会，讨论战略及防守武昌事宜，并请黄兴述明汉阳战争经过情形。旋黄兴登台演说，谓：此次汉阳之役，非军队不多，非防御阵地不固，又非弹药粮秣不充足，其所以致败之原因：第一，系官长不用命。第二，军队无教育。第三，缺乏机关枪。有此三缺点，故每战失利。自第一次败退后，各兵士一闻机关枪声，极为惊慌，各官长亦畏避不前，屡次鼓励，皆不收效。最可惜者，鼓励一次，即多热心勇敢之士告奋勇前进，敌人用机关枪扫射，前者死，后者退，所以败也。若前者仆，后者继，未有不胜者。现在武昌均系战败部队，不宜再用，用则仍败。为今之计，只有弃武昌而援南京。若得南京，然后组织北伐精锐军队，再图恢复可也。云云。

“其时，范腾霄登台云：‘武昌为首义之地，革命心腹，众心所向，守则胜，弃则溃，举足轻重，事关全局。战略实重于战术远甚，屋宇可毁，人心难摧，援军将至，指在日下，主弃武昌者，其亦未之深思，诸主兵者亦留武昌自重。即在目前，虽欲卷土重来，谁与共事？且事已至此，吾辈誓与武昌城共存亡。况划江而守，未易旦夕下，以武昌一隅，牵制清全力，彼师老饷竭，而我各省义军随时援鄂，分道北攻，虏不足平也。此次战争，以汉阳襄河之险，如防御严密，决不能失。查前次由汉阳渡河进攻汉口，以全军兵力，夜间攻击，即是用不得法，以致败退。但败至汉阳以后，应格外谨慎，不使敌人渡河。敌若在襄河以北，无论如何，汉阳不发生危险，现在木已成舟，我军应计划死守武昌待援，既有扬子江之险，又有海军掩护，则武昌可望安全。如弃武昌而援南京，此计又左也，绝对不表同情。’云云。旋张振武因黄兴欲弃武昌，极为愤怒，遂大声喝曰：‘武昌是我们首义之地，我辈当与城俱亡，无论如何，不能言退，倘再有言退者，即杀之！’大家均拍掌表同情，黄兴见大家反对，即到黎都督室内，面向黎都督云：‘既大家不赞成弃武昌，我一人先往上海，如将南京克复，我即带两万精兵来援武昌。’云。”[1]

范腾霄简介：光绪三十一年冬，范腾宵官费留日，入商船学校学习

1. 见《革命真史》中 226 页。

驾驶，经宋教仁引见孙中山，加入同盟会，任同盟会湖北分会交际干事。武昌首义后，范回国抵武昌，时汉阳陷落，范起岸直达军务部参加军事会议，反对放弃武昌攻南京之主张，并陈述武昌可守不可弃理由会场欢声鼎沸，争相与范握手。从而定下保卫武昌战略决策。

邓汉祥著《黎都督二三事》记述：

“在会议时，我也曾参加，黎元洪首先介绍，请黄总司令将失汉阳的经过先行报告，然后再商量武昌布防。黄兴上台后，怒发冲冠，开口大骂武昌军队没有上岸，其次就说湖南湖北军队某些军官平时如何不好，作战又如何不力等等，无一自责之语。于是激动公愤，不约而同地拍起桌子说，你当总司令，哪一个官长不好，你可以撤换他，可以惩办他、杀他，何能把失守汉阳的一切责任诿诸他人？甚至有主张要杀黄兴的。在紧张场面的情况下，黎元洪遂挺身而出，黎说：‘请各位同志息怒，你们要责备黄总司令，首先要责备我，因为他任总司令，是我推举的。但是大家要知道，黄兴二字对革命有不可估计的力量，如果我们今天对他有不理智的行动，使敌人认为革命党人内部起了分化，增加敌人的气焰，一面使独立各省因而灰心。现在汉阳虽然失守，其他各省独立的已经不少，如果因我们一时的意气，而使功败垂成，我们将成为千古的罪人。’黎氏这一番谈话之后，大家也就气平下来。接着又说：‘请大家商量如何布防，我同黄总司令到楼上去稍作休息。’黎黄离开会场后，黎对黄说：‘孙中山先生快回来了。请你到上海去商陈孙先生，组织中央政府。筹划全局，使革命早日成功，我们在此尽量撑持。’

“黄兴遂离开武昌。原黄兴于两日前，在汉阳与李书城、田桐、曾昭文等会商，即准备退南京，于是在武昌领取现洋二十万，乘轮东下矣。”[1]

议和期间率稽察队奋战前沿阵地

计约翰 1911 年 11 月 29 日　星期三日记（辛亥十月初九）

“黑山周围躺着许多革命军伤兵，没吃没喝，从上星期日一战后就

1. 见中国文史出版社《民国大总统黎元洪》168 页。

一直躺在那里。虽有上百人从他们身旁经过，但没人敢救护他们，唯恐触怒清军。饥渴越来越厉害的折磨可以想象，然而伤口的痛苦想必更加难忍。由于伤口未经包扎，打穿的皮肉其溃烂的状况难以形容。”

……[1]

《方兴革命事略》记载：“时吴兆麟为战时总司令部，驻洪山，令兴纠合敢死队员，编成战地稽查，监视各地炮台及战地火线。寻属军务部。”[2]

《黄斌革命事略》记述：“初七日，汉阳遂失。敢死队遂分散。斌复与方兴组织战地稽查，监视沿江炮台及火线，身冒枪弹，受险尤多。”[3]

《黄天骥革命事略》记述：“及汉阳失守，吴兆麟为总司令，遂附焉，更名稽查，监视凤凰山、黄鹤楼等处炮台，及自金口至葛店沿江一带火线。时敌猛攻武昌，弹如雨下，拼命死守者敢死军人也。寻改战地稽查，属于军务部。”[4]

《九团三营营长前工兵八营革军二正队副队长金兆龙》记述：“初七日，军务部以队伍击散，改编敢死队为护军队。”[5]

《前工兵八营革军第二正队五支队长程正瀛（即定国）》记述：“我敢死队编成护军队，瀛仍充副队长。”[6]

《鄂军第三师第五旅执事孙松轩事略》记述：“于初六日，汉阳失守，退守武昌。组织护军队，逡巡各处城门，以防奸宄。”[7]

《九团三营十二连三排排长翁国福》记述：“初七日军务部以队伍击散，改编敢死队为护军队，福充当八棚兵士代表。”[8]

史料考：

11 月 27 日，军务部决定将战后余生的敢死队队员一分为二。一部

1. 见《近代史资料》总 72 号 174 页。本文引用有删节。
2. 见《武昌起义档案资料选编》中卷 208 页。
3. 见《武昌起义档案资料选编》中卷 626 页。
4. 见《武昌起义档案资料选编》中卷 608 页。
5. 见《武昌起义档案资料选编》下卷 72 页。
6. 见《武昌起义档案资料选编》下卷 115 页。
7. 见《武昌起义档案资料选编》下卷 83 页。
8. 见《武昌起义档案资料选编》下卷 101 页。

由方兴组建战地稽查队，方兴为战地稽查长。方兴从敢死队队员中挑选三十六位精干强壮者担任战地稽查员，负责监视凤凰山、黄鹤楼等处炮台，及自金口至葛店沿江一带火线。一部改为护卫队。

计约翰 1911 年 12 月 1 日　星期五日记（辛亥十月十一日）

“今天中午时分，看见武昌上空布满了从蛇山后面升起的浓烟，省咨议局革命军司令部起火，并已烧倒。几乎可以肯定火是清军炮火引起，因为中国人跟革命军一样，在那里堆满了煤油。清晨，河堤上的一组大炮及汉阳山后的炮队，向该大楼投下了数枚炮弹。到中午，一枚炮弹打穿了大楼引起了火灾。革命军几次去扑火都未成功。幸好汉阳失陷后就决定转移司令部，因此司令部里大部分东西早已搬走。造成损失大约有 25 万两白银。

“今天从汉阳来的一个本地人说，清军正忙于造大木筏，还说他们进行大肆抢劫，闯进住家抢走值钱的东西。周围的村庄倒了霉，一群群清兵进村抢走了所有值钱的东西。

“今天，成千的平民从武昌东门涌出，为了让难民逃出城门大开。沿江的门只准有通行证的人通过。城里商店十有八家关了门。大批部队从城里调出，因为他们的营房已成为清军攻击的目标。炮台仍派人守着，里面留有一大部分部队。为谨慎起见，共和军印发了新的通行证，顶端印有两面共和旗。”[1]

计约翰 1911 年 12 月 3 日　星期日日记（辛亥十月十三日）

“星期六宣布次日上午 8 时休战。表面上停了火，但双方对下一步的作战准备都无约束。

“港内英国和日本军舰收到革命军占领南京的无线电广播消息。南京陷落标志是升起白旗。南京失陷抵销了汉阳陷落。双方相对阵地与两

1. 见《近代史资料》总 72 号 175 页。

周前差不多。

“黄陂及孝感的传教士来信说，那里打仗了，据说战斗很激烈。虽然一周前在阳逻登陆的7000名江西革命军攻下黄陂，但清军指挥部声称他们又重新占领了黄陂。”[1]

《中国革命纪事本末》记载：

“当停战时，鄂督段祺瑞将种种防御，逐一布置。凡炮台近处，非挖战坑，即埋地雷。闻其计划，注重防守鹦鹉洲；至汉口之防守线，则最重江防一带。而刘家庙炮台，尤为注意，置巨炮甚多，附近掘地洞五处。又工程营在汉阳兵工厂，赶造帆布船，甚形忙碌。

“十一月十一日，段祺瑞接到袁世凯电，驻扎阳夏兵士，须退出百里之外，严密防范，勿轻攻击失约等情。该督接电，当传知各协标营兵士，预备退军百里；一面照会各领事，一面出示张贴汉口街衢。首先退去之兵，系扎在汉阳之陆军第二镇，次及第四镇。其由汉阳派扎蔡甸之兵，闻于十五日拔队退归汉口，徐徐而北。清军利欲熏心，退走之时，大肆骚扰，抢劫频闻。据车站附近之人言之，所掠财物，满负肩背，凡市上能售之物，无不毕具。甚至女衣闺阁用品，亦装车运去。汉口人民之膏血，而清军以为战利品，可痛孰甚于此。

“清兵初闻退信，咸不肯听令。十一月初九日清太后诏书，群谓不确，请于段祺瑞，遣人专车赴京，询于袁世凯。嗣接袁世凯数电，仍扬言再掠三日方走。各军官长恐起交涉，反复劝谕。况租界万不可动，华界已掠无可掠，始各怏怏而走。濒行之时，复于河街放火，幸获扑止。

“清军自十一月十三日，沿京汉铁路退走。前站扎在孝感之花园，大队直退至信阳，至十六日业已退尽。留守战线兵与街市上之警察，合计三千余人。惟于弹药辎重，尚在运送。

“北军大队，退出汉口时，深恐民军袭击刘家庙及横店三道桥一带，截断其返汉要道，故各处均布置地雷火炮，并派步炮兵防守。

“清兵退守孝感杨店、三汉埠、花园及该县城，抄抢殆尽，贫民十室九空，典当亦为闭市。

1. 见《近代史资料》总72号175页。

"清兵驻扎孝感者，为数万五六千人，刻闻大半又将退往北方，因袁世凯电调该军赴保定、开封守备，拟将原驻保定之兵，调来湖北作战。其调动原因，则以现驻保定之兵，与滦州之第二十镇，暗通声气，密图保定独立，以为滦州响应；袁世凯闻之，惶恐无他策，惟以段祺瑞所统之第一军，久经战斗，深为可恃，特选调一混成协退扎保定，即以保定之军，开临湖北前敌，设法撤换其将领，使之不能反正。论者谓袁世凯今日所抱方略，主张坚守武胜、洛阳，以御由鄂来攻之联军；故闻金陵已破，即托和议，不攻武昌；现在政策实不注意于汉口汉阳，能守则守，可有可无，所以敢移将变之兵戍此。而实则去其肘腋之患耳。至开赴开封者，只千余人，亦因有民军约期起事之说也。"[1]

《武汉战纪》记载：

"八曰，清军攻打黄陂。十日黎明，克期破城。十八日，清军占领黄陂全境。

"冯国璋以我军既克黄陂，前后诸路皆廓清，无复顾虑，乃克期规复武昌。武昌一城如鱼游焦釜之中，大别山一弹之火，可唾手定也。"[2]

《湖北文史资料》1988年第一辑，《北洋军阀统治时期湖北大事专辑》记载：

1912年1月11日，黎元洪下令鄂军准备北伐。

1月15日，停战期内，清军与民军开战，民军获胜进据祁家湾，清军向北渐退，段祺瑞由孝感退至信阳。

1月17日，冯国璋统敢死队2营，一二日内抵湖北。

1月25日，武昌竭力备战，已编成3军。第一军为湖北兵，第二军为江苏兵，已向黄陂进发，第三军为广西兵，向汉川进发。

1月26日，孙中山电告黎元洪：和议难恃，我军战斗准备刻不可忽。

2月4日，段祺瑞率兵开往北京。

2月6日，驻广水之第四镇清军全部变乱。

2月10日，武昌军队已足四镇，其总数将近8万名。

1. 见《中国革命纪事本末》第34页至36页。

2. 见中国近代史资料丛刊《辛亥革命》五241页。

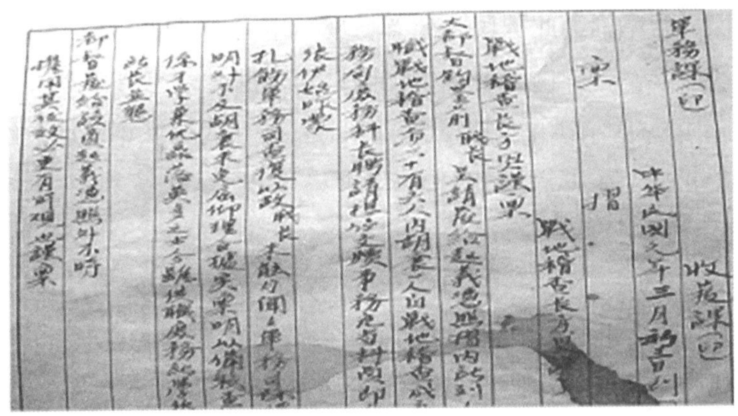

2011 年 5 月，编者在湖北省博物馆查阅该馆所保存辛亥革命真迹资料中所摄照片

2011 年 5 月，编者赴武汉搜集宜昌人参与辛亥革命史料，在湖北省博物馆有幸查找到民国元年三月初三（1912 年 4 月 19 日），方兴时任战地稽查长写给黎元洪的禀折。湖北省博物馆注明该件为真迹。此图由编者现场拍摄，原件仍保存于湖北省博物馆。此影印件证明：自 1911 年 11 月 27 日，汉阳失守后至 1912 年 4 月 19 日，方兴担任战地稽查长历时四月有余。在战和交织的时间里，方兴率战地稽查队 36 名队员奋战在前沿阵地为实现共和立下汗马功劳。

仪式由山西代表景耀月主持，风尘仆仆的孙中山身穿中西装居中站立，用浓厚的广东话宣读就职宣言：“倾覆满洲专制政府，巩固中华民

国，图谋民生幸福，此国民之公意，文实遵之，以忠于国，为众服务，至专制政府既倒，国内无变乱，民国卓立于世界，为列邦公认，斯时，文当解临时大总统之职。谨以此誓于国民。中华民国元年元旦，孙文”。会场庄严肃穆，播放着激昂的《马赛曲》。

任军咨官考订

《方兴革命事略》记载：

“副总统以兴军事学优，授参谋部军咨官。”

自 1912 年至 1913 年 10 月，在民国历史上黎元洪三次担任中华民国副总统。

1912 年 1 月 3 日，黎元洪补选为中华民国副总统。

1912 年 2 月 20 日，黎元洪任中华民国临时副总统。

1913 年 10 月 7 日，黎元洪当选为中华民国副总统。

此间大家都称黎元洪为副总统。究竟黎元洪在哪一任期之内授予方兴湖北军政府参谋部军咨官？

方兴任参谋部军咨官时间考订：

据 1912 年 3 月初 3 日（即阳历 4 月 19 日），方兴以战地稽查长身份写给大都督黎元洪禀折表明：1912 年 4 月 19 日前，方兴任战地稽查长。另据 1912 年 5 月 4 日，方兴离鄂赴北京就任北京政府陆军部高等顾问官。

上述史时表明，黎元洪应在 1912 年 4 月 19 日至 1912 年 5 月 4 日这一时间段里任命方兴为参谋部军咨官。即在清帝逊位后，黎元洪第二次担任中华民国临时副总统时任命方兴为湖北军政府参谋部军咨官。

袁世凯授方兴陆军部高等顾问官

《方兴革命事略》记载：“大总统懋功行赏，知兴绩，电调入京，授陆军部高等顾问官。”

1912 年 1 月 1 日，以孙中山为临时大总统的中华民国临时政府设立陆军部。1 月 3 日，陆军部直隶于大总统。其职权范围：管理陆军、经理军事教育、卫生、警察、司法、并编制军队事务、监督所辖军人军警。黄兴被命为陆军部总长，该部设秘书处、副官处、军衡局、军务局、军械局、军学局、军法局，又设参事官、顾问官。

1912 年 2 月 12 日，清宣统帝溥仪降谕退位，一切政权交袁世凯主持。

1912 年 2 月 15 日，接南京电谓：参议院开临时大总统选举会，到会者十七省，共计十七票。投票结果，袁世凯得十七票，当选为中华民国第二任临时大总统。袁世凯政府仍按孙中山为临时大总统的中华民国临时政府一样设立陆军部。

1912 年 4 月 12 日，袁世凯电商黎元洪，请孙武、蒋翊武、刘公、张振武、黎澍、李春萱、刘仲文、蔡济民、方兴、杨玉如、阮毓嵩等 16 人赴京，拟分派往总统府任职。方兴任陆军部高等顾问官。[1]

方兴荣归故里

编者注：本文系 1990 年 5 月，方兴堂侄方宗亮、方宗豪、方宗杰所著《十七世祖欣文公传》。该文载于《湖北省长阳县方氏家谱》。笔者征得方兴侄孙女方秉珍同意，将《十七世祖欣文公传》改题为《方兴荣归故里》。另就文中称方兴为公，编者将公改为方兴，文中所述方兴于民国二年赴北京，（因旧称 1911 年为民国元年）。笔者依据《湖北文史资料》1988 年第 1 期《北洋军阀统治时期湖北大事记专辑》第 30 页相关记载，将其改为 1912 年春，方兴回乡省亲祭祖。其余部分如称熊秉坤为辛亥革命起始鸣枪者这一记述，明显与史实不符，为保留该文原创，这一错处未作修改。另据该文记载方兴生于清光绪十七年（公元 1891 年），以此为据确认方兴出生年代。

“方欣文，字绳修，开经公之孙，大明公之四子也。生于清光绪十七年（公元 1891 年），幼孤贫，依婶母刘太孺人抚育成人。方兴少有大志，恨清政府腐败无能，谋民族复兴大业。年十八岁与中华革命党人巴东县邓玉麟为友，赴武昌参加共进会，任测绘学堂敢死队队长，武昌辛亥革命时，方兴率敢死队赴楚望台会师，攻克湖北省总督衙门，为推翻清政府，缔造民国建立不朽功勋。民国政府成立后授陆军少将。1912 年春，

1. 见《湖北文史资料》1988 年第 1 期（北洋军阀统治时期湖北大事记专辑）第 29 页。

方兴回乡省亲祭祖，地方官员、晋绅贤达、学堂员生齐集东门外夹道迎候。方兴下马步行，拱手致谢和蔼可亲。在家住二十余日后，即往北京赴任。在京期间，因军务劳累及饮食失调而致疾，医治无效。于1914年卒于北京，享年二十四岁。葬于北京汤山。

“民国三十六年（公元1947年），方兴堂侄方宗豪入学于武昌中华大学时，曾步入黄鹤楼武昌辛亥首义纪念堂，瞻仰辛亥革命史绩。有幸获见方兴之名位。并拜访辛亥革命起始鸣枪者熊秉坤元勋。熊氏曰：方兴宜昌府人氏，参加辛亥革命立有战功，封陆军少将，早年病逝于北京。

“方宗豪赴上海工作后，曾于1985年于福州路上海书店获见武昌辛亥革命史书一册，其中共进会传内有公之业绩。呜呼！公少有大志，投笔从戎，图民族复兴大业，英勇善战，有儒将之风。武昌辛亥革命时，方兴率敢死队赴楚望台会师，身先士卒击溃清军。为推翻清政府帝制，缔造中华民国建立不朽功勋。虽天未延寿而早逝，但方兴之勋业伟绩载入史册永垂不朽矣！

“方兴娶覃氏为妻，幼子方宗汉夭亡。

“公元1990年5月岁次庚午，堂侄方宗亮、方宗豪、方宗杰敬撰。”

赴北京就任

《方兴革命事略》记载：袁世凯任命方兴为陆军部高等顾问官，方兴“辞不就，哈汉章谓曰：‘爵非宠也，惟有才能者居之’。兴乃就职。兴往时，尝语胡襄曰：‘异日功成，吾辈当如绵上介推，耕钓自适。’其淡于名利，盖素志然也”。

1912年4月，哈汉章任袁世凯总统军事顾问。奉劝方兴：“爵非宠也，惟有才能者居之。”方兴乃就职。

1912年5月4日，方兴离鄂赴京前，良师挚友胡襄前来相送。方兴说：功绩已成为过去事情，我等应以绵上介子推为榜样，有功不言禄，隐退山林做一个耕钓自适自由人。

中华民国北京政府授予方兴陆军少将

1912年（民国元年）

9月7日，黎元洪、黄兴、段祺瑞授陆军上将；陈宧、蒋作宾授陆军中将。

19日，徐宝山、王芝祥、杜锡钧、姚雨平授陆军中将加上将衔；何宗莲、李　纯、黎本唐、窦秉钧、蔡汉卿、吴兆麟、王安澜、唐牺支、季雨霖、黎天才、陈懋修、洪承点、陈之骥、冷遹、吴绍璘、顾忠琛、刘之洁、黄郛、周骏、彭光烈、孙兆鸾、刘存厚、熊克武、孟恩远、王廷桢、王占元、曹锟、杨善德、靳云鹏、潘矩楹、张作霖、冯德麟授陆军中将。

24日，朱瑞、柏文蔚、徐绍桢、林述庆授陆军中将加上将衔；高国、朱先志、刘毅、林震、孙岳、杜淮川、李书城授陆军中将；张孝準、耿觐文、何成浚、杨廷溥、曾昭文授陆军少将。

28日，吕公望、周承菼、许崇智、余钦翼、赵春廷、曾继梧、王隆中、梅馨授陆军中将。

29日，傅良、张绍曾、陈光远、吴鼎元授陆军中将。

10月6日，孔庚、孙万乘、李鸿祥、张士钰、卢永祥授陆军中将；王汝贤授陆军少将加中将衔；卢金山、刘金标、洪自成、高文贵、李奎元、于有富、王金镜、鲍贵卿、唐天喜、张鸿逵、李厚基、何丰林、马良、马继增、周符麟、陈裕时、赵恒惕、伍祥桢、范国璋、高凤城、裴其勋、周燊儒、吴庆桐、刘世均、欧阳武、余鹤松、蔡森、许兰洲、关忠和、田献章、张载阳、叶松清、顾乃斌、蒋松林授陆军少将。

8日，陈炯明、龙济光授陆军中将加上将衔；孙棨、谢汝翼、韩建铎、李根源授陆军中将；袁华选、胡忠亮、段志超、李凤楼、陈文运授陆军少将。

9日，赵尔巽、陈昭常、宋小濂、程德全、谭延闿、周自齐、张镇芳、赵惟熙、杨增新、胡汉民均加上将衔；李烈钧、孙道仁、阎锡山、张凤翙、尹昌衡、陆荣廷、蔡锷、唐继尧、胡景伊、孙武授陆军中将加上将衔；蒋翊武、蔡济民、邓玉麟、高尚志、何锡藩授陆军中将；仇亮、沈靖授陆军少将。

11日，张锡元、宋尚杰、张宣、徐则恂、刘洪基、耿毅授陆军少将。

12日，田中玉授陆军中将。

14日，章梓、章驾时授陆军中将。

17日，蒋尊簋、蒋雁行、马毓宝授陆军中将加上将衔；赵理泰授陆军少将加中将衔。

18日，蒋翊武晋加陆军上将衔；蓝天蔚、温寿泉、李燮和、朱执信、胡毅生、邓铿、周之贞、钟鼎基、苏慎初、魏邦平授陆军中将；方兴、杜持、端木璜生、伍宗仁、袁家声、杨冠英、许殿爵、张 性、刘成、曲同丰、张毅、曾承业、桂丹墀、周凤岐、吴中英、肖良臣、陈毅授陆军少将。[1]

致北京稽勋局公函（摘录）

邓玉麟

1913年6月3日到

启者：接到总统转来尊电，嘱报告辛亥年八月十九日起义人员，当即电复。时孙君摇清留都未返，乃邀集同志，互相记忆前年有功人员，都六百八十五人，分甲乙丙丁四种，录列函达。恳局长发交审议，再行呈请大总统分别发表为荷。

审议邓玉麟启

附表册四份

甲种：

刘　公　谢石钦　梅宝玑　陈宏诰　潘公复　吴肖韩　居　正　苏成章
李作栋　王季立　杨玉如　邢伯谦　王炳南　高尚志　牟鸿勋　徐万年
蔡济民　徐达明　殷占奎　王鹤年　陈天寅　齐占元　徐亚新　赵学魁
赵学诗　费　榘　蔡鹏来　钱芸生　高汉声（振霄）　丁立中　赵楚屏
蔡汉卿　艾良臣　王宪章　马骥云　陈随福　沙金海　吴星汉　李承牧
王华国　方　兴　陈洪九　胡祖舜　马祖全　吴兆麟　李翊东　杜武库

1. 见《中华民国北京政府授予将军全名录》（摘录）。

陈人杰　赵士龙　李振翼　邝明公　肖云奎　李连升　鲁伯超　肖国宝
聂　豫　诸德甫　许世昌　胡廷翼　刘东成　蔡绍忠　向炳焜　熊秉坤
陈子龙　汪锡琨　张甫国　杜　鼎　蔡大辅　查光佛　钟雨亭　何少山
周青林　陈占奎　王广聚　冯征远　卢宝山　刘协卿　刘　权　田智亮
刘斌一　贾也洪　尹奎元　谢　英　汪　鋆　张良臣　赵振鸿　方殿甲
叶于兰　江亚兰　刘　同　徐长清　刘正德　李华谟　胡捷三　王文锦
黄元吉　杨时杰　罗秉襄　朱振汉　范尚武　耿　丹　邹世忠　颜洪章
黄元斌　黄中瓒　刘长庚　李先甲　蒋海清　汪正海　刘　英　刘　铁
宋振华　陈铁侯　徐祝平　张　汉　徐移山　唐牺支　李相名　张鹏飞
汪定元　平福胜　陈雄军　李新如　王天保　孙洪斌　潘鼎新　邓拔萃
李逢春　金兆龙　范得龙　黄德坤　霍殿臣　张国钰　彭汉遗　彭仲卿
方建侯

乙种：

宋宏选　刘学均　曾记猷　胡定鼎　王训民　孙鉴堂　徐长胜　陈锡仁
张玉山　张得胜　陈明泰　胡文卿　陈见龙　蔡连升　屈傅安　杜洪胜
刘风千　胡襄阳　张笃伦　陈耀支　孙绍箕　骥玉堂　李青山　刘文升
李次生　邵焕章　魏光荣　王子华　汪定忠　陶作良　张　羽　刘绳武
田采堂　覃集成　高元藩　黄占春　熊继贞　纪光汉　冯国质　张正奎
龙占奎　刘大才　程汉卿　王天培　李廷福　王龙彪　陈桂山　祁国均
张育万　肖春山　张玉亭　赵洪升　陈　龙　皮润堂　陈　俊　尤占奎
张振焕　朱金山　殷仲礼　谢流芳　肖佐汉　李炳奎　黄大有　穆选才
李启洪　汤大钧　胡浩然　王锡恩　周　勃　孙　斌　杜洪胜　王启云
万福胜　樊超群　张振奎　张伯烈　郑江灏　刘成禺　郑万瞻　李　钦
何世昌……[1]

1. 见《武昌起义档案资料选编》上卷 220 页。

方兴生平大事记

光绪十七年（1891），方兴生于长阳县龙舟坪。方氏家族系龙舟坪名门望族之一，方兴双亲早逝，自幼孤贫，由婶娘抚育成人。七岁开始在方氏族学接受启蒙教育。

光绪三十二年（1906）二月，方兴15岁考入长阳县官立高等小学堂读书。

宣统元年（1909）二月，方兴18岁于长阳县官立高等小学堂毕业。在学堂读书期间，受明末清初王船山和黄宗羲的“民贵君轻”思想影响，立志投身革命。

宣统元年（1909）春，方兴赴武昌经同乡长阳人田智谅引荐考入湖北新军第八镇工程第八营左队当兵。

宣统二年（1910年）春，方兴经田智谅结识湖南义士胡襄。在胡襄指点之下加入湖南人季交恕领导的群治学社。

宣统二年（1910）四月，武昌群治学社为策应湖南共进会焦达峰攻打长沙，拟订湖北武昌同时发动起义的计划。方兴为实施群治学社发动起义计划，动员工程第八营兵士37人加入群治学社，准备发动起义。

宣统二年八月十五（1910年9月18日），群治学社改称振武学社后，在武昌黄土坡开一天酒楼召开成立大会。方兴出席会议，当选为振武学社工程第八营标代表。

宣统二年冬（1910年12月），方兴考升湖北陆军测绘学堂。入堂后，与同班同学传阅革命书籍及各类刊物学习革命理论，研究讨论改变中国的方法和途径，提出武装起义推翻皇权专制主张，研究发动武装起义之方案。

宣统三年正月初一（1911 年 1 月 30），振武学社改称文学社，在黄鹤楼风度楼召开成立大会。方兴续任文学社工程第八营标代表。

宣统三年春（1911 年 4 月），方兴与田智谅常往湖北共进会机关同兴酒楼聚会时与宜昌同乡邓玉麟相识。经邓玉麟介绍，孙武于巡道岭湖北共进会机关部约请方兴加入湖北共进会，任湖北共进会湖北陆军测绘学堂代表。

宣统三年四月（1911 年 4 月），方兴介绍工程第八营左队任振刚加入湖北共进会，担任湖北共进会工程第八营左队代表。任振刚先后介绍 39 位兵士加入湖北共进会。

宣统三年五月初一（1911 年 5 月 28 日），方兴赴武昌长清里 91 号湖北共进会机关参加干部会议，参与研究保定秋操后起义方案，讨论通过推举黎元洪任都督的决定。

宣统三年八月初三（1911 年 9 月 24 日），方兴接孙武通知，往胭脂路 11 号胡祖舜家参加拟订八月十五中秋节起义计划军事会议。

宣统三年八月初四至八月初十八日（1911 年 9 月 25 日至 1911 年 10 月 9 日），方兴任军事代表，于武昌小朝街八十五号军事总指挥部参与筹划武装起义战术方案。

同期，方兴与湖北陆军测绘学堂朱次璋、甘绩熙、李华谟、李南星、向讦谟和李翊东秘密商讨武装起义方案，联络全堂同学响应举义。

宣统三年八月十八日（1911 年 10 月 9 日）凌晨三时半，孙武在汉口制造炸弹发生爆炸，机密泄露。蒋诩武决定是日晚十二时听炮声发动起义，方兴赴工程第八营传达起义命令。因叛徒告密，张彪四处抓捕革命党人。蒋诩武脱逃后往汉口新沟避难。方兴躲过抓捕后，带着子弹和炸弹赴工程第八营左队第三排兵棚策动兵士听炮声发动起义。是日晚，起义之事未予实施。

宣统三年八月十九日（1911 年 10 月 10 日）上午，方兴与朱次璋、朱树烈、甘绩熙、李华谟、李南星、向讦谟等湖北陆军测绘学堂革命党人在向计谟寝室商议发动武昌起义办法。

下午，方兴带领湖北陆军测绘学堂革命党人往武昌城外塘角假传孙武之命，号令辎重、工程、炮营革命党人："今晚必动"，"以火为号"。晚八时，辎重、工程、炮营革命代表蔡鹏来、黄恢亚等人受命后，按中秋节起义方案打响武昌起义第一枪，点燃武昌起义信号火。

是晚八时，方兴与驻守楚望台军械库的文学社工程第八营营代表马荣密约，倡议马荣一见塘角火起立即组织左队革命党人抢占楚望台军械库。是晚八时半，马荣按方兴倡议率先抢占楚望台军械库成功。

是日晚九时，方兴在工程第八营营外投掷炸弹引爆武昌起义。

俟后，方兴手持两把指挥刀，返回湖北陆军测绘学堂率领学生军奔赴楚望台，领取枪弹，投入攻打督署战斗。

方兴指挥湖北陆军测绘学堂学生打开中和门、通湘门和大东门城门，迎请城外炮、马、步、辎队入城，并负责守卫中和门至通湘门一线各门，掩护蛇山炮兵阵地，以防敌人袭击以固阵地。

方兴分派湖北陆军测绘学堂学生督率尚未发动之标营响应起义。未动之标营闻讯后立马行动，奔赴楚望台集合，投入进攻督署战斗。

方兴手持指挥刀冲锋在前指挥湖北陆军测绘学堂学生军在通湘门投入战斗，两次打败清军阻击。

宣统三年八月二十日（1911 年 10 月 11 日）下午，工程第八营兵士公举方兴当营长。方兴辞官不就发出组建敢死队将革命进行到底的倡议。时有工程第八营士兵 200 多人响应，志愿投效敢死队。

宣统三年八月二十三日（1911 年 10 月 14 日），湖北军政府军务部任命方兴为敢死队队长。敢死队当时有敢死队员千人以上。

宣统三年八月二十五日（1911 年 10 月 16 日），方兴奉军政府之命率领敢死队投入保卫汉口之战，敢死队勇往直前，在保卫汉口之战中三战三捷。八月三十日（10 月 21 日），汉口清军败走滠口。

宣统三年九月初二日（1911 年 10 月 23 日）下午，方兴于汉口率领 600 名敢死队员冲入清军阵地勇夺敌炮凯旋。

宣统三年九月初六日（1911 年 10 月 27 日），方兴率敢死队再战汉口刘家庙，失败告退。俟后，方兴查明罗家炎克扣革命军子弹，偷运子弹助清军，致使革命军再战刘家庙失败的犯罪事实，上报军政府依法铲除内奸罗家炎。

宣统三年九月初十日（1911年10月30日）下午四时，方兴率敢死队员200余人与湖南革命军协同作战，围剿盘踞汉口济生堂庙清军。歼灭清军200余名，俘获清军300多人，占领济生堂庙要塞。

宣统三年九月十二日（1911年11月3日），方兴指挥敢死队赴枯桐树掘汉江江堤。

宣统三年九月二十三日（1911年11月13日），方兴率领敢死队冒雨开赴反攻汉口前沿阵地。

宣统三年九月二十六日（1911年11月16日）上午七时，方兴奉黄兴之命挑选敢死队队员，组建便衣手枪队一队，潜伏汉口大智门，策应大军反攻汉口。方兴指挥敢死队大部队员参与架浮桥，投入反攻汉口战斗。是日晚，方兴率便衣手枪队出发，顺利到达大智门埋伏。

宣统三年九月二十七日（1911年11月17日）上午三时，反攻汉口战斗打响。清军后方遭遇敢死队奇袭，前方又被革命军大部队强攻，惶恐异常，业已预备火车，施行退却。

至九月二十七日午后二时，总司令黄兴下令开饭。新兵太多，疲饿之余，一闻食饭，群相争食，以数协之众，战线过宽，一部动摇，则他部自然牵动，以致顷刻瓦解，向汉阳退却，革命军反攻汉口告败。

方兴率领便衣手枪队在汉口腹背受敌，孤军奋战，死伤二十余人。是日晚返回汉阳。在反攻汉口之战中，敢死队队员死伤过半，方兴悲痛不已，黄兴安慰有加，再次任命方兴为敢死军指挥官。

宣统三年九月二十八日（1911年11月18日），方兴将舰船、炮队和步队各路敢死队组建敢死军联合作战。是日晚十时开始，于汉阳江岸流放空舟夜戏清军。清军汉口江岸机关枪及步枪彻夜不停地射击空舟，大炮亦向江中轰击。革命军大炮时不时地瞄准清军阵地开炮轰击，犹如乘夜渡江攻击汉口之征战。

九月二十九日晨四时，敢死军收回空舟，方兴指挥潜伏于硚口敢死军步队立即向清军发起攻击，清军疲惫之极四处逃命。

宣统三年十月初一日(1911年11月21日),方兴指挥敢死军保卫汉阳。

宣统三年十月初二日（1911年11月22日）夜半，方兴率领敢死军步队和舰船由青山渡江夜袭汉口。

宣统三年十月初四日（1911年11月24日），方兴赴汤家山指挥金兆龙率敢死队收复仙女、美娘、锅底诸山。

宣统三年十月初七日（1911年11月27日），汉阳失守后，方兴任湖北军政府战地稽查长，带领三十六位敢死队员在炮弹如雨之中监视各地炮台和战地火线历时四月之久。

民国元年（1912年3月），任湖北军政府参谋部军咨官。

民国元年（1912年4月12日），中华民国总统袁世凯电调方兴任中华民国陆军部高等顾问官。

民国元年（1912年春），回故里长阳龙舟坪省亲祭祖。

民国元年(1912年5月4日),赴北京就任中华民国陆军部高等顾问官。

民国元年（1912年10月18日），中华民国北京政府授予陆军少将。

民国二年（1913年6月3日），经评议方兴成为八月十九日起义甲种功臣，列41名。

民国三年（1914年），积劳身故，葬于北京汤山。时年二十四岁。

参考文献

《辛亥革命前十年间时论选集》张丹、王忍之主编，生活·读书·新知三联书店，1977 年版。

《辛亥革命》中国史学会编，上海人民出版社，1954 年版。

《武昌革命真史》曹亚伯著，1982 年，上海书店刊印发行。

《北洋军阀统治时期湖北大事专辑》,《湖北文史资料》1988 年第一辑。

《近代史资料》中国社会科学院近代史研究所近代史资料编辑组编。

《中国近代史百题》湖南人民出版社，1983 年版。

后记

历经十年史海钩沉，一部纪实辛亥革命前沿阵地战火，记载一位策动和引爆武昌起义，倾覆2100多年君主专制政体改变中国历史进程的历史人物传记——《方兴传》，经各方努力，终于出版面世。

十年间，笔者在搜集方兴史料和查阅证物过程中，得到了宜昌市政协副主席望蓉的关注和大力支持。十年来，得到了长阳土家族自治县历任县委、县政府、县人大、县政协主要领导不间断地支持；现任县委书记赵吉雄、县长李军亲自过问《方兴传》的编撰进展情况。县政协原主席刘光容年事已高，不辞辛劳地为笔者提供方兴知情人线索。方兴侄孙女方秉珍老人不顾病魔缠身，积极主动为笔者提供了《湖北省长阳县方氏家谱》珍贵的史料依据。如今，方秉珍老人已去世两年有余，《方兴传》顺利出版可告慰老人含笑九泉。

十年来，笔者在征集、整理、遴选和编研过程中，得到了宜昌史志系统和社会各界专家学者们的高度关注和大力支持！得到了宜昌市政协文史委原主任杨兴元、宜昌市地方志编纂委员会办公室原主任朱复胜鼎力支持！得到了市政协文史委原副主任秦兴友、市史志办副主任黄泽江、宜昌市社科联原副主席刘开美和《三峡晚报》社副刊部主任冯汉斌、宜昌市群艺馆副研究员袁在平以及市史志办习明山、肖海波、长阳县政协胡世春、刘红、长阳县档案局张国振、谢远洲、宜昌市二中特级教师王绍德、宜昌市十六中高级教师李水平、宜昌市九中教师魏晓菁等市县史志系统史学专家、学者们积极配合和通力协助，为修改《方兴传》文稿提出了许多宝贵的建议和意见，在此一并表示衷心感谢。

因年代久远可供查阅的档案和史料不全，由于笔者水平有限，所编《方兴传》难免有疏漏之处，恳望读者不吝赐教。

魏祖培　覃　干

二〇一八年十月